# 중국 철수 전략

## CHINA EXIT STRATEGY

2023년
개정판

# 중국 철수 전략
## CHINA EXIT STRATEGY

| 2020년, 외상투자법 시행 및 외자3법 폐지 전면 반영 |

공인회계사 이택곤 · 중국변호사 김 용 공저

중국 현지법인의
양도 · 청산 · 구조조정
**통합 스토리**

**BKC** consulting
(주)비케이씨컨설팅

# 머리말

   중국에서 외국인투자기업에 대한 법률제도는 세 개의 큰 분기점으로 나눌 수 있습니다. 세 가지 분기점은 각각 1980년도 후반부터 1990년도 초반까지 〈외자3법(중외합자경영기업법, 외자기업법 및 중외합작경영기업법)〉과 〈외국인투자기업소득세법〉의 공포, 2008년 〈新기업소득세법〉과 〈노동계약법〉의 시행 및 2020년 〈외상투자법〉의 시행과 〈외자3법〉의 폐지가 그것입니다. 각 분기점은 중국 정부가 외국인투자자를 대하는 태도의 큰 변화라고 할 수 있습니다. 버선발로 반기던 시절이 있었던가 하면 2008년 〈新기업소득세법〉의 시행과 동시에 외국인투자기업에 대한 모든 세제상의 우대혜택을 폐지한 시기도 있었습니다. 점차적으로 외국인이 투자한 기업이라고 특별하게 봐주지는 않고 내자기업과 동등한 조건에서 경쟁하라는 의미라고 해석할 수 있습니다. 그리고 2020년 〈외상투자법〉의 공포와 동시에 외자3법이 폐지됩니다. 〈외자3법〉은 〈회사법〉의 특별법으로서 회사를 설립해서 회사 조직을 구성하고, 회사 운영과 해산의 과정에서 외국인투자기업에게 편의를 봐준 법률입니다. 그러나 새로 시행된 〈외상투자법〉의 기본 흐름은 내국인과 동일한 대우라고 할 수 있습니다. 이젠 바야흐로 완전히 새로운 기준으로 중국에서 외자기업이 내자기업과 경쟁해야 하는 시대로 접어들었습니다.

중국에 진출한 외국인투자기업이 처한 이러한 법률환경하에서 필자가 2017년에 출간한 『중국 철수 전략』은 이제 더 이상 중국 진출 기업에게 철수를 위한 나침반의 역할을 할 수가 없음은 당연합니다. 상황이 이러한데도 중국에서 철수하려는 기업들이 여전히 안개 속에서 희미한 불빛이라도 찾은 듯이 이 책을 지도 삼아 안내를 받으면서 필자에게 책 내용에 대한 질문을 할 때는 안타까움을 떨칠 수가 없었습니다. 현재는 적용될 수 없는 잘못된 부분을 지적을 해 주자니 한도 끝도 없이 많아지고, 그렇다고 모른 척하기에는 고장 난 나침반을 들고 이리저리 헤매고 다닐 것이 불을 보듯 뻔하기 때문입니다. 그래서 다시 한번 용기를 내어 개정판을 내기로 마음먹었습니다. 이 개정판에서는 김 용 중국변호사님과 함께 작업을 했습니다. 김 변호사님의 끊임없는 지식 탐구 욕망 덕분에 2020년 〈외자3법〉의 폐지와 〈외상투자법〉의 시행에 맞는 새로운 기준서를 만들 수 있었습니다.

이 책은 2017년 『중국 철수 전략』의 개정판으로서 세 가지 측면에 주안점을 두었습니다. 첫 번째는 제1판이 이미 폐지된 〈외자3법〉을 기초로 한 철수 전략을 다루고 있기 때문에 새로운 법률환경에 맞추었습니다. 따라서 제1판에 대한 대대적인 개정 작업이 진행되었으며, 기본 방향은 외자기업이라고 해서 사업을 철수할 때 특례를 두지 않고 오로지 내자기업과 동일하게 적용한다는 것입니다. 두 번째는 이윤의 창출과 그것의 회수가 중국에 진출한 기업들의 궁극적인 목적임에도 그 전체 범위를 아우르지 못하는 단점이 있었습니다. 그래서 완전한 철수에 따른 사업장의 폐쇄나 양도뿐만 아니라 감자와 같은 부분적 회수 방법도 추가했습니다. 그렇다 하더라도 개정판의 전체적인 맥락은 중국 사업에서의 완전한 철수가 핵심 내용으로 되어 있습니다. 세 번째는 실무에 바로 적용할 수 있는 해설서로서의 기능을 강화했습니다. 법률이 개정된 이후에 필자가 수행했던 컨설팅 사례를 추가함으로써 외자기업의 사업 철수에 대한 새로운 법률제도가 현실과 실무에서는 어떻게 적용되는지를 생생한 경험을 통해서 전달할 수 있도록 노력했습니다.

제가 생각하는 컨설팅은 법률이나 법률 규정을 해설한 서적으로 학습한 지식을 보고서라는 이름으로 고객에게 전달하는 것이 아닙니다. 직접 눈으로 보고 귀로 듣고 몸으로 체험한 실무 경험에 바탕을 두지 않는 컨설팅은 공론입니다. 그래서 컨설팅은 이론에 기초한 풍부한 실무 경험이 있는 사람만이 제대로 할 수 있습니다. 특히, 중국 진출 기업에 대한 컨설팅은 지역에 따라 또는 상대방에 따라 동일한 사건이 다르게 해석되는 경우가 많아서 어느 한 지역에서의 경험을 중국 전역으로 일반화하기에는 무리가 있습니다. 이 책에는 제가 수행했던 중국 사업 철수와 관련한 경험이 담겨 있습니다. 동일하거나 유사한 상황에 처해 있는 기업들은 이를 통해 간접 경험을 하여 실행방향을 수립하는 시뮬레이션을 해 볼 수 있다고 생각합니다.

아무쪼록 이 책이 중국 현지법인에 대해 철수 계획이 있거나 철수를 진행하고 있는 기업에게 도움이 되었으면 합니다. 그리고 지금 당장은 철수 계획이 없더라도 막상 구체적인 액션을 취해야 할 단계에 직면하게 되어 허둥지둥 실수하는 것을 사전에 방지하기 위해 현재 중국 현지법인의 상태를 진단하여 문제가 되는 부분을 개선하고자 하는 기업에게도 도움이 될 것입니다. 제가 제시하는 솔루션이 최선이 아닐 수 있다는 것은 항상 염두에 두고 있습니다. 더 좋은 해결 방법이 있거나 다른 고견이 있으신 분들의 충고를 겸허히 기다리겠습니다.

2023년 7월 마곡 사무실에서
저자 올림

제1편

# 중국 철수 전략
# 수립을 위한 기초 지식

최근 중국의 인건비 상승과 위안화 대비 원화의 환율 상승으로 과거 저렴한 노동력을 찾아 중국으로 진출한 한국계 기업은 중국 사업이 예전보다 매우 어려워졌다고 할 수 있다. 또한 그림자 금융(Shadow Banking)에 의한 금융시장의 불안과 부동산 거품의 붕괴 가능성 등의 영향으로 중국 사업을 다시 검토하는 기업이 늘어나고 있다. 중국 사업의 재검토는 각 기업의 실정에 따라 모든 가능성을 고려해 봐야 할 것이며, 최종적으로는 중국 철수를 결정할 수밖에 없는 상황이 발생하기도 한다.

본 편은 중국 현지법인의 철수를 준비하면서 사전에 미리 알고 있어야 할 기초 지식에 대해서 다루고자 한다. 제1장에서는 중국 현지법인의 회사 수명을 결정하는 요소에 대해 설명하고 제2장은 합법적인 철수 방법의 어려움 때문에 현지법인을 방치해 버리는 비정상적인 철수에 따라 야기되는 각종 문제점과 위험에 대해서 분석한다. 마지막으로 제3장에서는 철수 방법의 종류에 대한 내용과 회사가 처한 상황에 따라 가장 적합한 철수 방법을 어떻게 결정할 것인가에 대해서 설명한다.

## 제1장

# 중국 회사의 수명을 결정하는 요소

이 장의 내용은 중국 현지법인의 기업 수명을 결정하는 요소에 대한 설명이다. 일반적으로 기업은 영원히 존속할 것이라는 계속 기업을 전제로 사업 계획을 세우고 예산을 편성하며 또한 재무보고서를 작성한다. 그러나 중국의 회사 관련 법률에는 경영기간이나 합자기간에 대한 규정이 있어서 이러한 것들이 중국 현지법인의 수명을 결정할 수 있다. 중국 사업 철수 전략을 수립할 때도 기업의 수명과 관련한 법률 규정을 이해해 둘 필요가 있다.

## [1] 토지사용권의 기간과 법인의 경영기간

외국기업이 중국에서 현지법인을 설립하는 것은 원칙적으로 신고제를 따르며, 그 신고 사항 중에는 경영기간이 포함되어 있다. 경영기간은 제조업의 경우 최대 50년인데 50년까지만 인정하는 이유는 제조기업이 가입할 수 있는 공업용지 토지사용권의 최대 사용기간이 50년이기 때문이다.

중국에서는 토지의 소유권은 모두 국가에 귀속되어 있다. 그래서 외국인투자기업은 그 토지를 일정한 기간 동안 사용할 수 있는 권리인 사용권을 구입할 수밖에 없다. 현지법인의 설립허가를 받아 공장을 건설하기 전에 50년간의 토지사용권에 대한 대가를 일시에 지불하며, 평방미터(㎡)당 얼마씩 책정된다. 실무에서는 관습적으로 1무(畝)를 기준으로 많이 사용해서 1무당 몇만 위안 이런 식으로 많이 표현한다. 여기서 1무는 666.67㎡이다.

대가를 일시에 지불하고 토지를 사용하기 때문에 실질적으로 토지를 산 것 같지만 엄밀히 말하면 장기의 사용권을 샀을 뿐이므로 재무상태표에는 토지로 기록되는 것이 아니라 무형자산으로 표시해서 잔존가액이 없이 사용기간 동안 정액법으로 상각한다. 한편, 외국인투자기업은 토지사용권의 소유자로부터 토지를 빌려서 사용하는 것도 가능하다.

## [2] 독자기업의 경영기간 만료

과거 〈외자3법(〈중외합자경영기업법〉, 〈외자기업법〉 및 〈중외합작경영기업법〉)〉하에서 독자기업은 주주가 외국인으로만 구성되어 있는 외국인투자기업을 말한다. 예를 들어 한국 자본과 일본 자본이 공동으로 투자해서 중국 현지법인을 설립하더라도 중국에서는 독자기업이라고 불렀다. 한편, 외자 관련 법규에서는 대만과 홍콩도 외국으로 취급하여 대만이나 홍콩에서 투자한 현지법인도 외국인투자기업으로 분류된다.

독자기업의 경영기간 만료에 의한 사업 정리는 합자기업에 비해 출자자 사이에 다툼이 생길 가능성이 적다. 경영기간이 만료되기 6개월 전에 해산결의를 하면 되는데 이것은 독자기업에 적용되었던 과거 〈외자기업법〉에 그 내용이 규정[1]되어 있기 때문에 독자기업의 정관에도 동일한 규정이 있을 것이다. 만약 정관에 관련 규정이 없다면 2~3개월 전에는 해산결의를 해야 할 필요가 있다. 경영 기한이 도래한 경우 해산 자체에 대한 허가는 불필요하다.

그리고 해산 전에 직원을 해고하고 해산일 이후에 청산절차를 개시한다. 경영기간 만료에 따른 직원의 해고는 회사 사정으로 인한 노동계약 해지이므로 당연히 경제보상금을 지급해야 한다. 그 후의 청산절차에 대해서는 본서의 해산청산 편에서 자세히 설명하므로 여기에서는 생략하고 대략 1년 정도 걸린다는 정도만 알아 두면 좋겠다.

## [3] 합자기업의 경영기간 만료

과거 〈외자3법〉하에서 합자기업은 외국자본과 중국자본이 공동으로

---

1) 〈외자기업법〉(2020년 1월 1일 폐지)
제20조 외자기업의 경영기간은 외국투자자가 신청하고 심사비준기관이 비준한다. 기간이 만료되어 연장해야 할 경우 기간만료 180일 전에 심사비준기관에 신청하여야 한다. 심사 비준기관은 신청 접수일로부터 30일 내에 비준여부를 결정하여야 한다.
제23조 외자기업을 설립함에 있어 국가에서 규정한 진입특별관리조치와 관련되지 않는 경우, 본법 제6조, 제10조, 제20조의 비준사항에 대하여 비안관리를 적용한다. 국가에서 규정한 신입특별관리조치는 국무원이 발표하거나 비준하여 발표한다.

투자해서 만들어진 외국인투자기업을 말한다. 즉, 주주가 외국인과 중국인으로 구성된 중국 현지법인을 말한다. 합자기업의 경영기간이 만료되는 경우 독자기업보다 면밀한 준비가 필요하다. 합자기간의 만료일이 다가오면 주주들이 서로 연장하는 것에 동의함으로써 경영기간이 만료되기 전에 정부에 연장신청을 하면 된다. 과거 〈중외합자경영기업법〉[2]에 따라 6개월 전에 정부에 연장신청을 해야 한다고 합자회사의 정관에서 규정하였을 것이다. 만약 정관에 관련 규정이 없다면 2~3개월 전에는 해산결의를 해야 할 필요가 있다.

비록 합자회사의 정관에 "합자기간 만료일 6개월 전에 기간 연장 여부에 대해서 결의한다"라고 규정되어 있다고 하더라도 현실적으로는 합자 쌍방의 공방은 3년 전부터 시작된다고 생각해야 한다. 따라서 합자기간이 만료되기 3년 전부터 그에 대한 준비를 시작해야 하는데 보통 다음과 같은 형태로 진행된다.

첫 번째는 합자 쌍방의 합의에 의해 청산으로 들어가는 경우이다. 합자기간의 만료일이 도래하기 전에 합자 양쪽이 모두 만료일에 해산하고

---

2) 〈중외합자경영기업법〉(2020년 1월 1일 폐지)
제13조 합자기업의 합자기간은 업종이나 상황에 따라 약정한다. 일부 업종의 합자기업은 합자기간을 약정해야 하고, 일부 업종의 합자기업은 합자기간을 약정하지 않을 수도 있다. 합자기간을 약정한 합자기업은 합자 쌍방이 합자기간 연기를 동의할 경우 합자기간 만료 6개월 전에 심사비준기관에 신청 해야 한다. 심사비준기관은 신청을 접수한 날로부터 1개월 내에 비준여부를 결정해야 한다.
제15조 합영기업을 설립함에 있어 국가에서 규정한 진입특별관리조치와 관련되지 않는 경우, 본법 제3조, 제13조, 제14조의 비준사항에 대하여 비안관리를 적용한다. 국가에서 규정한 진입특별관리조치는 국무원이 발표하거나 비준하여 발표한다.

싶다는 의사를 표명한 경우 만료일에 자동적으로 또는 만료일 전에 신청에 의하여 해산하고 청산업무에 들어가서 잔여재산을 지분비율에 따라 나눠 가지는 것으로 끝난다.

두 번째는 가장 흔히 발생하는 사례인데 합자기간 만료일 1년 전부터 서로 눈치만 보면서 합자를 계속할 것인지 중단할 것인지에 대해 결정을 내리지 못하고 "일단 3년 정도 연장해 봅시다."라는 식으로 문제 해결을 잠시 보류하는 형태이다. 한국 측도 중국 측도 모두 합자기업의 해산 경험이 없고 서로 어떻게 해야 할지 모르기 때문에 일단은 6개월 전이라는 것을 의식하기 시작할 때부터 협의를 진행하나 결국은 아무 결정도 내리지 못하고 조금만 연장해 보자는 결론을 내리게 된다.

세 번째는 중국 측이 지분을 매입하는 형태이고, 네 번째는 한국 측이 지분을 매입하는 형태 그리고 마지막으로 어느 한쪽의 지분을 제3자에게 양도하는 형태이다.

## [4] 중국 기업과 동업 실패

중국에 진출한 한국계 외국인투자기업은 자의든 타의든 중국기업과 동업을 하는 경우가 많다. 자의로 동업하는 이유는 진출 초기의 리스크를 줄이기 위한 것인데; 예를 들어 중국 내수시장에 진출하고 싶으나 초기부터 영업조직을 꾸리기에는 부담이 있기 때문에 기존 판매망이 있거나 꽌시가 좋은 중국 사람과 동업을 하게 된다. 그러나 현실적으로는 타의로 동업해야 하는 경우가 더 많다. 왜냐하면 일부 업종은 외국기업이 중국에 진출하기 위해서 중국기업과 반드시 합자기업을 설립하라는 강제규정이 있기 때문인데 자동차 관련 업종이 대표적이다.

동업을 하게 되면 중외합자(合资)기업이나 중외합작(合作)기업의 방식으로 회사를 설립하게 된다. 결혼과 마찬가지로 다른 문화에서 자라온 두 기업이 한집에서 살게 되면 여러 부분에서 마찰이 생기기 마련이다. 합자회사에 이익이 나면 이익의 배분문제나 회사경영권의 장악 문제로 다투게 되고, 더욱이 손실이 발생하면 책임 소재를 따지게 되고 손실에 따른 자금 고갈로 추가 자금을 어떻게 조달할 것인가를 두고 싸움이 시작된다. 싸움이 시작된 후에는 냉각기를 거치고 여러 번의 협상을 거쳐 최종적으로는 화해하는 수순으로 가는 것이 정상이다. 그러나 중외합자기업의 경우 이재에 밝은 중국인과의 협상은 만만치 않으며, 언어 소통의 문제 또는 거리상의 장애로 인해 주주 간에 더 이상 소통이 이루어지지 않아서 합자기업을 방치하게 되는 상황이 발생하게 된다. 이러한 상태를 Deadlock 상태(교착 상태)에 빠졌다고 하는데, Deadlock 상태가 지속되면 사업 철수를 고려해 봐야 한다.

〈회사법〉 제182조에 의하면, 회사의 경영관리가 심각한 어려움에 봉착하여 계속 존속하면 주주의 이익에 중대한 손실을 초래할 수 있으며, 기타 경로를 통해서도 해결하기 어려울 경우에는 회사 전체 주주 의결권의 10% 이상을 보유하는 주주는 인민법원에 회사의 해산을 청구할 수 있다. 또한 〈최고인민법원의 '회사법' 약간 문제 적용에 관한 규정(2)〉 제1

조에 의하면, 회사 전체 주주 의결권의 10% 이상을 단독 또는 합계로 보유하는 주주가 다음 사유 중의 하나로 회사 해산소송을 제기하고 〈회사법〉 제182조 규정에 부합하는 경우에 인민법원은 이를 수리해야 한다.

① 회사가 주주회의 또는 주주대회를 2년 이상 지속적으로 개최하지 못하여 회사의 경영관리가 심각한 어려움에 봉착한 경우
② 주주 의결 시 법정 또는 회사정관에 규정한 비율에 도달하지 못하여 유효한 주주회의 또는 주주대회 결의를 2년 이상 지속적으로 할 수 없어 회사의 경영관리가 심각한 어려움에 봉착한 경우
③ 회사 주주들이 장기간 충돌하여 주주회의 또는 주주대회를 통해 해결할 수 없어 회사의 경영관리가 심각한 어려움에 봉착한 경우
④ 경영관리가 다른 심각한 어려움에 봉착하여 회사가 계속 존속하면 주주의 이익에 중대한 손실을 초래하게 되는 경우

그러나, 주주가 알 권리나 이익배당청구권 등 권익에 손해를 입었다거나, 회사가 결손이 났다거나, 재산이 채무 전부를 상환하기에 부족하다거나, 회사가 영업집조가 취소되어 청산을 진행하지 않았음 등을 이유로 회사 해산소송을 제기한 경우에 인민법원은 수리하지 않는다.

## [5] 정부의 토지 수용

회사를 설립할 당시에는 농촌 지대였던 중국 현지법인의 공장이 시간이 지나면서 수변이 택지화되거나 도시화됨에 따라 과거 외국인투자기

업이면 무조건 환영했던 지방정부도 소음, 폐수 및 대기오염 등 환경 문제를 이유로 공장을 다른 지역으로 이전할 것을 요구하는 일이 많아졌다. 10년 전에는 온갖 우대혜택을 제시하면서 외국인투자기업의 유치에 열을 올렸지만 이제는 "소음이 난다. 냄새가 난다. 보기에 좋지 않다." 등과 같은 이유를 대면서 직접적으로 이전해 달라고 요구하지 않더라도 유무형의 이전에 대한 압력을 가하게 된다.

중국의 급격한 경제 성장은 농업 국가에서 제조 강국으로 전환하는 과정에서 이루어졌다. 이에 따라 농지가 공장으로 바뀌고 공장이 상업건물로 바뀌는 도시화가 되다 보니 정부의 도시계획에 따라 토지를 수용하는 사례가 빈번히 발생한다. 이렇게 공장이 정부에 수용되어 보상금을 받은 후 이참에 사업 철수를 생각하는 기업도 많다.

실무상 토지 수용 통지를 받은 후에는 아래의 순서로 대응하는 것이 바람직하다.

첫째, 정책에 의한 퇴거인지 상업목적의 퇴거인지 먼저 확인한다. 정책에 의한 퇴거인 경우 수용의 결정과 수용보상 방안 등을 취합해 두는 것이 바람직하다. 한편, 상업목적 퇴거인 경우에는 수용 배경을 검토할 수 있도록 수용의 근거를 요구해서 정부가 제공한 보상 방안 등을 파악해 두는 것이 바람직하다. 이때 수용 배경을 검토하는 방법은 토지의 새로운 용도, 새로운 프로젝트의 업종, 매수 주체의 상황, 퇴거의 긴급도 등을 파악하고 협상의 여지가 남아 있는지 여부를 판별한다. 예를 들어 퇴거가 매우 급박하게 필요한 경우에는 수용보상 요건을 적절하게 인상하는 것이 좋다.

둘째, 수용보상의 스케줄(특히, 이전 기한)을 가능한 한 빨리 확인한다. 수용보상 방안이 단순히 화폐에 의한 보상인지, 아니면 토지사용권 교환도 포함되는지를 가능한 한 빨리 확정한다. 상황에 따라 다른 지역으로 이전하여 회사를 존속시킬지 또는 해산할지 여부를 판단한다.

셋째, 회사는 가능한 한 빨리 제3의 평가회사에 독자적으로 자산평가를 의뢰하고, 평가회사에 협력하여 자산평가 관련자료를 제공한다. 특히, 그중에서 조업정지에 따른 손실과 관련된 자료는 준비하는 데에 시간이 많이 걸리므로 충분한 시간 여유를 가지고 작성해야 한다.

넷째, 정부가 지정한 평가회사에 의한 자산평가에 협력한다.

다섯째, 퇴거를 요구하는 측과 퇴거를 보상하는 것에 대해 협의한다. 정부는 통상적으로 기업에 대해서 자산평가를 실시하고, 평가보고서 결과에 근거해 보상을 실시하게 된다. 기업은 평가보고서의 평가 항목(특히 조업정지에 의한 손실 등), 평가 내용, 평가 방법, 평가 금액 등을 상세하게 연구하여 기업의 권익을 지킬 수 있도록 정부와 적극적으로 협상할 필요가 있다.

짧은 시간을 주고 이전하도록 요구할 가능성도 있으며, 이 경우 거래처와 계약의 해약 처리, 종업원 정리, 자산처분, 이사 등이 얽혀 곤란해질 것이다. 만약 이전을 검토함과 동시에 이전할 곳의 시찰, 해당 정부의 진입허가 취득, 과도적으로 임차공장 입주 또는 신규 공장 건설이라는 새로운 과제를 해결해야 한다면 더욱 어려워진다.

# 비정상적 철수에 따른 법률 책임

비정상적인 철수란 합법적인 청산을 거치지 않고 기업을 방치하거나 도피하는 경우 등을 말한다. 합법적인 청산을 하지 않을 경우 다른 사람들이 고의 또는 악의적으로 회사의 명의를 도용할 가능성이 있다. 그리고 회사 이해관계자들이 민·형사 책임을 한국 또는 중국에 청구할 가능성뿐만 아니라 세금문제, 노동문제 등 행정 책임의 부담과 장래 중국에서 다시 사업을 하는 데 있어서 불이익이 가해질 수 있으므로 주의를 요한다.

## [1] 기업과 법정대표의 행정적 책임

〈회사법〉제146조에 따르면 영업집조를 말소당하거나 폐쇄명령을 받은 기업의 법정대표를 담당한 자로서 그에 대한 책임이 있는 사람은 말소당한 날로부터 3년간 다른 회사의 임원 또는 고급 관리인원으로 임명될 수 없다.

그리고 〈세수징수관리법 시행세칙〉 제74조[3]에서는 세금을 체납한 기업의 법정대표는 체납한 세금을 납부하지 않을 경우 출국을 금지시킬 수 있다고 규정하고 있다. 이러한 경우의 출국금지사례는 빈번하게 발생하고 있으며, 세금의 체납은 이미 확정된 세금을 고의로 납부하지 않는 경우도 있지만, 장기간 현지법인을 방치함에 따라 발생되어 부과된 세금을 모르고 있다가 법정대표가 중국에서 한국으로 귀국하지 못하는 사례도 빈번하게 발생하고 있다.

## [2] 기업과 법정대표의 민사 책임

청산을 진행하지 않은 경우의 민사 책임에 대한 중국 각 지방법원의 판결은 다양하였다. 첫째 유형은 반드시 청산을 해야 하나 청산하지 않은 경우 이로 인해 채권자에게 손실을 초래하였을 때에는 해당 기업이 배상 책임을 져야 한다는 판결이 있다. 두 번째 유형은 기업이 해산하였으나 청산절차를 진행하지 않은 경우 투자자가 직접 배상 책임을 이행하여야 한다는 판결도 있다.

이와 관련하여 중국 최고인민법원의 〈회사법 적용 문제에 관한 규정 (2)〉 제20조를 살펴보면, 청산절차를 거치지 않은 경우 투자자의 책임의 범위를 어느 정도 가늠할 수 있다. 즉, 회사의 해산은 반드시 법에 따라

---

3) 〈세수징수관리법 시행세칙〉
제74조 세금체납자 또는 그 법정 대표자가 출국 전 규정에 따라 납부할 세핵, 가산금을 완납하지 않았거나 납세담보를 제공하지 않았을 경우, 세무기관은 출입국관리기관에 이를 통지하여 출국을 금지할 수 있다. 출국금지에 관한 구체적인 방법은 국가세무총국과 공안부가 정한다.

청산 완료 후 등기 말소처리를 신청해야 한다. 만약 회사가 청산을 진행하지 않고 등기 말소처리를 신청하여 회사가 소멸된 상황에서 채권자가 유한회사의 주주, 주식회사의 동사 및 지배 주주 및 회사의 실제 지배인에게 회사채무에 대한 상환 책임을 주장할 경우, 위 주주 등은 상환 책임이 있게 된다.

## [3] 기업, 법정대표 및 투자자의 형사 책임

### 1. 허위출자, 출자도피죄(형법 제159조)

허위출자와 출자도피죄의 성립 조건은 기업해산 시 다른 회사에 변제하지 않은 채무가 존재하면서 허위출자(가장납입) 하였거나 출자금을 빼돌린 행위가 발견되는 경우이다.

형법 제159조에 의하면 회사의 발기인 또는 주주가 〈회사법〉의 규정을 위반하여 화폐, 실물을 교부하지 않거나 재산권을 이전하지 않고 허위로 출자하는 경우, 또는 회사 성립 후 출자금을 다시 불법으로 인출하는 경우, 액수가 크고 부정적 결과가 엄중하거나 기타 정상이 중하면 5년 이하의 유기징역 또는 구역에 처하고 허위출자 또는 출자도피 금액의 2% 이상 10% 이하에 해당하는 벌금을 병과하거나 단독으로 부과할 수 있다. 업체가 전항의 범죄를 구성하는 경우 업체에 대하여 벌금을 부과하고, 직접적인 책임이 있는 주관자와 기타 직접 책임자에 대하여 5년 이하의 유기징역 또는 구역에 처한다.

## 2. 특수 밀수죄(형법 제154조)

특수 밀수죄의 성립 조건은 기업해산 시 합법적인 청산절차를 거치지 않고 관세 및 수입증치세를 감면 혹은 면제받아 사후관리 기간(생산설비의 경우 통관일로부터 5년)이 경과하지 않은 물품(원재료, 완제품, 생산설비 등)을 중국세관의 허가를 사전에 득하지 않고 감면받은 세금을 보충 납부하지 않은 상태에서 중국 경내에 판매하는 경우이다.

## 3. 계약 사기죄(형법 제224조)

계약 사기죄의 경우 미변제 채무가 존재하는데 청산절차를 거치지 않고 기업해산을 시도한 경우 채권자가 계약 사기죄로 고발할 수 있다. 형법 제224조 제4호에 따라 상대방이 교부한 화물, 대금, 선불금 또는 담보재산을 수령한 후 도주하여 행방을 감춘 경우 계약 사기죄 구성 요건에 부합하며, 액수가 거대하거나 정상이 중대한 경우 3년 이상 10년 이하의 유기징역 또는 벌금형, 액수가 특별히 거대하거나 정상이 특별히 중대한 경우 10년 이상의 유기징역, 무기징역에 처하고 벌금 또는 재산 몰수를 병과할 수 있다.

## [4] 민사소송 관련 법원의 출국제한 조치

중국에서 사업 철수를 결정하게 되면 그동안 회사와 거래 관계에 있는 이해관계자들, 즉 종업원, 물품 공급상, 정부기관, 은행 등과의 채권·채무 관계를 확정시키는 과정에서 민사소송에 휘말려 공항 출국장에서 출국 정지를 당하는 사례가 빈번히 발생하고 있다. 출국 정지는 곧 인신 자유의 박탈을 의미하기 때문에 이런 일을 당하면 외국인들은 극심한 정신적 압박을 받게 되고 불리한 입장에 서게 마련이다. 형사사건이 아닌 민사사건에서 출국을 제한하는 법률은 선진국에서는 찾아보기 드물다. 더욱이 민사소송으로 인한 출국제한 조치는 당사자 소속 대사관이나 영사관에도 통지되지 않으므로 출국 정지된 사실도 모른 채 공항에서 출국 제지를 당하는 사례가 적지 않게 발생하고 있다.

출국제한은 일반적으로 〈민사소송법〉 제262조[4]에 의거, 민사판결이 내려진 상태에서 법원의 집행명령을 불이행할 경우 취해지고 있다. 그러나 사안에 따라 민사소송이 진행되는 단계에서도 외국인 당사자를 상대로 법원의 출국제한 조치가 내려질 수 있다는 점에 각별한 주의가 필요하다. 출국제한 조치는 외국인 당사자의 출국이 민사안건의 심리와 집행에 미치는 영향을 고려하여, 중국 측 당사자의 서면 신청 또는 법원의 직권에 의하여 결정되고 있다. 중국에 거주하지 않는 외국인에게는 단기간의 출국제한 조치일지라도 인신 자유에 커다란 제약을 가하기 때문에 중국 법원도 신중한 자세를 취하고 있다.

중국의 출국제한 관련 법규는 여러 곳에 분산되어 있고 지방마다 상

---

4) 〈민사소송법〉 제262조
피집행인이 법률문서에서 확정된 의무를 이행하지 아니하는 경우 인민법원은 그에 대하여 식첩 또는 관계 기관에 통지하여 출국을 제한할 수 있으며, 신용시스템에 기록하거나 매체를 통하여 이행의무 불이행 정보를 공표하거나 법률이 정하는 조치를 취할 수 있다.

이한 관행이 존재할 뿐만 아니라, 외국인 출국제한 조치의 성격, 실시 조건, 실시 대상 등에 대한 구체적이고 명확한 절차 규정이 아직까지 제대로 정비되지 않은 상태이다. 또한, 출국제한 조치도 지방에 따라 남용되는 경향을 보이고 있어, 중국 관련 사업에 종사하는 우리 기업인들에게 관련 법적 리스크에 대한 충분한 이해와 주의가 요구된다.

## 1. 출국제한 조치의 법적 근거

현행 중국 법률상으로 민사소송 진행단계에서는 〈출입국관리법〉[5]과 〈민사소송법〉, 민사소송 종결 후 집행단계에서는 〈민사소송법〉에 근거하여 외국인의 출국제한 조치가 취해질 수 있다. 민사소송 진행단계에서 〈민사소송법〉 제103조에 따라 법원은 판결의 집행이 어려울 것으로 예상되는 경우 사건 당사자에 대하여 일정한 행위를 행하거나 또는 일정한 행위를 금지시키는 명령을 내릴 수 있다. 또한, 〈출입국관리법〉 제28조는 "미종결된 민사사건이 있어 인민법원에서 출국을 금지하는 경우를 사유로 외국인의 출국이 제한될 수 있다"고 규정하여 민사소송 종결 전에도 외국인의 출국을 금지할 수 있는 근거를 두고 있다.

### (가) 민사판결 전 진행단계에서

2007년 〈민사소송법〉이 개정되기 전에도 법원의 출국제한 조치는 존

---

5) 〈출입국관리법〉은 2012년 6월 30일 공포되었으며, 2013년 7월 1일부로 시행되었다. 〈출입국관리법〉은 과거 〈외국인출입국관리법〉과 〈중국공민출입국관리법〉을 하나로 통합한 것으로서, 2013년 7월 1일 시행됨과 동시에 위 2개의 관리법은 폐지되었다.

재해 왔다. 지금은 폐지되었으나 과거에 시행되었던 〈외국인출입국관리법〉 제23조에 미종결된 민사사건일 경우, 출국제한이 가능하다는 규정에 근거한 것이다. 개정 〈민사소송법〉은 민사소송 진행단계에서 판결의 집행이 어려울 것으로 예상되는 경우 사건 당사자에 대하여 일정한 행위를 행하거나 또는 일정한 행위를 금지시키는 명령을 법원이 내릴 수 있도록 하였다. 한편, 민사소송 전 준비단계에서 출국제한 할 수 있는 법적근거가 없고 중국 측 당사자가 소전보전조치 신청을 통하여 출국제한을 신청하고 있으나 법원에서는 신중한 태도를 취하여 거부하고 있는 실정이며, 중국의 관계 당국에서는 중국 측 당사자가 조속히 본소를 제기할 것을 권고하고 있다.

### (나) 민사판결 후 집행단계에서

중국 측 당사자가 법원의 판결 후 집행단계에서 〈민사소송법〉 제262조에 의거 외국인출국제한 신청을 할 경우 법원은 그 신청자에게 담보를 요구하지 않고 그 신청자가 외국인 채무자로 인해 손해를 입었다는 증거의 상세한 조사도 필요없이 해당 외국인의 출국제한 조치를 취할 수 있다. 중국 측 당사자는 법원판결이 내려지면 법원에 강제집행을 신청한 후, 외국인 채무자가 중국에 거주하거나 입국한 것을 발견할 경우, 법원에 외국인 채무자의 출국제한 신청을 할 수 있다. 출국제한기간 중에 외국인 채무자가 법률문서에 확정된 모든 채무를 이행하는 경우 집행법원은 출국제한 조치를 해제해야 한다.[6]

---

6)  중국 최고인민법원의 〈민사소송법 집행절차 적용 문제에 관한 해석〉 제25조.

## 2. 출국제한 조치의 개요

일반적으로 출국제한의 기간은 1회 통지마다 3개월이며, 기한 도래 전에 다시 3개월 재연장 신청을 할 수 있다. 다만 법원은 외국인의 출국제한 신청 사건에 대해 신중한 자세를 취하고 있다. 왜냐하면 자국민의 안전과 관련된 문제이므로 일반적으로 소속 대사관 혹은 영사관에서 적극 관여하기 때문이다. 민사소송이 종결되고 집행에 들어가면 출국제한 수속이 비교적 용이하다. 그러나 민사소송 진행 단계에서는 법원의 출국제한 승인절차가 매우 엄격하고 번거로우며 시간도 많이 소요될 수 있다.

마지막으로 외국인의 출국제한 방법과 관련한 공식문건은 중국 최고인민법원, 최고인민검찰원, 공안부 및 국가안전부가 공동으로 공표한 〈외국인과 중국공민의 출국제한 문제에 관한 약간의 규정〉이다. 이 문건의 제2항은 출국제한 사안 중에서 "민사사건(경제분쟁사건 포함)이 미종결되어, 인민법원이 출국제한결정을 내리고 동시에 공안기관에 통보하는 경우"가 포함되어 있다. 그리고 제3항에는 법원, 감찰원, 공안기관 및 국가안전기관은 외국인 출국 시 다음과 같은 출국제한 방법을 취할 수 있다고 정하고 있다.

① 당사자에게 구두 또는 서면으로 관련된 사건(또는 문제)이 종결되기 전에 출국금지한다고 통지한다.
② 상황에 따라 거주감시 또는 보석조치를 하거나 또는 재산담보 혹은 일정한 액수의 보증금을 제공하도록 명령하고 출국을 허가한다.

③ 여권 또는 기타 유효한 출입국증명서류를 압류한다.

## 3. 대응 방안

중국에서 기업을 경영하다 보면, 종업원과의 노동문제, 거래기업과의 채무문제, 각종 권리문제 등 여러 가지 법적 리스크에 필연적으로 노출될 수밖에 없다. 이러한 법률 리스크는 청산이라는 사건을 계기로 일시에 가시적으로 나타나게 되므로 평상시에 회사의 각종 도장의 관리, 채무 상황의 파악 및 중국 기업과의 분쟁, 상표권 등 각종 권리의 관리를 철저히 함으로써 문제를 미연에 방지하는 노력이 필요하다. 만약 중국 측 채권자와 민사소송이 진행되는 가운데 출국제한 조치를 당할 경우 그대로 상대방의 요구를 수용하지 말고, 채권자와 채무총액의 감액 또는 분할지불 등 조건으로 협상을 진행하는 것이 좋다. 중국측 채권자는 한국 모회사로부터의 송금을 기대하고 부당한 요구를 계속 주장할 가능성이 높으나, 안이하게 받아들이지 말고 유능한 변호사를 동원하여 끈질기게 교섭에 임하는 것이 바람직하다.

한편, 민사소송이 제기될 가능성을 인지한 경우 당사자 또는 회사 대표자 및 관련 책임자는 가급적 조기에 출국하도록 한다. 반면에 일반 직원의 경우 출국제한의 대상이 될 수 없으므로 조기에 출국할 필요는 없고 회사의 민사소송을 포함한 청산실무의 사후관리를 계속 진행해야 하겠다.

제3장

# 철수 방법의 개요

이 장에서는 중국 현지법인의 철수 전략을 수립함에 있어 핵심 내용이라고 할 수 있는 사업 철수 방법에 대해 설명한다. 사업 철수를 결정하였다면 그것을 실행하는 방법에는 어떤 것들이 있으며, 그중 자사에게 가장 적합한 철수 방법을 결정하는 방법에 대해서도 해설한다. 사업 철수의 목표는 철수 관련 비용을 최소화하고 보유자산의 현금실현을 최대화해서 한국으로의 회수금액을 극대화하는 것이다. 이 장은 이러한 철수의 목표에 가장 적합한 철수 방법이 무엇인가를 생각해 보는 부분이다. 먼저 한국 모회사가 중국에 투자해서 설립한 자회사를 정리하는 방법으로서 아래 6가지 방법이 있다는 것을 기억할 필요가 있다.

| 법인격의 유지 여부 | 철수 방법 |
|---|---|
| 법인격 유지 | 지분양도 |
| | 유상감자 |
| | 사업장 이전 |

**38**                                                              중국 철수 전략

| 법인격 소멸 | 해산청산 |
| --- | --- |
| | 파산청산 |
| | 흡수합병 |

중국 사업을 철수하기 위해서는 사전에 치밀하게 준비하여 전략적으로 접근하는 것이 필요하다. 먼저 사업 철수의 각 방법들에 대한 기본적인 설명과 각 방법을 적용함에 있어 주의할 점에 대해서 알아보자.

## [1] 지분양도에 의한 철수

중국 사업을 정리(철수)하는 방법으로서 한국 모회사가 가지고 있는 중국 현지법인을 누군가에게 매각하여 투자금을 회수하는 것을 생각해 볼 수 있다. 이것을 지분양도 방식이라고 하는데 지분양도는 매각대상이 되는 회사(이하 '대상회사')에 대한 소유권인 지분을 타인에게 돈을 받고 판매하는 것을 말한다. 지분양도는 해산청산과 다르게 대상회사의 소유자인 주주만 변경될 뿐 대상회사 자체에는 아무런 변화가 없이 그대로 존속한다. 새로운 주주가 될 지분매수자는 사람이 될 수도 있고 기업이 될 수도 있다. 그리고 그 국적이 중국일 수도 있고, 한국이나 기타 다른 국가가 될 수도 있다. 그리고 지분양도는 주식양도나 주식처분이라고 불러도 상관은 없지만 중국에 투자한 대부분의 한국계 기업들이 유한회사의 형태를 취하고 있어 주권을 발행하는 주식회사가 아니기 때문에 주식양도나 주식처분이라는 말은 정확하지 않고 지분양도라고 표현하는 것이 정확한 표현이다. 그러나 보유하고 있는 출자지분을 누군가에게 매각한다는 의미에서 기본적으로 같은 것으로 이해해도 무방하다.

지분양도방식이 청산 등 다른 철수 방법에 비해 가지는 특징은 대상회사의 법인격을 비롯한 권리와 의무, 채권과 채무, 각종 우대혜택 등이 기본적으로는 그대로 유지된다는 것이다. 그리고 해산청산에 비하면 기존 주주가 회수하는 금액이 커지는 경향이 있다. 왜냐하면 청산을 하게 되면 회사의 문을 닫아야 하기 때문에 기계설비와 재고자산은 제대로 된 가격으로 판매할 수 없는 상황이며, 경우에 따라서는 고철 가격으로 팔아야 하는 상황도 발생하기 때문이다. 다만, 최근에는 가격이 상승한 토지사용권 때문에 투자금액보다 많이 회수하는 사례도 자주 발생하고 있다.

그리고 지분양도는 주주간의 거래이므로 대상회사는 아무것도 변하지 않고 단지 대상회사의 주주만 달라질 뿐이기 때문에 특별한 인허가사항이 없는 한 복잡한 행정적인 문제는 발생하지 않는다는 특징이 있다. 여기서 특별한 인허가사항이란 주주의 업무 경력에 제한이 있는 경우가 있을 수 있는데, 예를 들어 대상회사가 인력소개회사인 경우 대상회사를 인수할 주주는 본국에서 인력 소개 경력이 몇 년 이상 필요하다는 등 업종에 따라 주주의 제한을 두는 경우가 있다.

지분양도의 기본적 흐름은 각 회사가 처한 상황에 따라 다를 수 있지만 보통 매수희망자의 선정, 비밀유지협약 체결, 공장탐방과 면담, 양해각서 체결과 초보단계 협상, 기업실사, 지분양도계약 체결, 행정절차 진행, 기업인도와 변경등기, 지분양도대금 송금 등과 같은 순서로 진행된다.

중국 사업의 철수를 결정함에 있어서 기본적인 철수 방법은 지분양도와 해산청산이라고 할 수 있다. 지분양도는 해산청산에 비해 시간을 비교적 단축할 수 있고 철수비용 측면에서도 저렴하다고 할 수 있다. 그리고 회사를 청산하는 것보다는 누군가에게 매각하는 것이 그나마 제값을 받을 가능성이 높다. 동시에 대상회사의 법인격도 그대로 유지되므로 법인으로서의 권리의무가 계속 승계되기 때문에 회사의 고객에게 피해를 입히지 않아도 된다. 즉, 기존의 상거래 계약관계가 계속 유지되고 정부로부터 받은 혜택이 있으면 기본적으로는 그 혜택도 계속 유지된다. 이러한 점들이 해산청산에 비해 지분양도가 가지는 장점이라고 할 수 있다. 따라서 사업 철수 방법을 결정함에 있어 먼저 지분양도를 고려해 보고 그것이 불가능한 경우 해산청산의 방법을 선택하는 것이 타당하다.

지분양도와 관련된 자세한 내용은 본서의 제4편 '지분양도'에서 더 자세하게 다룬다.

## [2] 유상감자에 의한 철수

### 1. 감자의 의미와 철수 전략에 적용하는 방법

감자(減資)란 자본금을 감소시킨다는 의미이다. 감자의 종류에는 자본금을 감소시킨 만큼 생긴 돈을 주주에게 돌려주는 유상감자(有償減資)와 자본금은 감소하지만 주주에게 돈을 돌려주는 것이 아니라 회사의 누적된 결손금으로 상계 처리를 하는 무상감자(無償減資)가 있다. 물론 중국에서도 유상감자와 무상감자에 대한 법률상의 규정은 있다. 감자의 종류 중에서 출자자가 사업 철수 방법으로 선택할 수 있는 것은 유상감자라고 할 수 있다.

감자 하나만 놓고 보면 유상감자는 주주가 투자금의 일부만을 회수하는 방법이기 때문에 투자금 전부를 회수하여 완전히 중국에서 철수하는 방법은 아니다. 철수 전략으로써 유상감자는 지분양도와 함께 사용되는데, 지분양도의 보조 수단으로 주로 사용된다. 예를 들어 지분양도방식으로 완전히 중국 사업을 철수하고자 하나, 대상회사에 현금성 자산이 많아서 매수자가 자금조달에 어려움을 겪을 수 있다. 이때 회사 운영에 필요한 자금 이외의 잉여 현금을 제거해 준다면 매수자는 보다 적은 자금으로도 기업을 인수할 수 있게 된다. 이렇게 먼저 유상감자를 실시해서 일부 투자금을 회수해 온 후 작아진 회사 규모로 지분양도 딜을 진행한다면 보다 더 순조롭고 위험이 덜 한 철수 방법이 될 수 있다.

## 2. 유상감자의 법률적 제약 여부

유상감자와 관련하여 이미 폐지된 과거의 〈외자3법〉에는 원칙적으로 외국인투자기업의 감자를 인정하지 않아서 실행이 어려웠다. 독자기업에 적용되었던 〈외자기업법 실시세칙〉[7]과 합자기업에 적용되었던 〈중

---

7) 〈외자기업법 실시세칙〉(2020년 1월 1일 폐지)
제21조 (감자) 외자기업은 경영기간 내에 등록자본금을 감소할 수 없다. 그러나 투자총액과 생산, 경영규모 등의 변화가 발생해 등록자본금의 감소가 필요할 경우 반드시 심사비준기관의 승인을 받아야 한다.

외합자경영기업법 실시조례〉[8], 그리고 합작기업에 적용되는 〈중외합작경영기업법 실시세칙〉[9]에는 명확하게 외국인투자기업의 감자는 안 된다고 규정하고 있었다. 예외적으로 불가피하게 감자가 필요한 경우는 인정되는데 감자에 대한 정당한 이유가 있어야 하며, 기업의 정상적인 경영에 영향을 주지 않고 채권자의 권리를 침해하지 않는다는 요건을 갖춘 경우에 한하여 심사비준기관의 승인을 받아 진행할 수 있었다. 그러나 감자를 할 수 있는 예외적인 상황이 있다고 하더라도 실무적으로는 심사비준기관의 승인을 받기가 매우 어려운 것이 현실이었다.

그러나 2020년 1월 1일부터 〈외자3법〉이 폐지되고, 새로 시행된 〈외상투자법〉에 따르면, 외국인투자기업도 중국의 〈회사법〉을 적용받으므로 유상감자가 허용된다. 엄밀히 말하자면 〈회사법〉에는 유상감자를 허용한다고 표현되어 있는 것이 아니라, 유상감자를 금지한다는 문구가 없기 때문에 가능하다고 해석하는 것이다. "이렇게 가능하다는 해석만으로 중차대한 중국사업의 철수를 수행함에 있어서 전략으로 사용하기에는 무리가 있지 않은가."라고 의문을 제기할 수도 있다. 그러나 필자는 신법의 시행 초기에 유상감자를 성사시켜서 2020년 3월에 감자대금

8) 〈중외합자경영기업법 실시조례〉(2020년 1월 1일 폐지)
   제19조 (감자) 합자기업은 합자기간 내 등록자본금을 감소할 수 없다. 단 투자총액과 생산경영규모 등의 변화로 불가피하게 감소해야 할 경우 심사비준기관의 승인을 받아야 한다.
9) 〈중외합작경영기업법 실시세칙〉(2020년 1월 1일 폐지)
   제16조 (감자) 합작기업의 등록자본금은 합작기업을 설립하기 위하여 공상행정관리기관에 등록한 합작 각측이 납부하기로 약정한 출자총액을 말한다. 등록자본금은 인민폐로 표시되며 합작 각측이 합의한 자유롭게 환전가능한 외국화폐로도 표시할 수 있다. 합작기업의 등록자본금은 합작기간 내에 감자할 수 없다. 그러나 투자총액과 생산경영규모 등 변화로 인하여 확실히 감자가 필요할 경우 심사비준기관의 승인을 받아야 한다.

210만 달러를 한국 주주에게 송금해 준 경험이 있다. 또한, 새로운 법률이 시행된 지 이미 2년이 지났고, 그동안 많은 추가적인 감자 사례들이 발생했을 것이므로 현재는 유상감자도 보편적인 중국 철수 방법의 하나로 자리매김했다고 할 수 있을 것이다.

### 3. 감자의 행정절차

감자와 관련하여 중국 회사법의 유일한 조항인 제277조에서 정하고 있는 바, 법정절차는 아래와 같다.

① 회사 의결기관(주주회 또는 동사회)에서 감자에 대한 결정
② 대차대조표와 재산리스트를 작성
③ 회사 채권자에게 개별 통지 및 공고를 게재
④ 회사등기기관(관할 시장감독관리국)에 등기 변경

그러나 이러한 법률 조항만으로 복잡한 실무 업무를 수행할 수는 없으므로 필자의 경험을 바탕으로 유상감자의 업무 흐름을 여섯 단계로 정리하였다. 필자가 수행한 이 사례는 2020년 1월 1일 시행된 새로운 〈외상투자법〉에 근거한 최초의 외국인투자기업의 감자 사례일 것으로 예상하고 있다.

### Step 1 신문 공고

청산과 감자는 모두 신문 공고가 첫 단추이다. 사례에서 감자 신문 공

고는 2019년 12월 4일에 일간신문에 올렸으며, 이때로부터 45일 기다렸다가 각종 행정기관에 변경 신청을 해야 한다. 이 책을 집필하고 있는 2022년 12월 현재에는 종이 신문에 공고할 필요 없고, '기업신용정보공시시스템'에 공시하는 방식으로 간소화되었다.

## Step 2 시장감독관리국(등기기관)에 감자 등기변경 신청

신문공고일로부터 45일 경과한 2020년 1월 19일에 등록자본금의 감소 신청을 하였다. 등기기관에서 영업집조가 새로 발급되면 며칠 후에 '기업신용정보공시시스템'에서 변경된 내용을 조회할 수 있다. 아래 사진은 2020년 1월 19일에 감자에 대한 승인이 떨어지고, 등록자본금이 420만 달러에서 210만 달러로 감소하였다는 것을 보여 주는 공시 내용이다.

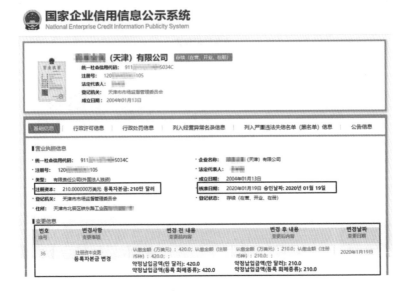

## Step 3 상무국에 감자에 대한 비안 신청

과거에는 상무국이 심사비준기관이었기 때문에 등기기관에 등기변경을 신청하기 이전에 심사비준기관의 허가서(비준증서)를 가지고 오라고 했다. 그러나 상무국이 외국인투자기업에 대한 제도를 심사비준에서 신고수리(비안)으로 변경함에 따라 이제는 등기변경을 먼저 진행하고, 그 결과를 상무국에 신고하는 절차로 변경되었다.

## Step 4 외환관리국에 외환등기변경 신청

2020년 3월 23일에 외환관리국에서 외환등기변경 신청에 대한 결과물인 '업무등기증빙'이 나왔다. 아래 그림은 필자가 수행했던 감자 업무의 업무등기증빙인데, 업무 유형에 'FDI 외국주주 감자'라고 표기되어 있으며, 은행이 외환관리국의 외환등기변경 업무를 위탁받아서 처리하고 있으므로 맨 아래에 은행의 도장이 찍혀 있는 것을 볼 수 있다.

业务登记凭证

| 经办外汇局代码 | 12▓▓▓ | | 经办外汇局名称 | 国家外汇管理局天津市分局 |
| 业务类型 | FDI外方股东减资 FDI 외국주주 감자 | | | |
| 业务编号 | 151▓▓▓▓▓996 | | | |
| 主体代码 | 75▓▓▓▓34 | | 主体名称 | ▓▓▓▓ (天津)有限公司 |
| 经办银行金融机构标识码 | 120▓▓▓▓01 | | 经办银行名称 | ▓▓▓▓ (中国)有限公司天津 奥城支行 |
| 随机码 | 20▓▓8 | | | |

打印日期:2020-03-23

## Step 5 세무국에 세무등기변경과 대외지급 세무비안표 신청

2020년 3월 16일, 세무비안표를 수령하였다. 세무비안표에서 가장 중

중국 철수 전략

요한 부분은 맨 아랫부분의 세무국이 찍어 준 도장이다. 감자대금의 해외송금을 승인한다는 세무국의 허가로 보면 된다.

## Step 6 은행에서 해외송금 신청

은행은 필요한 서류만 완비되면 송금을 해 주는 형식적인 절차에 불과하다. 은행이 요구하는 서류 중에서 감자와 관련된 행정절차를 수행한 후 받은 결과물들은 핵심이다. 예를 들어 등기기관이 발급한 〈등기변경 허가 통지서〉, 상무국이 발급한 〈변경 비안 회답〉, 세무국이 발급한 〈대외지급 세무비안표〉가 그것이다.

### 4. 감자 등기변경에 필요한 서류

위의 감자의 행정절차 여섯 단계 중에서 핵심 행정절차는 '시장감독관리국에 감자등기변경 신청'이라고 할 수 있다. 이때 필요한 서류는 아래와 같다.

#### (가) 변경등기 비안 신청서

공상총국이 배포하는 지정 양식에 해당 내용을 기입하면 되며, 감자회사가 작성해서 법인인감을 날인하고 대표이사가 사인하는 서류이다.

#### (나) 투자자 출자상황표

공상총국이 배포하는 지정 양식이며, 주주의 기본 상황을 기재하는 표이다. 주주의 명칭, 국적, 사업자등록번호, 감자회사의 정관에 기재된 약정 출자금액, 출자방식, 납입 여부 등의 내용을 기재한다.

### (다) 주주 결의서

자본금을 감자한다는 내용의 주주 결의서로서 주주가 작성하며, 주주의 법인인감과 주주의 대표이사 사인이 들어간다.

### (라) 정관수정안

자본금은 정관의 필수 기재사항이기 때문에 자본금이 변경되면 정관 변경의 절차를 거쳐야 한다. 자본금을 감자 후의 금액으로 수정한 정관을 제출해야 한다.

### (마) 채권상환 및 담보 상황 설명

자본금은 채권자의 담보이기 때문에 당해 서류는 채권자를 보호하기 위한 조치이다. 내용은 감자를 결정한 당시의 채무총액이 얼마이고, 감자 후에도 그대로 승계되며, 채권자와 상환에 대한 협의를 달성하였다는 것이다. 그리고 상기 내용에 대해서 허위가 없고, 허위가 있을 경우에 상응하는 법적 책임을 지겠다는 주주의 성명이 들어간다. 따라서 이 서류에는 주주와 감자회사의 법인인감과 대표이사의 사인이 들어간다.

### (바) 신용승낙서

기업의 사회에 대한 신용기능을 강화하기 위한 것으로, 기업이 법규를 준수하고, 불공정 거래를 하지 않고, 기업 관리를 스스로 강화하며, 세금을 충실히 납부하고, 회사의 변경 사항이 있으면 등기기관이나 심사비준기관에 신고하고 위반 시 법적 책임을 부담하겠다는 내용에 동의한다는 것이다. 감자회사의 법인인감과 대표이사의 사인이 들어간다.

(사) 등기증서 발급과 보존 기록표

변경등기가 끝나면 새로운 영업집조가 발급되는데, 이 영업집조의 원본을 수령했다는 일종의 영수증이다. 등기기관의 지정 양식으로 해당 빈칸을 채워 넣으면 된다.

## [3] 해산청산에 의한 철수

회사를 설립하여 경영하다가 어느 순간 여러 가지 사유로 인하여 사업을 계속할 수 없는 경우가 발생하게 되면 회사의 등기를 말소하여 법인격을 소멸시키는데 이러한 절차를 '청산'이라고 한다. 따라서 청산 중인 법인은 영업능력은 없고 청산의 목적 범위 내에서 권리능력이 존속하다가 청산이 종료되면 최종적으로 회사의 법인격은 소멸된다. 한편, '해산' 이란 사업을 계속할 수 없어 회사의 법인격을 소멸(등기말소)하는 원인이 되는 법률 사실을 말한다. 따라서 해산한 법인은 청산의 단계로 들어가게 된다.

**[해산과 청산]**

여기서 법인격(法人格)이라는 다소 생소한 단어가 있는데 이것은 법률상의 인격으로서 권리를 얻을 수 있고 의무를 부담할 수 있는 능력을 말한다. 법인격은 사람은 물론 법인도 가지는데 사람의 법인격은 태어나면서 발생하고 죽음으로써 소멸하는 것과 마찬가지로 법인의 법인격은 설립등기를 하면서 발생하고 말소등기를 함으로써 소멸된다. 우리가 현재 다루고 있는 청산에 의한 법인격의 소멸은 법인의 법인격을 소멸하는 절차를 말한다. 앞에서 회사의 법인격을 소멸시키는 절차가 청산이라고 설명한 바 있는데 법인격을 소멸시키는 이유가 해산이면 '해산에 의한 청산'이 되고, 파산이면 '파산에 의한 청산'이 된다.

먼저 해산청산이란 해산사유의 발생에 따른 청산을 말하는데 회사의 해산사유는 경영기한의 만료나 최고의결기관의 결의에 의한 사전 경영종료, 회사합병 또는 분할, 정부기관에 의한 영업집조의 직권말소처분, 해산소송에 따른 법원의 해산판결 등이 있다. 해산청산은 회사의 재산이 부채보다 많아서 지급불능 상태가 아닌 경우 진행할 수 있으며, 청산팀을 누가 구성하는가에 따라 '자체청산'과 '강제청산'으로 구분된다. 자체청산이란 회사가 스스로 청산팀을 구성하여 청산업무를 전개하는 것을 의미하고, 강제청산이란 법원이 청산팀을 지정하여 청산을 진행하는 것을 의미한다. 법원에 의한 강제청산의 예로는 회사가 해산사유 발생 15일 이내에 청산팀을 스스로 구성하여 청산의무를 이행하지 않아서 채권자, 주주, 동사 또는 기타 이해관계자가 법원에 청산팀을 지정하여 청산할 것을 신청하면 법원이 이를 수리하여 청산팀 구성원을 지정한 우 청산팀으로 하여금 청산을 진행하게 하는 것이다.

그리고 파산청산이란 청산 시점에서 재산이 부채보다 적어 지급불능 상태에 이르러 법원의 파산선고와 파산관리인의 지정을 통해 회사가 청산되는 일종의 사법적 청산을 의미한다. 즉, 회사가 보유한 자산으로 채무를 스스로 완전히 정산할 수 없어 법원에 파산을 신청하고, 법원의 파산선고를 받아 청산하는 방법이다. 파산이 선고되면 법원이 지정한 파산관리인이 회사 재산의 처분권과 관리권을 보유하게 된다. 결국, 파산 시점에서의 회사재산은 파산관리인의 책임하에 채무자와 협의하여 처분되며, 이 과정에서 회사 또는 회사의 투자자는 어떠한 권리나 자격의 행사가 불가능하다.

**[청산의 종류]**

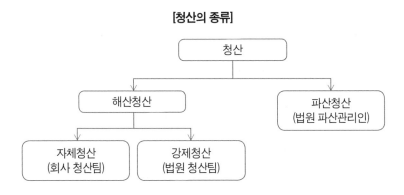

**[해산청산과 파산청산의 비교]**

| 구분 | 해산청산 | 파산청산 |
|---|---|---|
| 해산 시점 재무상태 | 자산 〉 부채 | 자산 〈 부채 |
| 근거 법률 | 〈회사법〉 등 | 〈기업파산법〉 등 |
| 청산 형식 | 자가 및 행정적 청산 | 사법적 청산 |
| 자산부채 처분관리권 귀속 | 청산팀 | 법원 선임 파산관리인 |
| 청산 잔여재산 | 투자자에게 분배 | 없음 |
| 법인격 소멸 시점 | 등기(영업집조) 말소 | 등기(영업집조) 말소 |

해산청산과 관련된 자세한 내용은 본서의 제5편 '해산청산'에서 자세하게 다룬다.

## [4] 파산청산에 의한 철수

파산청산이란 파산하였기 때문에 청산하는 것이다. 청산은 앞에서 설명한 해산청산에서의 청산과 기본적으로 같다. 그러나 파산은 회사가 채무를 변제할 수 없게 된 채무지급불능의 상황에서 발생한다. 채무에 대한 지급불능 상황이 되면 채권자는 회수해야 할 채권이 훼손될 우려가 있어 객관적인 정리활동을 전개하지 않기 때문에 그냥 두면 회사는 무법천지가 될 것이므로 청산 과정에서 법원이 개입한다. 즉, 주주나 채권자가 임의로 청산할 수 있는 게 아니라 법원이 임명한 파산관리인이 "이 회사는 채무를 상환할 수 없기 때문에 우리가 자산을 처분해서 채무를 상환해 준다."라고 선언하고 재고나 기계설비를 헐값으로 처분한다. 만약, 채무의 총액이 100인데 자산처분으로 확보한 금액이 70일 경우 채권자에게는 우선순위에 따라 70을 배분하게 되고 순위가 낮은 채권자는 상환을 못 받는 상황도 발생한다.

파산사건은 6개월 이내에 법원심리를 끝내야 하는 규정이 있다. 따라서 법원은 채권의 회수율을 높이기보다는 파산청산을 빨리 종결시키는 것을 우선시하기 때문에 일반적으로는 6개월 이내에 끝난다. 그러나 많은 한국계 기업은 중국에서 파산청산을 진행함으로써 채권을 회수하시 못한 채권자들로부터 좋지 않은 평판이 형성되어 한국이나 또는 기타

제3국에서 다른 거래에 영향을 미칠 것을 염려한다. 이 때문에 파산청산을 적극적으로 선택하는 사례는 현실적으로 적다. 반면 일본계나 대만계 기업 중에는 지불 금액이 적어도 의도적으로 파산청산으로 가는 경우가 있다.

파산청산의 요건은 두 가지인데, 첫째는 부채의 만기가 도래했으나 상환하지 못하고 또한 회사의 자산이 채무의 전부를 상환하는 데에 부족할 경우로서 쉽게 말하면 돈을 갚을 수 없는 경우이다. 둘째 요건은 만기가 도래한 채무를 상환할 수 없고 또한 명백히 상환능력을 상실한 상태에 빠진 경우로서 돈을 갚을 수 없는 것이 명백한 경우이다. 첫 번째나 두 번째 요건 모두 기업 스스로 또는 채권자가 법원에 신청해서 파산청산을 진행하는 것이다. 채권자도 파산 신청을 할 수 있는데 반대의 관점에서 보면 만약, 중국 현지 법인이 중국 기업에게 물건을 팔고 대금을 못 받고 있는 경우 "귀사가 월말까지 외상대금을 지불하지 않으면 법원에 신청하여 귀사를 파산청산 신청할 수 있다."라는 압박 수단으로 사용할 수도 있다. 거래처의 법원이 파산신청을 수리하고 바로 파산을 진행할지 여부는 별개의 문제지만, 재무 상황을 보고 채권 회수가 불가능하다고 판단되면 파산이라는 방법을 선택할 수도 있다는 것이다. 물론 정말 파산되어 버리면 이번에는 파산재산의 분배 과정에서 채권을 모두 회수할 수 없을 수도 있지만 일정한 압박의 수단은 될 것이다.

파산의 경우 〈기업파산법〉에 정해진 변제순서에 따라 파산재산을 배분을 하는데 변제 순서는 ① 파산비용 ② 공익채무 ③ 직원에 대한 미지급 임금과 보상금 등 ④ 미지급한 전항 이외의 사회보험료와 세금 ⑤ 일반파산채권 순으로 이루어진다. ①의 파산비용은 파산을 진행함에 따른 각종 행정비용이나 파산관리인의 인건비 등을 말한다. ②의 공익채무는 가스요금, 수도요금 및 전기료 등 공익의 채무를 말한다. 그리고 ③의 직원에게 지급해야 할 임금과 경제보상금은 노동자 보호차원에서 일반채무보다 변제에 있어 우선순위를 두고 있다. ④는 그 이외의 사회보험료와 세금을 말한다. 여기까지 우선적으로 상환하고 ⑤의 일반파산채권이 가장 마지막 변제 순위에 놓인다. 일반파산채권이 순위가 뒤처진다는 것은 채권의 일부를 회수할 수 없을 가능성이 높다는 것을 의미한다. 예를 들어 채권을 일률적으로 30% 삭감하고 70%만 상환해 주는 사례가 있는데, 파산의 경우 이러한 일들이 비일비재하다.

그래서 채권자의 입장에서 보면 억울하겠지만 파산은 법원이 관여된 것이므로 어쩔 수 없다. 다만, 한국계 기업의 대부분은 중국에서뿐만 아니라 한국이나 기타 다른 국가에서도 거래가 있으므로 중국에서 거래처에 피해를 주면 다른 국가에서의 거래에서 안 좋은 영향을 미치게 되므로 이에 대해서는 한국 모회사가 지급하는 등 다른 형태로 보완하는 것을 고려해 봐야 한다.

한편, 해산청산을 진행하다가 자금이 부족하면 파산청산으로 들어갈 수도 있다. 파산으로 돌아서면 일반파산채권은 채무탕감의 대상이 되기 때문에 채권자는 일부 채권을 회수할 수 없는 것이 일반적이다. 중국에서 이러한 채권의 미회수는 한국 모회사의 거래에서도 신뢰성에 영향을 미치게 될 것이므로 주의가 필요하지만 한국 모회사에 미치는 영향이 미미하다면 중국법원에 신청해서 일반파산채권에 대한 채무를 일부 탕감받아 손해를 줄이기 위해 처음부터 파산청산으로 진행할 수도 있다. 법률에서 보장된 주주의 유한책임제도를 이용해서 막대한 채무의 압박으로부터 해방될 수 있는 방법이다.

## [5] 흡수합병

지금까지 설명한 지분양도, 유상감자, 해산청산 및 파산청산 등 4개의 철수방법에 이어 설명할 것은 흡수합병, 분할, 영업양도, 그리고 사업장 이전이 있다. 이러한 기타의 방법들은 전술한 4개의 방법과 조합하여 실행되는 경우가 많다. 먼저 설명할 것은 기업의 흡수합병이다. 흡수합병의 법률적 근거는 2001년에 수정 공표된 〈외국인투자기업 합병과 분할에 관한 규정〉이며, 2015년도에 일부 수정된 바 있다.

흡수합병을 통한 사업 철수의 방법으로서 아래 두 가지 사례로 설명하고자 한다. 첫째는 '형제지간의 합병'이다. 중국의 CN1과 CN2는 동일한 한국의 모회사 KR이 투자한 중국 현지법인이다. 이 상황에서 CN2를 없애고자 하는 방법으로서 CN1이 CN2를 흡수합병하는 것이다. 또 다른 사례는 '모자지간 합병'인데 이것은 중국의 CN1이 재투자를 하여 중국 내에 CN2를 자회사로 거느리고 있는 상황이다. 이때도 CN2를 없애고자 하는 방법으로서 CN1이 CN2를 흡수합병함으로써 CN2의 법인격을 말소할 수 있다.

**[兄弟지간 합병]**

CN1이 CN2를 흡수합병

**[母子지간 합병]**

CN1이 CN2를 흡수합병

# [6] 기업분할

합병이 두 개 이상의 회사를 하나로 합치는 것이라면 분할은 하나의 회사를 두 개 이상의 회사로 쪼개는 것을 말한다. 먼저 G사가 보유하고 있는 부동산을 현물출자하여 새로운 신설회사 G'를 설립한다. 이러한 형태의 분할을 물적분할이라고 한다. 물적분할의 결과 G는 G'의 지분을 100% 보유하게 되는 지배구조가 생성된다. 다음 단계는 G가 H에게 G'의 지분을 양도하는 것이다. 그 결과 H가 G'의 지분을 100% 보유하는 지배 구조로 변경된다.

부동산으로
물적분할

100%

G가 H에게
지분양도

100%

이 방법은 기존의 사업을 계속 유지하면서 부동산만을 매각하고자 할 때 토지중치세의 징수를 피할 목적으로 주로 사용되고 있는데, 지분양도에 의한 철수 방법의 파생된 형태라고 할 수 있다. 이 방법은 완벽한 절세 전략은 아니며 일정한 리스크를 안고 있는데, 이에 대해서는 지분양도의 세금문제에서 자세히 다루고 있다.

## [7] 영업양도

그다음은 영업양도와 자산양도이다. 이것은 현지법인의 법인격은 그대로 두고 일부의 라인을 매각하거나 일부의 영업권을 매각하는 방법이다. 즉, 유형 무형의 자산을 매각함으로써 사실상 철수하는 것이다. 이 단계에서는 현지법인의 법인격상 변화는 없다. 만일 최종적으로 현지법인을 정리하고자 하는 경우, A 라인과 B 라인이 있고, A 라인은 이익이 발생하는 반면 B 라인은 손실이 발생하고 있을 때 이익이 발생하는 A 라인만을 제값을 불러 팔아 처분이익을 챙기고 B 라인만 남은 현지법인을 정리하는 방법도 있다. 이것은 단순히 회사 문을 닫는 것이 아니라 가치가 있는 것은 먼저 현금화하겠다는 발상에서 시작된 것이다.

# [8] 사업장 이전

다음으로 다른 지역에 있는 그룹 내 기업으로 이전하는 방법이 있다. 또한 이전 후보지에 우선은 분공사를 설립한 다음에 총공사와 분공사를 교체하는 등 여러 가지 기술이 있다. 예를 들어 보세거래를 실시하고 있는 경우 세관번호는 총공사에만 부여되고 분공사에는 부여되지 않는다. 그렇다면 우선은 총공사와 분공사를 바꿔 놓고 그 후에 새로운 분공사, 즉 원래의 총공사를 닫는 형태의 연구도 필요하다. 이러한 방법들은 개별적인 프로젝트 상황에 맞추어 그때그때의 변화하는 환경에 대응하여 방향을 설정해야 할 것이다.

# [9] 영업집조의 직권말소

## 1. 말소와 직권말소

영업집조가 직권말소(吊销)되면 자동으로 청산된 것이라고 알고 있는 경우가 많은데 이는 완전히 잘못된 생각이다. 주무관청으로부터 영업집조가 직권말소 처분을 받은 것과 청산을 통해서 영업집조를 말소(注销)하는 것은 완전히 다른 개념이다. 주무관청으로부터 직권말소 처분을 받았다는 것은 더 이상 사업을 할 수 없는 상태에 있다는 것이지 회사가 완전히 소멸되었다는 것은 아니다. 즉, 영업을 할 수 없는 상태이나 법률적으로는 존재한다. 그러나 청산을 통해서 영업집조를 말소하는 것은 회사의 법인격을 소멸시키는 것으로서 말소 후에 그 회사는 존재하지 않는다. 따라서 어떤 의무 불이행으로 영업집조에 대한 직권말소 처분을 받았다고 하더라도 회사가 자동적으로 소멸되지는 않기 때문에 이러한 경우에도 청산은 반드시 필요하다.

말소(注销)와 직권말소(吊销)는 행정절차상, 그리고 효력의 측면에서 매우 큰 차이가 있다. 말소는 법정요건에 부합하는 기업이 등기기관(시장감독관리국)에 신청해서 청산절차를 거친 후 주체자격을 소멸시키는 것이다. 기업은 말소된 후에는 완전히 소멸하고, 법인자격이 없어지며, 모든 직원은 해고되고, 회사가 가진 돈은 주주가 회수해 가며, 회사의 모든 채권과 채무의 관계가 종료된다. 반면에 직권말소는 기업이 법률 규정을 위반해서 등기기관(시장감독관리국)에서 강제적으로 기업의 경영활동 행위를 못하도록 중단시킨 것이다. 회사가 직권말소된 후부터 말소되기 전까지 기업은 여전히 존재하나 영업활동을 할 수 없다.

위의 내용을 요약하면, 말소라는 것은 합법행위로서 기업이 경영활동을 중단하는 최종 결과이다. 그러나 직권말소는 하나의 과정이라고 할 수 있는데, 영업집조가 직권말소된 경우 경영활동은 수행할 수 없으나, 기업은 그대로 존재하고 또한 여전히 기업으로서 채권과 채무를 향유, 부담해야 한다. 사람에 비유하자면 '죽지는 않았지만 숨이 붙어 있는 식물인간'이 된 상태라고 할 수 있다.

## 2. 소송의 주체 자격

소송의 주체 자격의 측면에서 기업은 말소된 후에는 주체 자격이 소멸되어 기업의 명의로 소송을 진행할 수 없다. 한편 기업이 직권말소된 후부터 말소되기 이전의 기간에는 비록 정상적으로 영업활동을 할 수는 없지만 주체 자격은 여전히 존재하므로 말소될 때까지 회사의 명의로 소송활동을 진행할 수 있다.

## 3. 계약의 효력

계약의 효력 측면에서 〈회사법〉 제180조와 제186조의 규정에 의하면, 기업의 영업집조가 직권말소되어 청산하는 기간 동안에는 청산과 무관한 경영활동을 할 수 없다. 만약 이 규정을 위반한 경우 회사가 대외적으로 체결한 경영활동과 관련된 계약은 무조건 무효가 될까? 중국 최고인민법원의 관련 사법해석에 의하면 계약의 효력에 대하여 효력성 강제규정과 관리성 강제규정을 엄격히 구분해서 판단해야 하며, 효력성 강제규정을 위반한 경우 계약이 무효가 되나 관리성 강제규정을 위반한 경우 인민법원은 구체적인 정황에 따라서 그 효력을 인정해야 한다고 규정하고 있다. 따라서 직권말소된 후 기업이 대외적으로 체결한 계약에 효력성 강제규정을 위반한 사실이 없다면 구체적인 정황에 따라서 그 효력을 인정하므로 일률적으로 무효로 간주될 수는 없다.

그리고 말소된 후에 기업은 민사권리능력과 민사행위능력이 없으므로 계약의 당사자가 될 수 없다. 그러나 말소되기 전 기업 명의로 체결된 계약도 역시 완전히 무효된다고는 할 수 없다. 만약 계약의 내용이 체결 당시의 효력성 강제규정을 위반하지 않았다면 그 권리·의무는 말소된 기업의 권리·의무를 승계한 자가 향유, 부담하며 이러한 상태에서 계약은 유효하다.

## 4. 주주의 책임

직권말소 처분을 받은 후 주주의 책임과 관련해서 법률 규정에 의하면 주주는 회사가 직권말소된 후 청산팀을 구성하여 기업의 채권과 채무를 정리해야 한다. 만약 법률 규정에 따라 청산절차를 진행하지 않으면 주주는 기업의 채무에 대해서 연대상환책임을 부담해야 한다.

그리고 정상적인 절차에 따르면 기업은 청산을 통해서 최종적으로 말소되고 주주는 자신이 인수한 출자금액을 한도로 기업의 채무에 대해서 책임을 지는데 이것이 유한책임회사의 기본정신이다. 그러나 실무적으로는 회사의 채무로부터 도피하기 위해서 적법한 청산절차를 거치지 않고 바로 회사의 등기를 말소해 버리는 경우가 많은데, 주주는 청산의무자인데도 청산의무를 이행하지 않으면 회사의 채무를 부담해야 하는 책임이 있다.

## 5. 행정절차의 차이

말소는 청산팀의 구성, 청산보고서의 작성, 세금과 급여의 지급, 채권과 채무관계의 정리, 세무말소, 등기말소, 은행계좌말소 등 상대적으로 복잡한 절차를 거쳐야 한다. 직권말소는 등기기관(시장감독관리국)에서 법률이 정한 경우(허위자료로 등기, 등기변경 의무 미이행 등)에 대하여 직권으로 행할 수 있어 상대적으로 절차가 간단하다. 또한 만약 매월 정기적인 세금신고의무를 이행하지 않으면 세무국으로부터 블랙리스트에 등재되어 향후 다시 말소하고자 할 경우에는 과태료를 납부한 후에 세무말소를 진행할 수 있으며, 그런 다음 비로소 기업의 등기말소를 진행할 수 있다.

## 6. 직권말소된 후 영업활동

직권말소된 후에도 기업은 생산경영활동을 할 수 있을까? 〈회사법〉 제180조와 제183조의 규정에 따르면 회사가 직권말소되어 해산하는 경우 그 해산사유가 발생한 날로부터 15일 이내 청산팀을 구성하여 청산을 개시해야 한다. 또한, 제186조 제3항의 규정에 의하면 청산기간 동안에 회사는 존속하나 청산과 무관한 경영활동을 전개할 수 없다. 그리고 제205조에 따르면 회사가 청산기간에 청산과 무관한 경영활동을 전개한 경우 등기기관(시장감독관리국)에서 경고를 하고 위법소득을 몰수한다.

## 7. 직권말소된 후 방치하는 경우 문제점

　기업이 직권말소된 후 등기를 말소하지 않는 경우의 문제점에 대하여 일부 기업은 직권말소와 말소에 대한 개념을 오해하는 경우가 많다. 말소는 청산을 해야 하며, 공고를 게재해야 하고 또한 여러 행정기관에 돌아다녀야 한다. 따라서 시간과 비용을 줄이기 위해서 영업집조가 등기기관으로부터 직권말소되도록 하는 편이 낫다고 생각하는 경우가 있다. 심지어 일부 기업은 직권말소되는 것이 일종의 탈출구라고 생각해서 고의로 법적 의무를 이행하지 아니함으로써 등기기관에서 영업집조를 직권말소하도록 기다리는 경우도 있다.

　그러나 실제로는 직권말소 후 정상적인 말소절차를 거치지 않으면 많은 법률적 위험이 존재한다는 것을 명심해야 한다. 회사가 직권말소된 후에는 바로 정상경영에 대한 권리가 없는데도 계속 경영활동을 수행한다면 영업집조 없이 경영한 것으로 간주되어 경고를 받고 위법소득이 몰수될 가능성이 있다. 또한 범죄행위를 구성하는 경우 형사 책임도 추궁받을 수 있다. 일단 영업집조가 직권말소된 상황이 되면 회사 자체뿐만 아니라 그 회사의 법정대표도 함께 블랙리스트에 등재되어 기업신용정보공시시스템 등 사이트를 통하여 일반 대중에게 공개된다. 심지어 기업의 법정대표는 개인의 신용활동에도 제약을 받게 되므로 주의가 필요하다.

## [10] 사업 철수 방법의 선택 전략

중국 현지법인을 정리하거나 중국에 여러 개의 현지법인이 있어 이들을 합쳐서 집중하고자 하는 경우 등 중국 철수를 계획하고 있다면 처음부터 해산청산으로 진행하는 것이 아니라, 종업원 해고에 따른 비용 부담과 회사 등기말소에 따른 우발부채의 리스크를 없앨 수 있는 지분양도방식을 먼저 시도해 보는 것이 바람직하다. 물론 지분을 인수하는 것은 회사에 내재하고 있는 우발부채도 함께 인수하는 것이기 때문에 적절한 매수자를 찾는 것이 어려운 경우가 많다. 그러나 회사가 보유하고 있는 라이선스나 고객 등 무형의 자산에 대한 메리트도 강조함으로써 우발부채에 대한 거부감을 줄일 수 있다.

사업 철수 방법의 선택에 있어서 좀 더 구체적으로 대상회사로부터 회수금액이 있는 경우와 반대로 대상회사를 정리하기 위해서 추가자금의 투입이 필요한 경우 등 대상회사가 처해 있는 상황에 따라 사업 철수 방법을 선택하는 흐름은 다음과 같이 요약할 수 있다.

| 회수금액이 있는 경우 | 추가 자금투입이 필요한 경우 |
|---|---|
| ✓ **자산 > 부채**<br>• 부동산 보유<br>• 처분 가능한 기계보유<br>• 라이선스 필요업종(위험화학물 생산, 건설) | ✓ **부채 > 자산**<br>• 은행차입, 물품대, 인건비 등 확정부채<br>• 세무국, 세관, 종업원 등 우발부채 |

| 1순위: 지분양도<br>2순위: 해산청산 | 1순위: 지분의 무상양도(꼬리 자르기)<br>2순위: 파산청산 신청<br>3순위: 한국본사 청산자금 지원 후 자체청산<br>※방치하는 경우 리스크가 계속 누증됨 |

위 사업 철수 방법에는 흡수합병은 없다. 왜냐하면 회사를 말소하기 위한 방법으로 흡수합병은 행정절차가 복잡하고 현지 공무원의 무지에 따른 비협조로 청산보다 어려운 것이 현실이므로 흡수합병으로 회사를 정리하는 것은 추천할 만한 방법이 아니다.

또한, 유상감자의 방법도 없다. 유상감자 자체만 보면 그것은 사업 철수라기보다는 일부 투자금의 회수 전략이라고 할 수 있다. 따라서 유상감자는 그 자체만으로 철수 전략이 될 수 없으며, 지분양도나 해산청산의 보조적인 수단으로써 함께 사용되는 방법이다.

# 제2편

# 중국 철수 관련
# 비용추정과 애로 사항

많은 한국계 중국 현지법인의 사업 철수 업무를 수행한 필자들의 경험에 비추어 보면, 기업을 저수지에 비유할 수 있을 것 같다. 저수지에 물이 가득 차 있을 때에는 저수지 아래에 뭐가 있는지에 대해서 주의를 기울이거나 관심을 가지지 않다가 만약 어떤 목적으로 저수지의 물을 모두 빼내야 할 상황이 생기면 평소 보이지 않았던 온갖 쓰레기가 일시에 드러나게 된다. 기업도 마찬가지이다. 오더량이 많아서 회사가 바쁘게 돌아갈 때는 회사에 내재된 리스크에 대하여 관심을 기울이지 않다가 회사의 운영을 중단하고 내부를 자세히 들여다볼 때 그동안 잠재되어 있던 모든 관리상의 문제들이 일시에 드러나게 된다. 사업을 정리하는 것은 기업이라는 저수지에서 물을 모두 빼내는 과정이라고 할 수 있다. 이때는 필연적으로 회사 안에 과거로부터 누적되어 온 잠재된 문제점들이 드러나게 되고, 이는 곧 사업 철수 비용으로 귀결된다. 따라서 청산 등 사업 철수를 진행함에 있어서 사전에 잠재된 리스크로 인하여 발생할 철수비용을 추정하는 것이 매우 중요한 절차라고 할 수 있다.

　이 편에서는 중국 현지법인을 철수하기로 결정하였을 때, 철수 과정에서 어떤 비용들이 발생하는지에 대해서 살펴보고자 한다. 저수지의 물을 완전히 빼내야 정확한 상황을 파악할 수 있는 것처럼 회사의 경우는 "만약 청산의 방법으로 사업 철수를 진행한다면 어떤 비용들이 발생할 것인가."라는 전제로 철수비용을 추정한다. 그리고 사업 철수를 진행함에 있어서 철수비용 이외에도 소재 지역이 중국이기 때문에 발생하는 애로 사항에 대해서도 알아보고자 한다.

## 제1장

# 직접비용과 잠재비용

중국법인의 청산과 관련하여 발생하는 청산비용은 '직접비용'과 '잠재비용'으로 구분할 수 있다. 먼저 직접비용은 청산팀 구성원의 급여와 활동비 등 청산팀 유지관리비, 신문공고비용, 청산감사수수료, 청산대행수수료 등이 있다.

**[청산 관련 직접비용]**

| 종류 | 내용 |
| --- | --- |
| 청산팀 유지비 | 청산진행기간 동안 회계나 무역직원의 급여, 각종 사무관리비 등 |
| 신문공고비 | 청산공고를 위한 신문공고 비용 2회 |
| 감사수수료 | 청산개시시점의 재산상태에 대하여 공인회계사의 청산감사를 받아야 하며, 동 감사수수료는 기업 규모에 따라 상이 |
| 대행수수료 | 청산업무를 대행기관에 위탁하는 경우 발생하는 대행수수료 |

다음으로 잠재비용은 우발부채라고도 하는데 이미 발생해서 지급의무가 확정되어 회계장부에 기록된 확정부채와 대비되는 개념이다. 이것

은 기업이 정상적으로 운영되고 있을 때는 잠재하고 있다가 회사를 정리하고자 할 때 드러나는 비용이다. 잠재비용은 청산을 진행할 때 세무국 등 행정관청의 조사에 따른 추징세금, 종업원을 정리 해고함에 따른 보상비용, 각종 계약의 중도해제에 따른 위약금 등으로 예측이 쉽지 않으며, 그 금액도 큰 것이 일반적이다. 회사가 계속기업 상태일 때는 문제되지 않았지만 청산을 함으로써 발생하게 되는 잠재비용을 발생대상 별로 구분하면 다음과 같이 요약된다.

**[청산 관련 잠재비용]**

| 대상 | 잠재비용의 내용 |
|---|---|
| 세무국 | 2면3감 기업소득세와 지방세 우대혜택을 받았으나 청산함에 따라 감면요건을 충족하지 못하면 감면받은 부분을 반환해야 함 |
| | 재투자로 인하여 기업소득세를 환급받은 우대혜택은 요건 미충족 시 반환해야 함 |
| | 중국산 설비를 구입해서 환급받은 증치세는 요건 미충족 시 반환해야 함 |
| | 한국 모회사와 같은 관계회사에 대한 부채를 상환하지 못하고 청산하면 채무면제이익이 되어 기업소득세 발생 |
| | 관계회사와 거래가 있는 상황에서 과도한 손실이 발생한 경우 이전가격조사 가능성 |
| | 주재원이 한국에서 수령하는 급여가 있는 경우 합산과세될 가능성 |
| | 각종 매매계약서에 대해 미납부한 인화세 추징 가능성 |
| | 매출액의 일정 비율로 납부하는 미납부된 지방수리기금 추징 가능성 |
| | 미납부한 장애인취업보장금, 지세국이 대리징수하는 경우 추징 가능성 |
| | 미납부한 공회경비, 지세국이 대리징수하는 부분(약 40%) 추징 가능성 |

| | |
|---|---|
| 세관 | 면세로 수입한 설비는 관리감독기간 미경과 시 면세 부분 추가납부 |
| | 무상으로 수입된 설비는 청산 시 원소유자에게 반납하거나 청산비용 조달 위해 중국에서 판매하는 경우 수입증치세와 관세 추가납부 |
| | 가공무역기업의 경우 수책핵소가 완료되었는지 확인 필요. 핵소하지 못한 부분은 내수판매로 보아 세금부과 |
| 외환 관리국 | 수출대금 중 장기간 회수하지 못한 것에 대하여 대손의 원인을 증명하지 못 하면 내수판매로 보아 증치세 부과 |
| | 해외채무는 사전에 외환관리국에 외채등기를 해야 하며, 등기하지 않을 경 우 해외송금에 문제 발생 가능성 주의 |
| 건물주 | 임차공장의 경우 임차계약의 중도해지에 따른 위약금 지불조항 확인 |
| | 임차공장의 원상복구 비용 추정 필요 |
| 사회 보험국 | 서면 노동계약을 체결하지 않아서 사회보험료 미납부 시 미납한 부분 추징 가능성 |
| 종업원 | 청산으로 인한 노동계약해지로 지급할 경제보상금은 최초입사일부터 기산 하여 근속연수 계산 |
| | 퇴직하는 직원이 미납부한 사회보험료를 납부해 줄 것을 요구할 가능성 |
| 부동산 | 토지 취득 관련 의무 미이행으로 위약금 부담 가능성 |
| | 토지사용권증을 취득하지 못해서 재산권 행사 불가능 |
| | 토지사용권의 소유권 이전에 대한 변경등기 미이행으로 재산권 행사 불가능 |
| | 획발방식으로 취득한 토지의 재산권 행사에 제약 |
| | 건물에 대한 방산권증을 취득하지 못해서 재산권 행사 불가능 |
| 거래처 | 판매처나 구매처 등과의 계약관계가 중도 해제됨에 따른 위약금 지불 가능성 |
| | A/S와 유지보수계약을 더 이상 이행할 수 없는 문제의 처리 |

# [1] 2면3감 기업소득세 등 우대혜택 반환

2면3감은 과세소득이 발생하는 해부터 기업소득세를 2년간 100% 면
제하고 그 후 3년간 50%를 감면하는 것이다. 2면3감은 생산성 외국인투

자기업으로서 경영기간이 10년 이상인 경우에 적용되므로, 요약하면 다음 3가지 요건으로 구성된다. 첫째 생산성 기업일 것, 둘째 외국인투자기업일 것, 셋째 실제 경영기간이 10년 이상일 것이다. 따라서 중국 법인이 10년 동안 계속해서 위의 3가지 요건을 동시에 유지하지 못하면 이미 받은 2면3감의 우대혜택을 반환해야 한다.

예를 들어 원래 생산성 기업이었던 회사가 도·소매업 등 비생산성 업무를 같이 겸영하는 경우 당연도 전체 매출액 중에서 생산성(제조) 업무 수익이 50%를 초과하지 못하면 '생산성 기업'의 요건에 해당하지 않게 된다. 이때 이미 감면받은 부분은 전액 반환해야 하므로 비생산성 업무의 매출 규모가 50%를 초과하지 않게 유지할 필요가 있다.

또한 과거 외국인투자기업의 요건은 외국인 지분비율이 25% 이상이다. 만약 외국인투자기업의 한국인 투자자가 보유하고 있는 지분을 중국인에게 양도하여 외국인 지분비율이 25% 미만이 되면 '외국인투자기업'의 요건에 부합하지 않게 된다. 이때도 이미 감면 받은 부분은 전액 반환해야 하므로 지분양도를 통한 중국 철수를 계획할 경우 지분양도 비율과 세금 우대혜택의 반환 규모의 관계를 따져 볼 필요가 있다.

마지막으로 실제경영기간 10년 요건에서 실제경영기간이란 실제 생산경영활동(시험생산, 시험영업 포함)을 시작한 날로부터 중지한 날까지의 기간을 말한다. 여기서 경영기간의 기산일은 영업집조의 법인성립일이 아니라 실제 생산개시일부터 기산하게 된다. 2면3감은 기업이 10

년 이상 경영할 것으로 추정하고 감면혜택을 부여한 것이므로 만약 청산으로 인하여 실제경영기간이 10년을 초과하지 못한다면 감면요건을 충족하지 못하게 되는 것이다. 따라서 이미 감면받은 부분은 전액 반환해야 하므로 10년의 경영기간을 충족하기 위해서 발생되는 비용과 세금우대혜택의 반환 규모의 관계를 따져 봐서 철수의사결정을 내려야 한다.

한편, 지방세 우대혜택은 지방정부차원에서 외자 유치를 위해서 외국인투자기업의 경영기간이 일정기간 이상인 경우 과세소득 획득연도부터 일정기간 지방소득세 등을 면제하는 것이다. 지방세 우대혜택의 요건은 2면3감의 감면요건과 유사하고 특히 경영기간 10년의 면세요건은 완전히 동일하다고 할 수 있다. 따라서 만약 실제경영기간 10년 요건을 만족하지 못하고 중도 청산한다면 감면요건을 만족하지 못하게 되므로 이미 감면받은 부분은 전액 반납해야 할 의무가 발생하게 된다.

## [2] 재투자 기업소득세 환급액의 반환

재투자 환급은 외국투자자가 외국인투자기업으로부터 획득한 이윤을 중국 내의 기업에 재투자하는 경우 재투자한 부분에 대하여 외국인투자기업이 이미 납부한 기업소득세의 40%를 환급하는 것이다. 이 우대혜택은 외국투자자가 획득한 이윤을 배당으로 회수해가지 않고 그 기업의 등록자본금으로 자본전입하거나 다른 외국인투자기업에 투자하는 경우로서 피투자기업의 경영기간이 5년 이상이어야 한다.

위에서 경영기간이란 외국투자자가 기업으로부터 획득한 이윤을 그 기업이나 이미 생산경영을 개시한 기타 외국인투자기업에 재투자하는 경우 재투자자금이 실제 투입된 날로부터 생산경영을 중지한 날까지이다. 또한 재투자하여 새로운 외국인투자기업을 설립하는 경우 신설기업이 실제 생산경영활동(시험생산, 시험영업 포함)을 시작한 날로부터 중지한 날까지이다. 따라서 만약 피투자기업이 경영기간 5년 요건을 충족하지 못하고 중도에 청산한다면 감면요건을 만족하지 못하게 되는 것이다. 따라서 이미 환급받은 부분은 전액 반납해야 한다.

## [3] 국산설비의 증치세 환급액의 반환

국산설비 구입에 대한 매입증치세 환급은 외국인투자기업이 중국산 설비를 구입하는 경우 구입 시 부담한 증치세를 환급해 주는 것이다. 환급 요건은 첫째 증치세 일반납세자이고, 둘째 외국인투자기업이며, 셋째 외상투자산업지도목록 중 장려류에 속하거나 중서부 지역 외상투자 우세산업목록에 속하는 외상투자항목에 해당하는 경우이다.

매입증치세를 환급한 설비는 관할 세무기관이 5년간 감독하며 관리감독기간 내에 양도, 증여, 임대, 재투자 등의 행위가 있을 경우 환급받은 증치세를 반납해야 한다. 반납해야 할 금액은 감가상각 후 미상각잔액에 환급 당시의 증치세율을 곱하여 계산한다. 만약 회사가 증치세 환급 설비를 구입한 날로부터 5년을 채우지 못하고 중도에 청산한다면 감면요건을 충족하지 못하게 되는 것이다. 따라서 이미 환급받은 증치세 중에서 감가상각 후 미상각잔액에 해당하는 부분을 반납해야 한다.

## [4] 관계회사 채권포기에 따른 채무면제이익

중국 현지법인의 Exit를 완료하기 위해서 한국 모회사 등 관계회사가 중국 현지법인에 대해서 가지는 채권과 채무를 정리해야만 한다. 특히, 한국 모회사의 채권이고 현지법인의 채무인 경우는 일부 채권을 포기함에 따라 현지법인의 채무면제이익이 되어 기업소득세가 발생할 가능성이 있음에 주의해야 한다. 물론 관계회사의 채무면제이익이 현지법인의 과거 이월결손금과 청산과정에서 발생하는 손실금액의 합계액보다 많아서 과세소득이 있는 경우에만 발생한다.

관계회사 채무면제이익으로 인한 기업소득세가 발생하는 것을 해결하기 위한 방법으로서 출자전환과 증자를 생각해 볼 수 있다. 중국에는 외채등기된 외화차입금을 출자전환하는 명확한 규정이 있기 때문에 먼저 한국 모회사로부터의 외화차입금을 출자전환하여 관계회사 채무금액을 감소시키면 된다. 그러나 외화 외상매입금(상거래 채무)의 출자전환이 가능한지 여부에 대해서 명확한 규정은 없고, 상무부문 등 관할 부서에서 외상매입금의 출자전환을 승인하지 않고 있기 때문에 현실적으로 불가능하다. 따라서 출자전환한 외화차입금 이외의 다른 부채는 한국 모회사가 현지법인에 증자를 해서 자금을 투입하고, 현지법인은 그 자금으로 은행차입금 등을 상환하면 채무면제이익으로 인한 기업소득세가 발생하지 않을 수 있다.

한편, 사업 철수로 인해 한국 모회사가 중국 현지법인에 대해서 가지고 있는 자산과 관련하여 한국에서 발생할 수 있는 세금문제로서 사업 철수로 인해 발생하는 회수불능채권(또는 포기채권)의 손금산입 여부이다. 원칙적으로 약정에 의한 채권포기는 손금산입이 불가능하나, 특수관계 없는 채권의 조기회수를 위한 채권포기는 손금산입이 가능하다. 그리고 투자주식은 청산 완료 시 투자주식처분손실로서 손금산입이 가능하다. 매출채권과 미수금은 사업 철수를 목적으로 포기하는 매출채권은 손금산입이 가능하며 이것은 부당행위계산부인에 해당되지 않아야 가능하다. 대여금의 경우 특수관계자 대여금의 회수불능액은 손금산입 불가능하며, 출자전환을 하면 투자주식의 가치는 0이 되므로 초과하여 취득한 부분은 부당행위계산부인에 해당되기 때문에 투자주식처분손실은 손금산입이 불가능하다. 마지막으로 현지법인에 보증을 해 주고 대신 갚아 준 보증채무는 채무보증으로 인해 발생한 구상채권으로서 대손금으로 손금산입이 불가능하다.

## [5] 관계회사 거래의 이전가격과세

사업 철수를 결정하는 이유는 이익이 나지 않기 때문일 것이다. 만약 철수 대상기업이 계속적인 손실 발생으로 누적 결손금이 많다면 평소에도 세무당국으로부터 이전가격과세에 대한 압력이 가중되었을 것이다. 한국 모회사 등 관계회사와의 거래가 많은 기업으로서 계속해서 손실이 발생하는 경우 세무당국은 관계회사와의 거래가격을 결정한 방법에 대해서 동기자료라는 이전가격보고서를 작성해서 합리적인 결정임을 증명하라고 요구하고 있다. 이 동기자료는 보통 회계법인 등 전문기관에서 OSIRIS 데이터베이스를 이용해서 회사에 작성해 주는 것이 일반적이다. 이전가격조사가 진행되면 세무당국이 주장할 수 있는 가장 단순한 이전가격과세방법은 비교가능지표가 회사에도 그대로 적용되었을 경우를 가정하여 징수하는 것으로서, 회사의 매출액에 비교가능지표(영업이익률이나 세전이익률 등)을 그대로 적용하는 것이다.

청산과정에서 세무당국이 이전가격조사를 진행하는 것은 드물다. 이익이 안 나서 청산을 하는데 이익을 한국 모회사로 빼돌릴 정도로 이익이 나는 회사라면 청산을 할 이유가 없기 때문이다. 그러나 이전가격조사가 진행 중인데 청산을 개시하는 것은 바람직하지 않다. 이전가격조사는 시간이 오래 걸릴 뿐만 아니라 회사와 세무당국 간에 협상의 시간이 필요한 특수한 분야이다. 따라서 세무당국과의 협상을 진행할 수 있는 회계담당 직원이 회사에 있을 때 그 사람의 도움을 받아서 끝내고 난 후 청산을 개시하는 것이 타당하다. 직원이 다 빠지고 난 후 세무당국과 이전가격 협상을 할 수 없기 때문이다.

## [6] 주재원의 개인소득세 합산과세

한국계 기업의 청산 과정에서 가장 빈번하게 거론되는 것이 한국인 주재원의 급여소득에 대한 합산과세의 문제이다. 합산과세의 핵심은 주재원이 한국에서 수령하는 급여도 소득원천이 중국이므로 중국에서 수령하는 급여와 합산해서 중국세무당국에 납부해야 한다는 것이다. 파견주재원의 개인소득세 과소납부 문제는 중국에서 최근 핫이슈로서 제기되고 있는 상황이다. 청산과정의 지방세무국 등기말소과정에서 제기될 가능성이 매우 높다. 따라서 주재원 개인소득세와 가산금의 추가납부 가능성이 존재하나, 추가납부 추정액은 세법에 의거하여 계산한 것이므로 실제 세무조사 대응 과정에서 감소될 수 있으며, 아예 발생하지 않을 가능성도 있다. 그러나 청산을 준비하는 입장에서는 보다 보수적으로 추정하여 개인소득세 부분을 청산예상비용으로 고려해야 한다.

계산근거는 소급기간을 보통 과세의 제척기간인 5년으로 해서 현재 회사에 소속된 한국인 주재원을 대상으로 하고 이미 본사로 복귀한 주재원은 포함하지 않는다. 미납세금은 한국 모회사에서 수령하는 월급과 중국 현지법인에서 수령하는 급여를 합산하여 계산한 것과 실제 납부한 세금과의 차이가 된다. 이때 추가적으로 체납이자는 개인소득세 미납부액을 1일 5/10,000에 해당하는 이자율로 계산한다.

## [7] 지방세와 공과금의 미납부

중국의 세무국은 국세를 징수하는 국가세무국과 지방세를 징수하는 지방세무국으로 구분되어 있다. 한국처럼 지방세를 구청에서 징수하는 것이 아니라 지방세무국이라는 별도의 조직을 두어서 전문적으로 관리하고 있는 것이 특징이다. 그래서 중국은 지방세의 규모가 크고 세금의 종류도 매우 다양할 뿐만 아니라 세금 이외에 징수가 잘되지 않는 각종 공과금도 지방세무국에 위탁해서 징수하고 있다. 지방세의 대표적인 세금이 월급 등 개인의 소득에 대해서 부과하는 개인소득세와 각종 계약서에 부과되는 인지세, 그리고 부동산의 보유세에 해당하는 토지사용세와 방산세가 있다.

지방세 중에서 개인소득세는 종업원에게 월급을 줄 때 원천징수하는 것이기 때문에 앞에 한국인 주재원의 개인소득세 문제 이외에는 중국인의 개인소득세 미납부 상황은 거의 발생하지 않는다. 그리고 자가 공장을 소유하는 경우 토지사용세와 방산세는 과세의 근거가 토지의 면적과 건물의 취득원가이므로 세금이 명확하기 때문에 납부하지 않을 가능성이 낮고 설사 납부하지 않았더라도 세무당국에서 납부하라고 재촉을 하기 때문에 납부하지 않을 수도 없다.

그러나 인화세(인지세)의 경우는 사정이 좀 다르다. 인지세는 각종 계약(수출입계약, 건축계약, 임대차계약)에 일정비율을 곱해서 계산하는 것인데, 회사의 모든 계약에 대해서 정확하게 인지세를 납부하는 경우는 드물다. 왜냐하면 회계담당자의 인식 부족과 적게 납부하더라도 세무국에서 조사를 해 보지 않으면 정확한 과소납부액을 알 수 없기 때문에 그냥 넘어가는 경우가 많기 때문이다. 하지만 청산할 때는 다르다. 지방세무국의 말소등기를 신청하면 즉시 인지세 미납부 상황을 조사하게 되고 이것은 바로 철수비용에 해당하는 것이다. 세금의 미납부는 세금원본금액뿐만 아니라 원본금액의 0.5배~5배에 해당하는 벌금과 1일에 5/1,000씩 추가하는 체납이자가 가산되므로 때로는 벌금과 체납이자가 원본금액보다 많아지는 경우가 발생할 수 있다.

그리고 더 큰 문제는 지방세무국이 세금 이외에도 각종 공과금을 대신해서 징수해 주는 역할을 하고 있는데, 많은 기업들이 이러한 공과금을 내지 않고 있다는 것이다. 지방세무국 입장에서는 세금수입이 아니라 대신 받아 주는 것이므로 적극적으로 징수하거나 미납부에 대해서 재촉하는 경우가 적다. 그래서 이러한 공과금을 납부하지 않고 미납액이 누적되어 있는 경우가 허다하다. 그러나 세무등기를 말소할 때에는 필연적으로 그동안 미납부한 금액을 납부해야만 하고 미납부한 기록은 고스란히 회사의 ID로 로그인한 지방세무국 사이트에 남아 있다. 청산 과정에서 문제가 되는 지방세무국이 대신해서 징수하는 각종 공과금에 대한 위험에 대해서 알아보자.

### 첫째는 지방수리건설기금(하도관리비)이다.

지방수리건설기금은 2011년 6월까지 매출액의 5/10,000이었으나, 2011년 7월부터 하도관리비로 명칭이 변경되었으며, 성시보호건설세 과세표준의 1/1,000으로 계산방식이 변경되었다. 대부분의 회사들이 위의 법정금액보다 적게 납부하는 사례가 많으므로 청산 과정에서 제기될 수 있는 추가납부액을 계산하여 청산비용에 포함해야 한다.

### 둘째는 장애인취업보장금이다.

중국 장애인보장법에 의해 장애인 채용인원이 법정비율에 미달할 경우 장애인취업보장금을 납부해야 한다고 규정하고 있다. 장애인취업보장금의 계산공식은 전년도사회평균임금 × (전기말 재직인원수 × 1.5% − 전기말 재직장애인수)로 계산된다. 한국계 기업들은 장애인을 채용하지 않고, 장애인취업보장금도 납부하지 않는 경우가 많다. 장애인취업보장금의 과소납부 상황은 소재지의 지방세무국 웹사이트를 통해 조회할 수 있다.

장애인취업보장금의 과소납부 사유에 대해서 보통 회계 직원들은 세무국 담당자와 협의하여 적게 납부한 것이므로 문제가 되지 않는다고 주장하는 경우가 많다. 그러나 사업 철수 과정에서 지분매수자가 우발부채로 주장할 가능성이 높으며, 청산과정에서는 세무당국에 의해서 소급해서 청구되는 사례가 많다. 따라서 현재 과소납부상황을 알았다고 해서 즉시 자진해서 납부할 필요는 없으며, 지분양도의 협상 과정에서 우발부채로 또는 청산과정에서 청산비용으로 포함해서 자금계획을 수립하는 것이 타당하다.

**셋째는 공회경비(노동조합비)이다.**

현행 중국 법률에 따르면 직접 채용하거나 노무파견 방식으로 채용한 직원의 월급여 총액 기준으로 2%를 공회경비로 납부하는데, 이 중에서 40%는 기층공회에 납부하고 나머지 60%는 회사 내에 설치된 공회의 은행계좌에 납부하는 구조이다. 그러나 대부분의 한국계 기업은 공회가 없는 상태이고, 기층공회에 납부할 40%를 지방세무국이 대리해서 징수하는 추세이기 때문에 지방세무국에 공회경비를 납부하지 않았다면 청산과정에서 추가 납부하도록 요구될 가능성이 높다. 나머지 60%는 공회의 은행계좌로 송금해야 하나 사업 철수를 준비하는 과정에서 공회를 새로 설립할 수도 없는 상황이고 보통 중국 직원들이 공회경비가 본인들의 권리라는 인식이 아직까지 부족하므로 이 부분까지 회사가 보상하라는 정도는 아니다.

## [8] 수입설비의 면세혜택 반환

수입설비에 대한 관세와 증치세 면세는 외국인투자기업이 수입하는 생산설비의 수입관세와 증치세를 면제해 주는 것이다. 면세요건은 첫째 외상투자산업지도 목록의 장려류와 제한류에 속하고, 둘째 기술이전형 외국인 투자항목으로서, 셋째 투자총액의 범위 내에서 수입하는 자가사용설비에 해당되어야 한다. 또한, 2002년 10월 1일 후 설립한 외국인투자기업으로서 100% 직접수출을 전제로 하는 허가류 외국인투자항목의 수입설비는 일단 수입관세와 증치세를 징수한 후 투자한 날로부터 관련 부서가 수출상황에 대하여 5년간 심사하여 사실에 부합되면 매년 세액의 20%를 환급하여 5년 내 전부 환급하여 준다.

수입세금 면세설비는 세관이 감독하게 되며 관리감독기간(5년~8년) 내 양도, 임대 등으로 전용하면 면세받은 관세와 증치세를 반납해야 한다. 반납해야 할 금액은 감가상각 후 미상각잔액에 면세 당시의 관세율과 증치세율을 곱하여 계산한다. 또한 100% 직접수출조건으로 수입관세와 증치세를 선징수 후환급하는 경우 관리감독기간 내 100% 수출요건을 충족하지 못하면 환급하지 아니한다.

만약 회사가 면세수입설비의 구입일로부터 관리감독기간을 채우지 못하고 중도에 청산한다면 감면요건을 충족하지 못하게 되는 것이다. 따라서 수입 시 면세받은 관세와 증치세 중에서 감가상각 후 미상각잔액에 해당하는 부분을 반납해야 한다.

따라서 청산을 진행하려는 상황에서 면세설비가 세관의 사후감독 관리기간 내에 있으면 아래와 같은 방법으로 처리할 수 있다.

① 관세와 증치세 납부 후 중국 내수 판매
② 세관의 비준을 받고 다른 면세혜택 향유 외국인투자기업에게 판매
③ 세관에 신고하여 본국으로 반환(Ship-Back) 조치
④ 세관으로 무상 양도(무단 폐기 시 사후관리 위반이 됨)

## [9] 가공무역용 무상제공설비의 반송

가공무역을 위하여 무상제공된 설비는 임가공을 위하여 외국투자자로부터 무상으로 수입된 설비로서 수입관세와 증치세를 면제받은 설비이다. 무상제공설비는 가공무역계약서상 외국투자자가 무상으로 제공한다는 내용이 명시되어 있어야 하고 가공공장에서만 사용할 수 있다. 또한 동 설비는 5년간 세관의 관리감독을 받아야 하며 매년 무상제공설비의 사용상황을 상무부문과 세관에 보고해야 한다.

만약 회사가 세관의 관리감독기간 5년을 채우지 못하고 중도에 청산하게 되면 무상제공설비는 세관 관리감독해제 절차를 한 뒤 투자자에게 반환할 수 있으며, 중국 내에서 양도하는 경우 감가상각 후 미상각잔액에 해당하는 수입관세와 증치세를 납부하여야 한다.

## [10] 가공무역용 보세원재료 수책핵소

가공무역을 수행하는 기업의 경우 수책핵소가 완료되었는지 확인해야 하며, 핵소를 완료하지 못한 부분은 내수판매한 것으로 보아 세금을 부과하게 된다. 여기서 핵소(核销)란 보세(保稅)원재료를 관리하는 수책에 대한 세관의 관리감독을 해제하는 절차를 말한다. 수책을 핵소함으로서 보세상태의 원재료가 면세로 확정되는 것을 말한다.

중국에서 무역은 일반무역과 가공방식무역으로 구분된다. 가공방식무역은 다시 내료가공(来料加工)방식과 진료가공(进料加工)방식으로 분류할 수 있다. 내료가공은 우리나라에서 무상사급 가공과 유사하고, 진료가공은 유상사급 가공과 유사한 개념인데 단지 국경을 넘어서 이루어지는 무역거래라는 점에서 차이가 있다. 즉, 내료가공은 무상사급방식의 임가공으로 원재료의 소유권 이전 없이 오로지 임가공료의 지급방식이고, 진료가공은 유상사급방식의 임가공으로 원재료의 소유권이 이전되는 방식이다.

내료가공과 진료가공의 공통점은 모두 임가공 후 수출을 전제로 하므로 수입 시 관세와 증치세가 면세되고, 따라서 등기수책 작성 등 사후관리가 엄격하다는 점이다. 다른 점은 내료가공방식은 원부자재 자체가 대부분 무상제공되고 단순 임가공이므로 내료가공방식하에서 발생한 매입증치세는 퇴세가 안 되며 중국 내수시장 판매가 불가능하다.

## [11] 수출대금 외환핵소

수출대금 중 장기간 회수되지 아니한 것에 대하여 대손의 원인을 증명하지 못할 경우 내수판매로 보아 증치세를 부과하게 된다. 외환관리국의 수출외환핵소관리방법에 의하면 화물수출 후 수금일이 경과한 날로부터 30일 이내에 수출외환을 회수해서 핵소해야 한다. 핵소기간을 초과하는 경우 벌금을 부과할 수 있으며, 세금과 관련해서는 수출환급이 불가능하고 내수판매한 것으로 간주하여 증치세를 부과하게 된다고 규정하고 있다.

실무적으로는 청산기업이 수출대금을 회수할 수 없다고 판단될 경우 회수불능의 사유에 따라 다음과 같이 처리할 수 있다.

첫째, 해외채무자가 고의 또는 자금난으로 지급할 수 없을 경우 소송을 제기할 수 있다.

둘째, 해외채무자에게 부도가 발생한 경우 채무자부도증명서류를 한국에 있는 중국대사관의 인증을 받아 제출하면 수출외환의 미핵소와 관련한 벌금과 세금문제를 해결할 수 있다.

# [12] 수입대금 외채등기

외환관리국의 외채등기관리방법에 의하면 해외채무는 사전에 외환관리국에 외채등기를 해야 하며, 등기하지 않을 경우 해외송금에 문제가 발생할 수 있다. 만약 외환관리국에 등기를 하지 않았지만 채무에 대한 확실한 증거가 있다면 국외채권자로부터 기업에 소송을 제기하여 법원의 판결문에 근거하여 국외로 송금할 수 있다.

한편, 해외의 동일한 회사에 대하여 채권과 채무가 동시에 있을 경우 상계할 수 있는지 여부에 대하여 수출외환핵소관리방법실시세칙에 의하면 외환관리국에 등기된 동일한 해외회사와의 채권채무는 상호 상계가 가능하다. 또한 물품의 하자로 인한 해외 바이어의 손해배상청구금은 국외 품질감독기관의 품질감정증서 등 관련 서류를 제출하여 외환관리국의 비준을 얻은 후 미수대금에서 공제할 수 있다.

# [13] 임대차계약 불이행에 따른 위약금

공장을 임차하여 중국 법인을 경영한 경우, 장기 임대차계약 기간이 만료되지 않았다는 이유로 공장 임대인과의 법적 분쟁이 발생함으로써 회사정리에 차질을 빚기도 한다. 대부분의 한국계 기업들이 중국 투자 초기에 체결된 쌍상 임대차계약을 소홀히 취급한 경향이 있다. 중소기업의 대중국 진출 초기에 체결한 임대차계약서는 대부분 전문가의 조력을 받지 못한 까닭으로 계약 주체, 계약 조건 등에서 임대인에게 유리한 문건으로 작성되어 중도해지 시 임대인에게 무조건 위약금을 지불하도록 체결된 경우가 대부분이다. 즉, 경영난에 봉착하여 부득이하게 임차행위를 지속하기 어려운 상황임에도 불구하고 해당기업 또는 한국 투자자에게 배상을 요구하며 원부자재, 제품, 설비를 불법 점유하거나 공장 출입문을 아예 폐쇄하기도 한다.

기업청산 시 실무적으로 크게 부딪히는 문제 중 하나가 바로 공장 임대인과의 문제이다. 임대계약상 중도해지에 따른 위약금지급조항이 없는 경우는 물론 비록 명문화된 위약금지급조항이 있더라도 여러 가지 다른 트집을 잡아서 청산기업의 설비와 재고자산의 반출을 금지하는가 하면 임대계약의 조기 해지에 따른 과도한 수준의 위약금을 요구하는 경우가 허다하다. 이런 경우 청산개시와 동시에 임대계약을 해지하고 채권자 등 제3자를 통하여 청산기업의 재산에 대하여 가압류를 설정하고, 별도의 장소를 지정하여 청산재산을 보관함으로써 추가적인 임대료의 발생을 중단시키고, 중도계약해지에 따른 위약금문제는 소송으로 해결할 수 있다.

그리고 청산을 진행하기 위해서는 공장뿐만 아니라 주재원을 위한 숙소의 임차계약도 해제해야 한다. 이 경우 보증금을 받을 수가 없거나 남은 기간 임차료를 지급해야 할 필요가 있기 때문에 계약 관계를 사전에 검토하고 계약을 갱신할 때 갱신방법에 유의할 필요가 있다.

# [14] 임대공장의 원상복구 요구

중국에서 아파트를 빌려 본 사람은 대부분 경험하는 일이 있다. 아파트를 빌리려면 보통 1~2개월의 집세에 해당하는 보증금을 걸고 매월 월세를 내는 형태로 계약하는데, 임차기간이 끝난 후에 이 보증금을 받아서 나오는 경우는 극히 드물다. 그 이유는 벽에 못질한 것, 페인트 벗겨진 것, 타일 깨진 것 등 온갖 핑계를 대면서 집주인이 원상복구비용을 요구하면서 맡겨 둔 보증금과 퉁치자고 하기 때문이다.

기업이 임차한 공장건물 또한 마찬가지이다. 제조업의 경우 공장건물 안에서 기계를 가동하다 보면 여러 가지 건물 손상이 발생한다. 그리고 폐유나 오수 등이 땅으로 스며드는 경우도 있다. 나가려는 임차인을 괴롭히기 위해서 원상복구를 요구할 수 있는 것이 매우 많다. 실제로 건물 손상 정도가 심해서 원상복구비용이 필요한 상황도 있겠지만 대부분 건물주가 공장 안의 기계나 재고를 가져가기 위해서 억지로 원상복구를 요구하는 경우가 많으므로 철수를 계획하고 있다면 먼저 임대차계약서에 원상복구조항에 대해서 면밀히 연구하고, 부당한 요구를 해 오면 어떻게 대응할 것인지 사전에 연구를 해 두어야 한다.

# [15] 사회보험료 미납분

서면 노동계약을 체결하지 않아서 사회보험료를 납부하지 않았다면 미납한 부분을 추가로 납부해야 할 상황이 발생할 수 있다. 사회보험료는 사회보험료 계산기수(계산의 기초가 되는 수)에 납부비율을 곱해서 계산한다. 계산기수는 통상적으로 현지의 전년도 직공 월사회평균임금의 하한(60%) 및 상한(300%)이 적용되고, 계산기수가 하한과 상한의 사이에 있으면 직원 본인의 전년도 평균임금을 적용하고 평균임금은 기업이 직원에게 지급한 급여와 임금을 말하는 것으로 기본급여, 상여, 급여성 수당 및 초과근무수당 등을 포함한다. 단, 각 지역마다 다소 상이하게 제도가 운영되므로 지역별로 구체적인 확인이 필요하다.

## [16] 경제보상금의 지급

중국의 경제보상금은 직원이 퇴직할 때 지급하는 보상금으로서 한국의 퇴직금과 유사하나 법적 성질은 상당히 다르다. 중국에서는 법률에 규정된 법정 사유에 부합해야 회사가 경제보상금을 지급할 의무가 발생된다. 경제보상금의 계산방법은 직원의 근속연수에 따라 매 1년에 1개월 임금을 지급한다. 여기서 1개월 임금은 노동계약 해제 또는 종료 전 노동자의 12개월간 평균임금을 말한다. 따라서 경제보상금은 근속연수 × 월평균임금으로 계산된다.

경제보상금의 계산요소 중에서 근속연수는 노동계약의 만기종료와 중도해제에 따라 각각 다르게 계산한다. 노동계약의 만기종료 즉, 회사측 사유로 노동계약이 갱신되지 않는 경우 2008년 1월 1일부터 계약만기일까지로 한다. 그러나 노동계약의 중도해제의 경우로서 회사측 해세(질병, 업무불감당, 감원 등 노동자의 비과실 상황)의 경우 최초 고용일부터 노동계약 해제일까지이고, 노동자 측 중도해제(사측의 위법노동행위에 따른 피동사직, 사회보험금위법납부)일 경우 2008년 1월 1일부터 노동계약 종료일까지이고, 임금연체나 잔업비 계산위반으로 노동자가 해제하는 경우 최초 고용일로부터 노동계약 해제일까지이다.

그리고 경제보상금의 계산요소 중 월평균임금은 〈노동계약법 실시조례〉 제27조에 따라 노동자가 취득해야 할 임금으로 계산하며 여기에는 시간제 계산임금 혹은 작업량제 계산임금 및 상여, 수당 및 보조금 등 화폐성 수입이 모두 포함된다. 그리고 노동계약의 해제 혹은 종료 전 12개월의 노동자 평균임금이 당해 지역 최저임금표준보다 낮을 경우 당해 지역의 최저임금표준에 따라 계산한다. 따라서 각종 수당 등 부대임금과 잔업비 또는 매월 고정적으로 지급되지 않는 상여금도 월임금 산정 시 포함시켜야 하며, 기업이 실제 지급임금을 기준으로 하지 않고 기본급이나 최저임금만을 기준으로 계산하는 것은 위법이다.

기업해산에 따른 경제보상금은 2008년 노동계약법에 의해 새로 경제보상금 지급항목으로 규정되었으므로 원칙적으로 2008년 1월 1일부터 청산이 완료된 날까지의 근속연수를 기준으로 경제보상금을 지급하면 된다. 그러나 일부 핵심 청산작업팀을 제외한 대부분의 인력은 노동국의 청산허가를 받기 위해서 청산이 완료되기 전에 노동계약의 해제가 필요하므로 노동계약을 중도해제를 하는 수밖에 없고 이때는 최초 고용개시일부터의 근속연수가 모두 경제보상금의 계산대상에 포함된다. 그리고 청산이 완료될 때까지 남아 있는 청산작업팀 구성원의 경우 차별적으로 2008년 1월 1일 이후 근속연수만 경제보상금을 적용할 수 없기 때문에 사실상 이들에게도 최초 고용개시일부터 근속연수를 계산해 줄 수밖에 없다.

경제보상금에 대한 보다 더 구체적인 내용은 제3편의 사업 철수와 인원정리 편에서 더 자세히 다룬다.

## [17] 토지사용권 취득 관련 의무 미이행

중국 현지법인의 토지사용권 및 건물과 관련한 이슈는 보통 '토지사용권 취득과정에서 체결한 계약상 의무이행'과 '소유권 등기'와 관련한 위험 요인이 있다. 사업 철수를 본격적으로 진행하기 전에 이 두 가지 사항에 대한 조사와 예상되는 문제점의 해결 방안을 찾아 두는 것이 중요하다.

먼저 토지사용권 취득과정에서 체결한 계약상 의무이행과 관련해서 보통 토지사용권 취득을 위해서는 개발구관리위원회와 투자협의서를 체결하고, 국토자원관리국과 국유토지사용권 출양계약을 체결하게 된다. 투자협의서에는 토지출양가격 및 세금 관련 우대혜택과 관련된 내용이 있으며, 1무(1무=666.67㎡)당 얼마씩의 우대 출양가격을 제공하는 대가로 언제까지 건설을 완료해서 생산을 개시해야 하고, 제1기 건설을 위해서 증자를 통한 총투자금액이 얼마에 도달해야 하든지 또는 제2기 공장건설을 위해서 토지를 몇 년 이내에 구입해야 한다는 의무소항들을 두고 있다. 만약 이러한 의무사항을 이행하지 않을 경우 관리위원회가 각종 우대혜택을 조정할 권리가 있다는 규정을 두는 것이 일반적이다.

그리고 국유토지사용권 출양계약에는 고정자산투자액을 얼마 이상 투자해야 하고 공장건설과 관련해서 각종지표(용적율, 건축밀도 녹화율)를 준수하도록 하는 내용을 담고 있다. 만약 이 규정을 이행하지 않는 경우 출양자(국토자원국)는 수양자인 현지법인에게 최초이행조건약정액과 실제이행약정액 간의 차액이 각종 지표(고정자산투자액, 용적률, 건축 밀도)에서 차지하는 비율에 따라 동 비율에 상당하는 출양대금의 위약금 명목으로 지급한다는 페널티 조항을 두고 있다.

토지사용권의 취득과 관련해서 자주 발생하는 문제는 토지면적에 상응하는 고정자산투자액을 달성하지 못하는 경우이다. 국토자원국은 토지관리당국으로서 지분매각 또는 부동산매각으로 소유자가 변경될 때 관련 사항에 대해 신고해야 하는 기관이므로 고정자산 투자액 미달로 문제 제기 시 위약금을 지급해야 하는 상황이 많이 발생한다.

## [18] 토지사용권 권리증서 미취득

중국 현지법인의 토지사용권과 관련된 두 번째 이슈는 '소유권 등기'와 관련한 위험요인이다. 외국인투자기업 설립 시 지방정부의 투자유치부서와 토지출양계약을 체결했지만 그 후 해당 부서가 이 계약을 상급정부로부터 합법적인 계약으로 인정받지 못해서 외국인투자기업이 토지사용권의 권리증서를 받지 못한 경우가 있다. 이 경우 외국인투자기업은 자신의 권리를 지키기 위해서 어떻게 해야 할까?

개방 초기에 중국에서는 제도와 규정이 완비되지 않은 상태에서 지방 정부가 외국자본을 유치하기 위해서 외국인투자기업과 토지출양계약을 체결하는 경우가 많았다. 그러나 중앙정부의 전체 토지계획의 변화와 토지관리제도의 완비로 인해서 이러한 토지출양계약은 토지주관부서의 인허가를 받지 못하고, 외국인투자기업이 실질적으로 토지를 점용하고 있더라도 토지사용권 권리증서를 취득하지 못해서 토지 위에 있는 건물의 구획 인허가를 취득하지 못하는 경우가 있다.

도시개발이 진행되면서 정부가 다른 지역으로 이전하도록 요구하는 경우 토지에 대한 권리증서를 취득하지 못한 외국인투자기업과 당국과의 부동산 보상에 대한 분쟁이 발생한다. 이러한 외국인투자기업은 토지사용권 증서가 없기 때문에 권리의 근거가 되는 법률규정이나 계획허가도 없어서 지상의 건물도 〈성향기획법〉에 따라 불법건물로 여겨져서 저가의 보상만을 받거나 또는 법에 따라 강제철거되는 경우도 발생하고 있다.

그러나 이러한 상황은 법정비의 과도기라는 특수한 역사적인 조건하에서 발생한 결과이므로 기업에게 큰 과실이 있다고도 말할 수 없다. 이러한 일부 외국인투자기업의 공장을 불법 건축물이라고 간주해서 철수할 때 소액만 보상해 주거나 또는 전혀 보상을 하지 않는 것은 매우 불공평하다. 당사자들은 그 시기의 이러한 특수한 문제에 직면했을 때에는 합리적인 논리로 대응을 해야 할 것이며, 서로 수용 가능한 해결 방안을 찾아 내는 것이 중요하다. 또한 기업도 당시 체결한 계약서의 내용을 다시 한번 점검해서 약정에 따른 자신의 합법적 권리를 주장해야 할 것이다.

## [19] 토지사용권 출자 후 변경등기 미이행

보통 중국인과 합자회사를 설립할 때 중국 측 주주가 토지사용권을 현물출자하고 이를 합자기업에 교부해서 사용하고는 있는데 토지사용권의 명의변경은 하지 않아서 토지사용권의 권리증서를 취득하지 못한 경우가 있다. 이러한 경우 이 합자기업이 청산할 때 그 토지사용권은 어떻게 처리해야 할 것인가?

중국에서는 부동산에 대해 등기요건주의를 채택하고 있다. 2007년에 실시된 물권법에 따르면 부동산 물권의 설정, 변경, 양도와 소멸은 법률에 따라 등기를 해야만 그 효력이 발생한다. 물권법이 시행되기 전에는 부동산 등기제도가 완벽하지 않았기 때문에 그 당시 중국에 투자한 합자기업에서는 중국 측 주주가 토지사용권을 출자하는 경우 합자회사에 실질적인 토지사용권이 교부되었음에도 불구하고 토지사용권의 등기상 변경수속을 하지 않은 경우가 많다. 이런 상황에서 합자기업이 이전이나 청산을 하는 경우 부동산에 대한 권리를 얼마나 유효하게 보호할 수 있는지가 문제이다.

물권법 규정에 따른다면 합자회사가 토지권리에 대한 변경수속을 하지 않았기 때문에 합자회사는 중국 측 주주로부터 토지사용권을 취득하지 않았다. 그러므로 중국 측 주주가 출자했다는 사실의 주장만으로는 합자회사가 토지사용권의 권리자가 되지 못한다. 그리고 〈회사법 사법해석(3)〉 제8조과 제10조의 규정에 따라 중국 측 주주에 대해 합리적인 기간 내에 권리의 귀속에 대한 변경수속을 실행할 것을 요구하거나 중국 측 주주의 출자 부실책임을 추궁할 수밖에 없다.

다만, 여기서 주의할 점은, 위와 같은 방법이 일반론적인 분쟁 해결 방법이라는 점이다. 실무상으로는 초기에 설립된 합자회사의 중국 측 주주는 보통 국유기업인 경우가 많다. 국유기업의 제도가 변경함에 따라 해당 국유기업 자체가 파산, 청산되었을 경우 보유하는 토지사용권도 다른 기업의 명의로 등기가 변경되었을 가능성이 있다. 이런 경우 원래의 중국 측 주주에게 권리의 귀속에 대한 변경수속을 요구하거나 출자부실에 대한 책임 추궁도 곤란하다. 또한 합자회사의 이익도 중국 측 주주의 주체자격이 소멸됨에 따라 엄청난 손해를 받을 수 있으므로 현실적인 해결 방법으로서는 적합하지가 않다.

그러나 2016년 3월 1일 최고인민법원이 공표한 〈물권법 사법해석(1)〉 제2조에서 "부동산 등기부의 기재 내용과 실제 권리상태가 일치하지 않는다는 증거가 있는 경우 해당 부동산 물권의 실제 권리자인 당사자가 소유하는 물권의 확인을 요청하는 경우 이를 지시해야 한다."라고 규정하여 상술한 역사적인 문제에 대한 실행 가능한 해결 방안을 제공하였다. 따라서 합자회사는 충분한 증거로 출자 당시에 자신에게 토지사용권이 확실히 교부되어 합자회사가 토지사용권의 실질적인 권리자이며 중국 측 출자자가 토지사용권의 출자와 교부에 대해서 분명한 의사표시를 한 것을 증명한다면 해당 해석의 규정에 따라 권리 확인요청을 제기하고 합자회사가 토지사용권의 실제 권리자임을 증명하는 것이 가능해졌다.

## [20] 획발방식으로 취득한 토지사용권

국유토지사용권을 정부로부터 원시 취득하는 방법에는 출양(出让)과 획발(划拨)이 있다. 출양은 토지사용자가 유상으로 협의, 입찰, 경매, 공시 등의 방법을 통해 취득하는 것을 의미하며, 아파트나 상가와 같은 부동산을 개발하기 위해서는 토지사용권을 반드시 경매, 공시, 입찰 등의 공개적인 방식으로 취득해야 한다. 획발은 토지사용자가 보상 및 배치 등의 비용을 지불하거나 또는 무상으로 토지사용권을 취득하는 방식이다. 출양과 획발방식 모두 토지사용자가 현급(县级) 이상 인민정부 토지관리부문과 계약을 체결하여 획득해야 한다.

〈성진 국유토지사용권 출양과 양도에 대한 잠정조례〉에 의하면 획발토지사용권의 경우 원칙적으로 직접 투자하는 것은 금지되어 있다. 다만 특정 상황에서 법적인 절차가 완료된 경우 획발토지사용권을 지분출자의 방식으로 출자할 수 있다. 특히 2000년도 이후 획발토지제도가 여러 차례 개정을 거치면서 기업이 토지사용권을 취득하는 방법이 '무상·무기한'에서 '유상·기한부'로 전환되었다.

중국이 개혁 개방 초기에는 외국자본을 끌어들이기 위해서 지방정부
는 외국인투자기업에게 획발토지의 사용을 인정했다. 특히 중외합자기
업의 경우 중국 측 주주는 대부분 국유기업이었기 때문에 합자계약서에
는 합자경영기간 동안 중국 측 주주는 획발토지사용권을 출자하고 현급
이상의 토지관리부서와 부동산관리부서의 승인을 얻은 후 합자회사는
법에 근거해서 획발토지사용권을 취득하고 합법적인 사용권자가 되는
것으로 약정되었다.

그러나 최근 중국의 경제와 산업 구조가 전환됨에 따라 외국인투자기
업들이 자발적으로 청산을 결정하고 다른 지역으로 이전하는 사례가 많
이 발생한다. 이때 남아 있는 기업을 청산함에 있어 합자회사의 각 주주
들 사이에서 토지사용권의 귀속에 대한 분쟁이 발생하기 시작했다. 중
국 측 주주의 주장에 따르면 출자한 토지사용권은 합자회사의 경영기간
중으로 한정된 권리이기 때문에 합자회사의 경영기간이 남아 있는 상태
에서 조기에 종료하는 경우 남아 있는 토지사용권은 중국 측 주주에게
반납되어야 한다는 것이다. 반면, 외국 측 주주와 합자회사의 입장에서
는 토지사용권증서는 합자기업이 토지를 사용할 수 있는 권리를 증명하
는 법적증명서이며, 이것이 있는 이상 합자회사는 중국 측 주주로부터
출자받은 토지사용권의 합법적 사용권자이며, 토지사용권은 합자기업
의 재산이므로 주주 간에 지분비율에 따라 분배해야 한다는 생각이다.

예를 들어 중외합자기업이 토지관리부서를 통해서 획발방식으로 토지사용권을 취득했음에도 불구하고 중국 측 주주가 토지사용권을 출자할 때 그에 대해서 상응하는 대가를 이미 지불하였다면, 이것은 당시의 법률법규의 제한을 받아 획발방식으로밖에 토지사용권을 취득할 수 없기 때문이다. 또한 〈회사법〉에서 규정하는 회사 자본유지원칙과 합자 각 당사자의 본래 출자의도의 관점에서 보면 사실상 중국 측 주주는 합자회사에 토지사용권을 양도한 것이며, 이에 상응하는 지분을 취득했기 때문에 최종적으로 합자회사가 해산된 후 토지사용권의 처리는 관할 지방정부의 구체적인 규정에 근거해서 처리해야 한다. 예를 들면 〈상해시 외국인투자기업 토지사용관리방법 실시 중 몇 가지 문제 설명과 규정〉 제14조는 "토지사용권 출양을 통하지 않고 국유토지나 집체토지를 사용하는 외국인투자기업이 해산이나 폐업을 한 후에 그 토지사용권은 정부에 의해 무상으로 회수된다. 다만 건물과 공장을 임차한 경우 제외한다."라고 규정하고 있다. 상해에 소재하는 이러한 상태의 외국인투자기업은 해산하는 경우 정부토지비축센터와 협의해서 소유하고 있던 토지사용권을 평가해서 국유자산으로 반환하는 것이 일반적인 처리 방법이다.

## [21] 건물 권리증서 미취득

보통 제조업을 영위하는 중국 현지법인은 국가로부터 50년 기간의 국유토지사용권을 원시 취득해서 해당 토지에 공장건물과 사무동을 지어서 사용하는 경우가 많다. 건축물에 대해서는 법률에 따라 소유권 등기를 해야 하고 방산권증을 취득함으로써 완전한 소유권을 주장할 수 있다. 그런데 수위실이나 폐수처리시설 등 일부 건축물에 대해서 등기되어 있지 않은 경우가 많으며, 심지어 공장건물에 대해서도 등기를 하지 않고 사용하고 있는 경우가 많다. 등기되지 않은 건축물은 무허가 건물이기 때문에 정부기관의 철거명령에 따른 건물가치 상실과 철거비용이 발생할 수 있으며, 부동산 매수자가 건물가치를 인정하지 않아서 매수가격이 그만큼 떨어질 수도 있다. 만약, 중국 법인 철수를 계획하고 있다면 먼저 등기되지 않은 토지사용권이나 건물이 있으면 등기증을 취득할 수 있는지 여부와 그와 관련된 비용을 조사한 후에 만약 등기를 위해서 추가 투입되는 비용이 등기가 안 되어 있음으로 인해서 가치가 하락한 금액보다 적다면 시간을 두고 등기를 진행하는 것이 바람직할 것이다.

## [22] 거래처와의 계약 중도해지 문제

청산을 준비함에 있어서 판매처와의 계약, 구매처와의 계약, 그리고 임대인 등과의 계약관계가 어떻게 되어 있는지 검토할 필요가 있다.

예컨대 판매처와의 장기적 제품 공급계약을 체결하고 있는 경우, 향후의 회사그룹과 판매처와의 관계에서 제품을 계속 공급할 필요가 있으면 회사그룹 내에서 대응할 필요가 있다. 또, 구매처의 원재료 등을 장기적으로 공급받는 경우도 마찬가지이다. 또한, 대리점과의 계약에서 제품 등을 제공할 수 없는 경우의 위약책임이 생길 수 있다. 이러한 위약책임은 손해배상금이 되어 청산비용을 구성하게 된다. 따라서 계약관계를 사전에 검토하고, 만료가 임박한 계약서를 갱신한다면 사업 철수 시기를 고려해서 계약서의 내용을 수정할 필요가 있다.

또한 A/S와 유지보수계약에 대해서도 계약이나 보증관계를 사전에 확인할 필요가 있다. 지분양도의 경우와 마찬가지로 청산을 개시하거나 청산이 종료된 후에 이들 서비스를 어떻게 제공하는지를 검토해야 한다.

# 사업 철수 진행 시
# 애로 사항

청산 등 사업 철수와 관련된 행정기관에서의 절차는 회사설립 당시에 등기하거나 신고했던 모든 행정기관에서 말소나 변경절차를 밟아야 한다. 그리고 중국인과 합자회사를 경영한 경우 청산재산의 분배에 대해서 중국 측과 분쟁이 자주 발생한다. 이와 같이 사업 철수를 진행하는 과정에서 그 현장이 중국이기 때문에 부딪히게 되는 여러 가지 애로 사항이 있다. 중국 사업의 철수를 계획함에 있어서 이러한 중국적인 특색에서 비롯되는 애로 사항이 있다는 것도 함께 고려해서 철수 전략을 수립해야 한다.

## [1] 심사비준기관의 업무회피

과거에는 외국인투자기업의 설립을 비준(허가)해 준 기관(주로 상무기관)과 동일한 기관에서 기업해산이나 청산을 심사하여 비준했는데, 해당 기관의 업무처리 자세는 외자유치(법인설립) 과정에서 보여 줬던 적극성과 열의는 전혀 찾아보기 어렵다. 또한 외자유치 실적은 공적으로 인정받는 반면 철수실적은 그 반대이므로 외국인투자기업의 철수는 지방정부 공무원에게는 탐탁하지 않은 업무로 인식되고 있다. 과거 외자유치 장려정책을 펼쳐 온 중국 정부의 정책기조에 익숙한 공무원들의 실적 중심주의로 인하여 유치업무에 비해 청산 관련 업무는 기피하거나 무관심한 자세를 보이는 경향이 심했다.

그 후, 2016년 9월 3일 중국 전국인대에서 〈외자기업법 등 4개 법률를 수정하는 것에 관한 결정〉이 통과되면서 같은 해 10월 1일부터 외국인투자기업 심사비준제도가 등록관리제로 전면적으로 바뀌게 되었다. 즉, 외국인투자기업이 중국 진출 시 원칙적으로 등록관리제를 시행하고, 예외적으로 심사비준제도를 시행하는 것이다. 심사비준제도의 대상이 되는 업종은 외국인투자진입 특별관리조치와 관련된 업종으로 지분요건, 임원요건이 필요한 업종을 지정하여 종전과 같이 심사비준제도를 계속하여 실시하였다.

그러다가 2020년 1월 1일부터 〈외상투자법〉이 시행되면서 과거 〈외자3법(〈중외합자경영기업법〉, 〈외자기업법〉 및 〈중외합작경영기업법〉)〉이 모두 폐지되었다. 이로써 심사비준기관(주로 상무기관)은 더 이상 외국인투자에 대한 집행(심사비준)기능을 행사하는 기관이 아닌 외국인투자에 대한 정책 기능만 행사하는 기관으로 전환되었다.[10]

---

10) 중국 상무부는 국가발전개혁위원회와 공동으로 국무원(중앙정부)의 승인을 거쳐 〈외국인투자진입 특별관리조치(네거티브 리스트)〉를 공포한다. 외국인투자자는 네거티브 리스트의 투자금지 분야에 투자하여서는 아니 되고, 네거티브 리스트의 투자제한 분야에 대하여 네거티브 리스트에서 정한 조건에 부합해야만 투자할 수 있으며, 네거티브 리스트 이외의 분야는 '내·외자 일치' 원칙에 따라 관리한다.

따라서 과거처럼 심사비준기관의 독단적인 업무지연이나 업무회피와 같은 애로 사항은 사라졌다고 할 수 있다.

## [2] 해산청산 관련 법규의 자의적 해석

기업해산에 대한 심사과정에서 담당공무원이 대상기업이 청산을 진행해도 되는지 여부를 주요 행정기관인 세관, 노동국, 세무국, 외환관리국, 공안국 등으로부터 예비 확인서를 받아 오라고 하는 경우가 많다. 그러나 상술한 요구는 아무런 법률적 근거가 없으며, 따라서 이러한 현상은 행정부문 공무원의 책임회피 자세로 볼 수밖에 없다.

또한 대부분의 기업들은 회사정리에 대한 경험이 전혀 없기 때문에 청산절차가 개시된 초기의 혼란 상황을 슬기롭게 대처하는 데 한계가 있고 문화적, 제도적 차이가 심한 중국에서 청산 관련 법제에 익숙하지도 않은 공무원을 상대로 까다로운 행정업무를 처리하는 과정에서 시행착오를 겪는 경우도 많다.

이러한 까닭으로 실제로 청산을 진행하는 기업들은 심사를 통과해야 하는 법적기한을 지키지 못하여 청산개시일을 고치거나 기한을 초과하였음에도 꽌시를 동원하여 기어이 승인을 받아 내는 등 비법률적 방법을 동원하는 사례를 많이 발견할 수 있다. 실제로 중국에서는 심사과정에서 보충요구가 있었고, 이에 따라 신청인이 보충자료를 제출했을 때에는 심사 기간이 자동 연장된다고 해석하는 경우도 있다. 중국은 여러 계층의 입법체계를 가지고 있어 각종 상이한 등급, 상이한 효력의 법률 및 규정을 다른 입법 주체들이 제정하고 있고, 이로 인하여 이들 규정들이 서로 충돌하는 경우가 적지 않다. 이러한 상황하에서는 현실적으로 법집행기관, 즉 지방 일선 행정기관의 재량권이 우선하는 경향이 있다.

## [3] 청산 완료기한에 대한 법규의 부재

자체청산 시 청산 완료기한(간이청산 제외)에 대하여 현행 법령상 규정이 없으며, 기업의 재산이나 채권·채무의 처리 및 세무처리 상황에 따라서 소요 시간이 다를 수 있다. 청산 관련 업무처리 기한과 관련된 법규는 이미 폐지된 〈외국인투자기업청산방법〉의 내용이 유일하며, 동 방법은 "기업의 청산기한은 청산시작일로부터 180일을 넘기지 못하고 특수한 경우에만 1회에 한해 90일을 초과하지 않는 범위 내에서 연장 신청할 수 있다."라고 규정하고 있었다. 〈회사법〉과 〈기업파산법〉의 관련 규정을 통해서는 최종 청산기한을 추정할 수 있는 조항을 발견할 수 없으며, 모두 관련 행정부문의 업무처리 일정에 따라 길어질 수도 짧아질 수도 있다. 한편, 법원에 의한 강제청산일 경우 청산팀은 성립일로부터 6개월 내에 청산을 완료하여야 하며, 특수한 사정으로 미완료 시 법원에 기간연장 신청이 가능하다.

## [4] 각종 행정부문의 경험과 능력 부족

대부분의 지방정부 주무기관의 공무원은 청산 관련 업무 경험이 부족하여 민원인의 질의에 제대로 응답하는 경우가 드물다. 또한, 청산절차와 관련하여 등기말소를 진행하는 과정에서 세무, 외환, 세관 등 유관기관 공무원들도 청산과 관련한 법률 상식이 부족하여 유기적인 협조가 뒤따르지 않아 불편이 따른다. 청산 지식과 경험이 부족한 담당자가 오히려 정상적인 청산절차를 진행하고자 하는 업체의 의지를 꺾는 사례도 존재한다.

## [5] 토지와 공장 매각의 어려움

토지사용권을 유상취득하여 자가 공장을 건설한 경우 부동산을 처분하여 투자자산을 환수하는 전략을 추진할 수도 있는데, 실수요자 물색이 어려워 철수 결정을 쉽게 내리지 못한다. 현재 중국의 토지가격은 지방정부의 헐값 출양(국유토지의 사용권을 민간에 불하하는 것)을 금지하고 중앙정부에서 기준 가격을 제시함으로써 과거 우리 기업들이 중국진출 시에 취득한 토지가격에 비해 크게 상승하였다. 그러나 실제로 사업을 정리하고자 하는 지역의 토지는 최근 중국으로 진출하려는 기업들이 선호하는 곳과는 차이가 있으므로, 철수 기업의 공장을 매각하려 해도 시가에 맞춰 매입하려는 실수요자를 찾기가 어려운 실정이다.

## [6] 내부 관리직원의 비협조나 투서 위협

회사가 어려워진 틈을 타서 내부 직원들의 도덕 불감증이 확대되어 경영진의 지시를 듣지 않거나, 회사재산을 미리 빼돌리기도 한다. 회사가 경영난에 봉착한 경우 경영정보 접근성이 뛰어난 내부 관리직원들 중 쌓여 있던 불만의 표현이나 해고에 대한 보상금 요구 등을 이유로 경영진을 협박하는 사례도 빈번하다. 사업정리를 원하는 대부분의 기업들은 회계자료가 부실한 편이며, 경영기간 중 세무기관에 신고한 자료와 실제 기업정황과 차이가 있는 경우가 많다. 일부 중국인 직원이 회사 내부 자료를 모아 두었다가 세무당국에 고발한다고 하면서 거액의 보상금을 요구하는 사례도 있었다. 면세설비의 불법 매각 또는 이동, 면세자재의 불법 내수판매 등 행위는 이들 불량 내부직원에게 아주 유용한 협박 수단이 된다. 한국인 중에서도 일부 불만세력은 회사재산을 미리 빼돌리거나, 중국에서의 자립기반 지원을 요구하면서 어제의 측근이 탈세 고발자가 되어 경영진을 배반하는 경우도 있다.

## [7] 파산청산 시 회계자료에 대한 소명 부실

채무 누적으로 인하여 부득이 파산청산을 진행하게 될 때에도 그동안 왜곡된 회계처리가 원활한 행정절차에 발목을 잡는 경우가 많다. 사업정리 대상기업의 투자자가 한국 내 상장회사거나 코스닥 등록 기업인 경우 한국 본사의 투자주식 평가를 유리하게 할 목적으로 중국 법인의 결산 내용을 분식 왜곡한 경우도 있다. 비상장 투자자일지라도 금융기관으로부터 대출금 회수를 당할지 모른다는 우려로 중국 현지법인 결산 시 분식행위를 한 사례도 많이 발견된다. 중국 법원은 신청기업이 제출한 자료와 중국 공인회계사가 서명한 감사보고서를 기준으로 신청수리 여부를 판단하므로, 회계자료의 부실에 대한 소명책임은 전적으로 해당

기업에게 있다. 중국 공인회계사는 평소 기업의 요구에 협조를 잘해 주는 경향이 있지만 자신들의 책임이 노출되는 상황하에서는 태도가 돌변하고, 회계자료를 제출한 기업에게 회계오류의 책임을 전가하는 경향이 강하다.

## [8] 합자회사 중국 파트너의 비협조

중외합자기업은 회사정리가 동사회 만장일치 결의사항이므로 한국측 투자자만의 의지로는 사업정리가 사실상 불가능하다. 중국 합작파트너는 자신이 투자한 원금과 기회비용을 요구하기도 하며, 실현 불가능한 요구사항을 내걸어 한국 투자자가 지칠 때까지 기다렸다가 회사의 자산을 자신들이 헐값으로 구매하거나 무단 활용하는 사례도 발견되고 있다. 만약 청산을 강행하고자 하는 때에는 법원에 소를 제기하여 법원의 판결을 받아 진행할 수도 있지만, 이에 대한 시간과 비용 부담이 만만치 않은 문제가 있다.

## [9] 미납입 자본금 문제

유한책임회사의 주주는 납입하기로 약정한 출자액, 즉 등록자본금의 범위 내에서 회사의 채무에 대하여 책임을 진다. 따라서 기업의 청산시점에 등록자본금 중에서 납입기한 만료 여부와 상관 없이 납입을 완료하지 아니한 부분은 청산재산에 속하며 기존의 재산으로 채무를 변제하기에 부족한 경우 해당 주주는 미납입한 출자액 범위 내에서 상환책임

중국 철수 전략

을 져야 하므로 미납입한 자본금을 납입해야 한다.

그러나 기존 재산으로 회사의 채무를 변제하기에 충분하다면 미납입한 자본금을 납입한 후 청산잔여재산으로 회수해 가는 것이 아니라 추가납입이 없이도 청산을 진행할 수 있다.

# 제3편

# 사업 철수와
# 인원정리

청산이든지, 지분양도이든지 상관없이 중국 사업을 접고 철수를 실행하고자 할 때, 가장 먼저 부딪히게 되는 난관은 회사에 고용된 직원들을 정리하는 문제이다. 이때 집단 노동분쟁이나 시위로 비화될 경우 단순히 법률규정만을 가지고 원리원칙대로 해결할 수 없는 상황에 직면하여 사업 철수 일정에 차질을 빚을 가능성이 있다. 이 편에서는 사업 철수를 위해서 직원을 대규모로 감원해야 할 때 예상되는 문제점과 그에 대한 대응 방안에 대해서 알아보고자 한다.

제1장

# 인원정리를 위한 준비 작업

인원정리 업무는 사업 철수 과정에서 매우 큰 비중을 차지하는 중요하고 또한 법률적으로도 매우 복잡한 작업이기 때문에 회사의 자체 역량만 가지고 대처하는 것은 쉽지 않다. 따라서 외부의 경험이 풍부한 노동전문 변호사 등의 협조를 받아서 인원정리 방안 제정, 방안의 집행 및 사후관리 등 매 단계에 걸쳐 대응할 필요가 있다. 여기서는 회사가 인원정리 작업을 수행할 때 사전에 준비해야 할 사항들을 정리해 보기로 한다.

## [1] 사업 철수에서 노동문제의 특징

사업 철수 목적의 인원정리를 위한 준비작업에 앞서 먼저 이때 발생하는 노동문제들의 특징에 대해서 알아보자.

**첫째, 보상 확대를 겨냥한 집단행동의 분출 가능성이 높다.**

일상적 경영관리에서 발생하는 노무문제는 개별적으로 발생하기 때문에 직원 개개인과의 개별적 협상으로 진행되므로 그 파급 범위가 제한적이다. 그러나 사업 철수를 위한 대량 해고가 필요할 때에는 모든 직원들이 함께 실업 상태에 빠지기 때문에 일제히 단결하여 이익 쟁취를 위해 여러 수단을 동원하여 대항해 올 가능성이 높다. 특히, 계속적인 현금손실이 발생하는 상황에서 빠른 시일 내에 사업 철수를 완료하기 위해서 서두를 수밖에 없는 외국인투자기업의 경우 그 과정에서 직원들이 무리한 보상요구와 집단적 압력이 제기되고 언제든 집단행동으로 분출될 가능성이 높으므로 사전에 철저한 준비와 치밀한 집행을 통한 리스크 관리가 필요하다.

**둘째, 내재된 노동문제가 일시에 집중적으로 폭발한다.**

사업 철수 과정에서는 회사 내에 지금까지 누적된 모든 노동문제가 일시에 폭발할 가능성이 높다. 직원들은 추가보상을 받기 위해 잠시 보류해 두었던 과거의 회사 측 위법 노동문제를 협상 테이블에 모두 꺼내 놓게 마련이다. 예를 들어 과거 사회보험이나 주방공적금 미납부에 대한 보상요구, 잔업비 미지급에 대한 배상, 미사용 연차휴가에 대한 보상, 고온수당 등등 각종 숨겨진 소소한 위법 사항이 일제히 제기된다. 그리고 이때의 노동문제는 직원마다 해당 사항이 다르기 때문에 통일된 기준으로 간단히 해결하는 것도 쉽지 않다. 따라서 사업 철수를 준비하는 회사는 이러한 노동과 관련된 과거의 위법 사항이나 직원들의 요구 사항을 사전에 예측하고 점검한 후, 대응 방법을 수립하고 실행에 들어가야 한다. 만일 그렇지 않으면, 비용은 비용대로 들고 철수업무는 철수업무대로 무한정으로 길어지게 될 것이다.

### 셋째, 지휘명령계통의 장악 문제가 어렵다.

일상적인 노무관리는 현지의 인사관리직원에 의해 행해진다. 그러나 회사가 사업 철수를 검토하고 진행할 때는 비밀유지가 매우 중요하기 때문에 시작 단계부터 이들을 인원정리 작업에 참여시키는 것이 곤란하다. 잘못하면 노무 관련 법규에 밝은 이들이 주동이 되어 비협력적으로 나오거나, 다른 직원들을 선동해서 회사에 대항하는 경우가 생길 수 있기 때문이다. 사업 철수의 전체 계획 단계 중 어느 단계의 어떤 시점에 이들 현지 인사관리직원에게 알리고 또 이들의 협조를 받으면서 지휘명령계통을 일사불란하게 유지해 나갈 것인가는 실무적으로 중요한 과제의 하나이다.

### 넷째, 중국 내 다른 관계회사에 영향을 미칠 수 있다.

중국 현지법인의 사업철수는 중국의 다른 지역에 소재한 그룹의 관계회사에도 영향을 미치게 된다. 한 사업장의 인원정리 문제를 제대로 처리하지 못하는 경우 좋지 못한 선례를 남기게 되기 때문이다. 한편, 중국은 지방마다 상이한 노동환경과 관행이 존재하기 때문에 경제보상금 방안 등을 포함해서 소재 지역의 노동환경, 관행 및 동종의 다른 회사의 과거 경험들을 구체적으로 조사하여 참고하는 것이 필요하다.

## [2] 법적 리스크의 점검

인원정리를 실시하기 전에 회사의 전반적인 노무관리 상황에 대해 전면적인 점검작업을 실시해서 예상되는 문제점과 리스크를 추려 낼 필요가 있다. 이것을 노무실사라고 부른다. 그런 후에 구체적인 대응책을 제정하고 인원정리에 필요한 예상비용도 추정한다. 노무실사 결과 추려지는 예상 문제점과 리스크는 회사의 업종, 경영기간, 소재지역, 직원의 구성, 일상 노무관리의 준법 정도에 따라 종류와 우선순위가 달라질 수 있다. 이를 위해서는 중앙법규는 물론 소재지의 지방법규나 노동 관행에 대해서 충분한 조사가 필요하다.

## [3] 정리대상자의 실태 파악

인원정리의 대상이 되는 직원에 대한 개인별 상황 파악이 필요하다. 그래야만 인원정리 과정에서 직면할 문제점과 장애물들을 사전에 예측할 수 있고, 이에 근거한 대비책을 준비할 수 있다. 예를 들어 정리대상자의 고용형태, 연령(정년퇴직 근접여부), 계약횟수, 계약기간, 계약내용, 성향, 특수상황(임신, 질병) 등 가급적 자세하고 구체적인 항목에 대한 조사가 필요하다. 아울러 인원정리 과정에서 회사를 상대로 과거 회사의 노무 관련 위법 사항에 대해서 불만이나 보상요구가 터져 나올 수 있으므로, 해당 직원 별로 잔업비 지급, 사회보험가입 및 주택공적금 납부, 연차·휴가 사용 등에 문제가 없었는지 등에 대해서도 확인이 필요하다.

# [4] 보상 기준 및 소요자금 산출

인원정리에 있어서 정리대상자에 대한 보상의 핵심은 경제보상금이다. 특히, 2008년 〈노동계약법〉의 실시와 함께 그 시점을 경계로 경제보상금 계산방식에 변화가 있어서 장기근속자의 경우 분할계산 및 합산방식이 적용될 수 있고, 아울러 사회평균임금 3배 이상인 자에 대한 상한선도 적용될 수 있으므로 이 점에 유의하여 정확한 경제보상금액 계산의 기간과 소요 재원의 파악이 필요하다.

또한, 정리대상자와의 협상을 촉진하기 위한 플러스 알파의 보상금도 검토가 필요하다. 플러스 알파는 일반적으로 월급의 몇 개월분 형식으로 제기되는데, 가장 일반적인 방식은 N + 1 이다. 즉, 근속연수(N)에다 1개월분의 임금을 알파로 해서 추가 지급하는 방식이다. 소규모 기업의 경우 N + 0.5 또는 N만 지급하는 경우도 있다. 여기서 주의가 필요한 것은 관리직과 말단 현장직원과의 임금 차이가 클 경우 N + 1이나 N + 2를 적용하게 되면 보상금의 차이 또한 덩달아 커지게 된다. 따라서 기술적으로 해당 직원의 직급에 관계없이 N + 고정금액, 예를 들어 N + 1,000위안을 지급하는 방법도 생각해 볼 수 있다. 그리고 1년 미만 근무한 사람에게도 N + 1을 적용한다면 이 직원은 무려 2개월 치의 경제보상금을 받게 되므로 장기근속자로부터 공평성에 관한 불만이 터져 나올 수 있다. 이러한 경우 근속연수가 3년 이상일 때만 N + 1이고, 그 이하는 N + 0.5 등 차별적인 방안을 만들어 추진하는 것이 바람직할 것이다.

한편, 회사가 어떤 방식으로 보상계획을 만들더라도 일부 인원들은 본인의 이익 극대화를 위해 마지막까지 반발하는 경우가 많다. 이런 경우 회사는 이들 강경파의 요구에 응하지 말고, 일단 다수에 대한 보상계획을 집행한 후에 남은 인력에 대해서는 법정에서 시간을 끌면서 대응하는 방식을 추진할 수 있을 것이다.

## [5] 인원정리계획과 계약해제 서류 준비

인원정리계획에 포함되어야 할 내용은 노동국과 사전 협의할 사항과 시기, 정리계획의 공고시기, 노동자에게 통지방법, 노동자 설명회의(직공회의) 개최일자 등에 대한 내용이 포함되어야 한다. 해고인원이 많을 경우 간부회를 개최해서 공고방안을 통지하고 산하 직원들에게 전파하는 방식으로도 진행할 수 있다. 아울러, 노동자로부터 제기 가능한 각종 질문에 대비하여, 예상 Q&A 리스트를 작성하고, 인력감원의 배경과 이유에 대한 사항을 정리해 놓고, 또한 어느 장소에서 누가 참여하고 돌발 사태 발생 시 어떻게 대응할 것인가에 대한 구체적인 시나리오도 미리 짜 놓는 것이 필요하다.

인원정리방안의 집행에 들어가기 전에 회사는 직원들과 협상을 진행한 후 협상이 타결되었을 때 그 자리에서 당장 서명을 받을 수 있는 각종 합의서 등을 갖추어 놓고 있어야 한다. 시간을 끌 경우 당사자들은 또 다른 조건을 내세우고 회사를 압박할 수 있으므로 속전속결 원칙을 적극적으로 사용해야 하며, 이를 위해서 회사는 외부의 변호사 등 전문가의 자문을 받아 미리 모든 관련 자료를 구비해서 즉각 대응에 나설 수 있는 태세를 완비해 놓는 것이 필요하다.

## [6] 주요 관련자와의 양호한 관계 유지

인원정리작업을 본격적으로 시작하기 전에 직접적인 당사자인 개별 직원 이외에 업무를 원활하게 진행할 수 있도록 도움이 되거나 또는 협조를 요청할 수 있는 주요 관련자들과 돈독한 관계를 유지해 둘 필요가 있다. 주요 관련자는 노동국이나 사회보험국 등 노동당국과 노동조합인 공회 및 현지 관리직 직원 등이다.

**첫째, 관할 당국.**

사회적 안정을 중시하는 중국에서는 인원정리를 진행할 때 지방정부 (노동국, 파출소 등)와의 사전교섭이 중요하다. 지역의 사회경제에 미치는 영향이 큰 대형 사업장을 철수하는 경우 정부당국의 협력이 필수적이며, 경우에 따라 지방정부는 각 부문 공무원으로 팀을 짜서 집단행동을 예방하기 위해 인원정리 과정에 적극 협조해 주기도 한다. 규모가 작은 사업장일 경우 인원정리에 나서기 전에 반드시 노동국 관계자를 방문하여 회사의 방안을 설명하고, 그 합법성과 합리성에 대해 정부의 의견을 구하고 협조를 요청하며, 필요시 도움을 받을 수 있는 창구를 확보해 놓는 것이 필요하다. 관청의 영향력이 강한 중국에서 당국의 협력을 받는 것은 인원정리작업을 원활히 추진하는 데 매우 효과적이다. 단, 비밀유지문제를 고려하여 성부에 보고하는 시기와 보고내용에 대해서는 세심한 연구가 필요하다.

### 둘째, 공회(노동조합).

중국의 공회는 한국의 노사대립을 전제로 하는 노동조합과는 성격이 많이 다르다. 중국 공회법에는 공회는 직원의 합법적 권익을 보호하는 동시에, 회사의 생산활동과 합법적 경영활동을 지원하는 것으로 정해져 있고, 노사 쌍방 간에 다리 역할을 하도록 자리매김되어 있다. 따라서 회사 내부적으로 사업 철수의 결정이 내려지면 적절한 시기를 잡아서, 공회에 인원정리 방안의 설명과 협조요청이 필요하다. 그러나 공회는 협의 과정에서 회사 측 방안을 거부하고 더 많은 보상을 요구하고 나설 가능성도 있으므로 사전에 주도면밀한 대응자료와 협상 준비가 필요하다.

### 셋째, 핵심 관리직.

현지법인의 일상경영을 담당하는 것은 현지 관리직원들이다. 주로 인사, 재무, 총무 등 관리부서의 직원들이며, 사업 철수 계획을 제정하고 추진할 때 이들 관리직의 협력이 필요하다. 그러나 이들 관리직도 사업 철수가 진행되면 본인들 역시 인원정리의 대상이 되기 때문에 참여시키는 타이밍을 잘 잡지 못하는 경우 협력거부, 정보누설, 선동 등의 위험이 존재하다 한국 모회사나 최고경영층에서 중국 현지법인의 사업철수에 대한 결정이 내려지면, 인원정리 업무에 참여하는 신뢰할 만한 핵심 관리직을 잘 선정하고, 그들만을 위한 적절한 보상을 제시하여 실무작업이 원만히 진행되도록 도움을 요청하는 것이 무엇보다 중요하다.

# 사업 철수에서
# 노동계약의 종료방식

사업 철수 과정에서 직원들과의 노동관계를 정리하는 방법에는 법정노동계약종료, 정리해고 및 협상해제가 있다. 각 방법들은 회사나 직원의 상황에 따라 개별적으로 사용될 수도 있지만 사업 철수와 같은 대규모 감원이 필요한 상황에서는 위 3가지 방법을 결합해서 사용하는 것이 일반적이다.

## [1] 법정노동계약 종료

〈노동계약법〉 제44조[11] 5항은 "경영기간이 만료되기 전에 회사가 해

---

11)  〈노동계약법〉 제44조(노동계약 종료)
    아래에 열거되는 사유의 하나가 있는 경우 노동계약은 종료된다.
    (1) 노동계약 기간이 만료된 때
    (2) 노동자가 법에 의거 기본 양로보험 대우를 받기 시작한 경우
    (3) 노동자가 사망하거나, 인민법원에 의해 사망을 선고받거나, 실종선고된 경우
    (4) 사용자가 법에 의거 파산을 선고받은 경우
    (5) 영업집조가 취권말소되거나, 폐세명령을 받거나, 말소되거나 또는 회사가 기간해산을 결정한 경우
    (6) 법률, 행정법규에 규정된 기타 상황

산을 결정하면 노동계약이 종료된다."고 규정하고 있다. 따라서 회사의 최고의결기관인 동사회에서 해산결의를 하면 법률상으로는 3기(임신기, 출산기 및 수유기) 여직원이든 의료기(사고 후 치료기간 중) 직원이든 간에 불문하고 법정의 경제보상금을 주고 노동계약을 종료시킬 수 있다.

그러나 회사 철수 시점에 다수의 노동자들은 서로 단결하여 법규정을 무시하고 집단행동을 통해 자신들의 요구를 관철시키려는 경향이 있다. 다수가 뭉쳐서 집단적으로 항거할 경우 정부도 법대로 하기보다는 노사간에 원만한 타협을 독촉하는 것이 일반적이다. 따라서 앞서 말한 '회사가 사전해산을 결정함에 따른 노동계약종료' 방식은 먼저 '협상해제' 방식으로 대부분의 직원을 정리한 후 끝까지 회사의 보상방안을 거부하는 나머지 직원을 대상으로 하는 것이 합리적이다. 특히, 외국인투자기업으로서 청산작업의 첫 번째 단계인 노동국의 승인을 받기 위해서는 노동자들과의 문제가 해결되었다는 문건이 필요하기 때문에 노동소송으로 연결될 가능성이 높은 '법정노동계약종료' 방식보다는 어떻게든 '협상해제' 방식으로 정리하는 것이 필요하다.

한편, 법정노동계약종료 방식을 사용함에 있어서 내자기업과 외국인투자기업에 실무적인 차이점이 있다는 것도 주의해야 한다. 차이가 발생하는 이유는 내자기업과 외국인투자기업이 청산절차의 법률 적용에 차이점이 존재하기 때문이다. 내자기업의 경우 동사회에서 조기해산을 결정하면 법률상 곧바로 직원과 노동계약을 종료시킬 수 있다. 〈노동계약법〉 제44조 5항을 근거로 동사회의 조기해산 결의서에 의거해서 노동계약종료 방식으로 해서 경제보상금을 지급하면 법적으로 문제가 될 것이 없다. 그런데 과거에 외국인투자기업이 청산을 하기 위해서는 투자 진출 시 설립허가를 내준 심사비준기관(상무국)의 허가가 필요하였기 때문에 동사회의 단순한 조기해산에 대한 결의만으로는 충분치 않고, 심사비준기관에 의한 허가를 득하고 나서야 본격적으로 청산절차로 들어갈 수 있었다. 문제는 상무국이 허가의 전제조건으로 직원들과의 노동관계를 정상적으로 종료했다는 증빙을 요구하였다는 것이다. 이 경우 아직 청산개시에 대한 허가를 받기 전이기 때문에 직원들은 노동계약의 종료로 보지 않고, '해제'라고 주장할 것은 당연한 일이다. 계약의 '종료'가 아닌 '해제'이므로 일부 극단적인 직원들은 경제보상금의 2배를 달라고 떼쓰기도 하고, 특히 3기 여직원들은 수용하기 어려운 무리한 보상 요구를 제기하기도 한다.

그러나 2016년 10월 8일부터 〈외국인투자기업 설립 및 변경 신고 관리 잠정방법〉이 시행되면서 과거 상무국의 외국인투자기업에 대한 심사허가는 단순한 '신고(备案)' 제도로 바뀌었다. 그 후, 2020년 1월 1일부터는 〈외국인투자 정보보고방법〉이 시행되면서 '신고' 제도가 '정보보고' 제도로 바뀌었다. 따라서 외국인투자기업도 내자기업과 마찬가지로 청산에 들어갈 경우 의결기관(주주회 또는 동사회)에서 해산결정을 내리기만 하면 즉각 효력이 발생한다. 즉, 노동계약의 주체인 회사가 조기해산 결정이 발효되었으므로 노동계약은 더 이상 이행할 수 없게 되고 회사는 계약종료에 따른 경제보상금만 지급해 주면 된다.

## [2] 정리해고

　사업환경이 변화함에 따라 회사에게는 유연한 고용형태가 필요하지만 중국의 노동계약법은 정리해고에 많은 제약을 두고 있다. 〈노동계약법〉은 회사의 경제적 이유에 따른 정리해고에 대해서 규정해 놓았지만, 노동국에 보고해야 하는 등 복잡한 절차 때문에 실무적으로 사용하기가 매우 어렵다. 따라서 실무적으로는 협상해제나 희망퇴직을 받는 등 부드러운 방식을 이용해서 단계적으로 감원해 나갈 수밖에 없는 실정이다.

　먼저 〈노동계약법〉 제41조에서 규정하고 있는 정리해고의 사유로서, 기업이 아래의 상황 중에 하나에 해당해서 필요한 감원인원이 20인 이상이거나 20인 미만이지만 전체 직원의 10% 이상일 때 정리해고가 가능하다. 이 경우 기업은 30일 전까지 공회나 직원 전체에게 상황을 설명하고, 공회나 직원들의 의견을 청취한 후 노동국에 인원감원방안을 보고하고 나서 정리해고 할 수 있다.

　(1) 기업파산법 규정에 따라 구조조정을 진행하는 경우
　(2) 생산경영에 중대한 곤란이 발생한 경우
　(3) 기업의 생산전환, 중대한 기술혁신 또는 경영방식 조정으로 노동계약을 변경한 후에도 여전히 인력감원이 필요한 경우

　위에 3가지 정리해고사유가 있지만 실무적으로 활용되는 정리해고의 유형은 (2)의 '생산경영에 중대한 곤란이 발생한 경우'이다. 그러나 이것

**124**

도 회사가 스스로 판단할 수 없고 소재 지역 노동국의 기준에 부합해야 한다. 예를 들어 북경시의 경우 〈북경시 기업경제성 인원감원규정〉 제3조에서 '중대한 곤란'을 다음과 같이 해석하고 있다.

(1) 파산에 직면하여 법원에서 기업 재생기간에 진입했다고 선고받은 경우

(2) 3년 연속하여 경영적자이고, 적자금액이 매년 증가하며, 채무초과이고, 80%의 직원이 자택대기 중이고, 직원에게 최저생활비를 지급할 수 없는 기간이 연속 6개월을 초과한 경우

그리고 정리해고의 절차에 있어서도 지방마다 매우 엄격한 기준을 정하고 있는데, 예를 들어 북경시 인원감원규정에 의하면 정리해고를 진행하는 경우 아래 절차를 거쳐야 한다고 규정하고 있다.

(1) 30일 전까지 공회 또는 직원 전원에 사정을 설명하고 생산경영상황에 관한 자료를 제공한다.

(2) 삭감되는 직원, 삭감의 실시시간, 실시프로세스 등을 포함한 감원안을 제출한다.

(3) 감원안에 관한 공회 또는 직원 전원의 의견을 청취한 후 조정을 행한다.

(4) 소재지역 노동국에 감원방안, 공회 또는 직원 전원의 의견을 보고하고, 당해 노동국의 의견을 청취한다.

(5) 감원안을 정식 공포하고, 감원된 직원과 노동계약의 해제에 관한

절차를 행하고, 경제보상금을 지급하며 노동계약해제증명서를 발행한다.

또한, 북경시의 인원감원규정에 의하면 아래 인원은 감원할 수 없다고 규정하고 있다.

(1) 질병 혹은 비업무 부상으로 노동능력을 상실 또는 부분상실한 경우

(2) 질병 혹은 비업무 부상으로 규정된 의료기간 내에 있는 경우

(3) 여성 3기(임신기, 출산기, 수유기)

(4) 남직공 만 50세, 여직공 만 45세 이상의 경우

(5) 장애 직원

(6) 부부 쌍방이 동일 기업에 있는 경우 1인만 감원 허용

그리고 회사가 정리해고를 진행하고자 할 경우 감원방안은 노동국에 보고해야 한다. 상해시 노동국이 2009년 1월 공포한 〈감원시 기업보고에 관한 상해시 인력자원사회보장국의 통지〉는 기업의 감원방안의 보고방법, 제출서류를 정하고 있다. 이에 따르면 노동국에 제출하는 감원보고에는 '감원에 대한 공회 또는 직원대표 의견서'의 제출이 의무화되고 있다. 이 서류를 제출하지 않으면 노동국으로부터 기업의 감원안 보고는 수리되지 않는다. 즉, 〈노동계약법〉 제41조에 의거한 기업의 감원실시는 직원측의 협력이 없이는 사실상 실시가 곤란해서 대형 공장에서 일시적인 생산량 감소로 인해 일시에 대량의 인력감원이 필요한 경우만 한정되어 실시되고 있는 실정이다.

## [3] 협상해제

협상해제는 노동자와 회사가 서로 협상해서 합의에 의해 노동관계를 종료하는 것을 말한다. 사업 철수에 있어서 인원정리는 일반적으로 협상해제 방식을 주로 선택하게 된다. 협상해제는 회사와 직원 사이의 계약만으로 실시할 수 있다. 즉, 노사쌍방이 노동계약의 해제에 합의했다는 형태로 지급할 것은 지급하고 노동계약을 종료하는 것으로서 한국식으로 말하자면 희망퇴직과 같은 방식이다. 노동국의 입장에서도 협상해제를 선호한다. 정리해고로 하면 노동국도 여러 가지 측면에서 관리감독을 해야 하지만 협상해제는 직원 전원이 회사와 합의하고 경제보상금 등 받을 것은 받고 납득한 후에 노동관계가 종료되는 것이므로 노동국이 관여할 일이 아니기 때문에 협상해제로 진행되는 것을 원한다.

협상해제를 위해서는 회사가 경제보상금 + 알파의 보상안을 제기하게 된다. 보통 중소기업의 경우 N + 0.5 또는 1, 즉 경제보상금의 0.5개월 또는 1개월분 정도의 협상촉진금을 지급하고 타결되는 경우가 많다. 협상해제는 전체 직원에게 일률적인 방안을 만들어 실시하기보다는 각 계층별 특성을 감안하여 여러 복수안을 만들어 대응하는 것이 바람직하다. 회사는 협상해제에 나서기 전에 회사조건을 수용하지 않는 직원에 대해 취할 수 있는 자택대기발령 등의 카드를 준비해 놓는 것도 필요하다.

한편, 법률적으로 사용자의 해고로부터 보호를 받는 특수직원(3기 여직원, 의료기 직원 등)의 경우 법적으로 해고보호를 받는 상황하에 있으므로 일반직원에 대한 보상방안을 기초로 하여 특수상황에 따라 플러스 알파를 추가하는 보상방안을 책정해서 협상해제를 추진할 수 있다. 만약 상대가 무리한 요구를 해 올 경우 일단 협상해제 방식의 추진을 보류한 다음 차후에 법정노동계약종료 방식으로 추진한다.

## [4] 현실적인 인력감원 방법

사업철수를 위한 대규모 감원을 실시할 때 집단 노동분쟁의 분출을 피하기 위해서 위의 3가지 방법을 결합하여 단계적으로 진행하는 것이 바람직하다. 법정의 정리해고절차를 따르려면 ① 1개월 전 사전통지 ② 공회와 협의 ③ 노동국 승인이 필요하고, 이 모든 과정을 밟는 데 상당한 시간이 소요되고 그 기간 동안 여러 형태의 노동분쟁이 발생할 가능성이 있으므로 실무적으로 선택하기 어려운 방법이다. 따라서 일시에 대규모 직원을 법정절차에 따라 감원하는 정리해고 방식이 아니라, 긴 호흡을 가지고 여러 가지 방법을 결합하여 단계적으로 분산하여 실시하는 것이 필요하다.

우선, 임금이나 각종 복지 삭감을 통해서 자연 감소를 유도하고, 그다음 협상해제 방식으로 다수의 직원과의 노동관계를 원만하게 종료시켜 집단의 결집력을 약화시킨 다음, 협상해제를 거부하는 소수의 직원에 대해 법정노동계약종료의 수단을 사용한다. 현실적으로 사용할 수 있는 단계적 인력감원방법을 예를 들면 다음과 같다.

## Step 1 임금이나 각종 복리를 삭감해서 자연 감소 유도

① 잔업시간을 줄이거나 중지함으로써 잔업비 수입의 감소를 유도한다.

② 임금인상을 동결하고, 상여금 지급을 정지한다.

③ 노동계약에 약정되지 않은 수당이나 보조금 등 항목의 지급을 일시 중지하고 각종 복지비용 지출도 삭감한다.

④ 직원과 합의를 통해 전체 임금수준을 인하한다. 노동계약에 약정된 임금은 강제로 인하하면 안 되며, 회사의 경영상황 등을 설명해서 상급 관리직부터 임금을 축소하여 직급별로 일정비례의 임금인하 방안을 제시하고, 합의가 타결된 때는 새로운 임금액으로 '노동계약 보충협의서'를 체결해야 한다. 다만 저임금자인 직원은 제외한다.

⑤ 휴가원을 제출토록 하여 휴가일수만큼 임금에서 공제한다. 부서별 로테이션으로 매달 일정 일수의 휴가원을 제출하도록 요구한다.

⑥ 직원과 합의하에 근무일수를 조정한다. 직원과 합의하에 예를 들어 1주에 3일 일하고, 4일 쉰다든지, 1달에 2주씩 교대로 일을 한다든지 하는 방식으로 전환한다. 이때 반드시 서면동의서가 필요하다.

이 경우의 문제는 근속연수 2년 이하의 직원은 임금 등 노동조건이 나빠지면 자진 사직하는 경우가 많으나, 근속연수가 3년 이상인 고참직원들은 경제보상금에 대한 기대감이 높기 때문에 설사 조업정지가 취해지더라도 자진 사직을 하지 않고 버티는 경향을 보이므로 다음 단계를 실행한다.

N + 1 등의 보상금 지급기준을 설정한 후, 희망퇴직자를 모집한다. 이때 법률적으로 하자가 없는 '희망퇴직 공고문'과 '협상해제 협의서'를 사용함으로써 추후의 법률분쟁의 발생 가능성을 없애야 한다. 협상해제에 있어서 기술적인 방법으로서 다음과 같은 희망퇴직 공고문을 해고일 당일(D-day)에 공고한다.

---

### [희망퇴직 공고문]

당사는 유감스럽게도 오늘로써 생산활동을 중단합니다. 여러분에게는 미안하지만 퇴직신청을 받습니다. 어제 노동국에 이 상황에 대해서 보고를 했고, 오늘 아침 공회(혹은 직원대표회의)에 상황을 설명하였습니다. 향후 당사는 신속하게 청산절차에 들어갈 예정이며, 현재 여러분에게는 아래의 2가지 선택사항이 있음을 알려 드립니다.

첫째는 지금 여기에서 여러분에 대해 정리해고에 관한 고지를 하게 되니 30일 후에 노동계약을 해제합니다. 내일부터는 자택대기를 실시하고 법에서 규정하고 있는 합법적인 수준(예를 들어 최저임금의 70~80%)의 최소임금을 지급합니다. 그리고 1개월 후에 법정의 경제보상금만 지급합니다. 이미 노동국 보고를 포함해 법규에 따른 절차를 개시하고 있습니다. 정리해고에 동의하지 않는 사람이 있더라도 법이 정한 방식에 따라 절차가 진행됩니다.

둘째는 지금 여기에서 노동계약의 협상해제에 동의하면 회사는 법정 경제보상금과 함께 위로와 감사의 뜻을 담아 2개월분 임금의 추가보상을 지급합니다.

---

이 공고문의 내용은 이것저것 생각하지 않고 오늘 노동계약 중도해제에 서명하면 경제보상금에 2개월분 임금을 더 주겠고, 그렇지 않고 1개월 동안 망설인다면 법정의 경제보상금밖에는 받지 못한다고 선택을 강요하는 것이다. 물론 직원 중에는 납득하지 않는 사람도 나오는데, 적어도 반 이상의 직원을 설득할 수 있도록 처리한다. 모두 돈으로 해결한다는 것은 감정적으로는 별로 바람직하지 않다고 생각할지도 모르지만 우리는 중국에 있는 외국인투자기업이며, 비즈니스를 위해서 중국에 왔기 때문에 최종적으로는 돈으로 해결할 수밖에 없다. 중국 정부도 경제보상금이라는 제도를 법률로 정하고 있듯이 금전에 의한 해결을 권장하고 있다고 할 수 있다. 많은 직원들은 계속 존속될 것으로 생각하고 있던 자신의 회사가 청산한다는 이야기를 듣고 놀라기도 하겠지만 그만한 보상을 받는다는 것을 알면 이해하고 서명해 줄 것이다.

## Step 3 조업정지와 자택대기의 실시

위의 [Step 2]에서 대부분의 직원들로부터 협상해제 합의서에 서명을 받을 수 있도록 경제보상금과 플러스 알파를 책정해야 할 것이며, 그래도 서명을 거부하는 직원들이 있을 수 있다. 이 직원들은 생산경영상황의 악화에 따라 노동자에게 정상적인 업무량을 배정할 수 없으므로 조업정지(전면 또는 부분)를 하고 자택대기조치를 취한다. 자택대기 기간 동안에는 모든 직원들에게 일률적으로 소재지역 최저임금의 70~80%의 기초생활비를 지급하면 된다.

조업정지는 노동자 개개인의 경제적 문제와 직결되는 것이므로 사전에 직원들을 대상으로 설명과 의견청취 과정이 필요하나 동의를 받아야 하는 것은 아니다. 그리고 노동국의 허가는 불필요하나, 실시하기 전에 노동국에 신고할 필요가 있다. 또한 조업정지의 실시기간에 대해서는 법적 규제가 별도로 존재하지 않으므로 회사가 스스로 적정한 기간을 정해서 실시하면 된다.

## Step 4 개별적 접촉에 의한 노동계약의 협상해제

[Step 2]에서 서명하지 않는 직원은 보통 2가지 형태가 있다. 첫째는 회사가 청산을 진행해야 하므로 본인이 협상해제에 서명해주지 않으면 회사는 위법해고로 갈 수밖에 없으므로 경제보상금의 2배인 배상금을 받을 수 있다고 생각하는 직원, 그리고 둘째는 3기 여직원이나 치료 중인 의료기 직원과 같이 일반직원들과는 달리 특수한 상황에 처해 있기 때문에 그에 대한 추가보상을 요구하는 직원이다.

이러한 직원들과는 개별 상황에 맞는 추가보상을 해 주거나 또는 도저히 받아들일 수 없는 정도의 큰 금액이라면 〈노동계약법〉 제44조 5항의 "경영기간이 만료되기 전에 회사가 해산을 결정하면 노동계약이 종료된다."라는 규정을 내세우며 동사회의 해산결의서를 근거로 이미 노동계약이 해제되었다고 주장하면서 설득한다.

## 제3장

# 인원정리의 실시

이 장에서 설명하는 내용은 사업 철수에 수반되는 대규모 감원, 즉 정리해고를 실시할 때 법률에 따른 원론적이고 이론적이며 추상적인 것 말고, 실무적으로 어떻게 진행되고 그때 발생할 수 있는 우발적인 상황에 대한 대처 그리고 정리해고가 종료된 후 잔무처리에 대해서 다룬다.

## [1] 인원정리의 기본 흐름

다음 그림은 중국 기업의 사업 철수에 있어서 일반적인 인원정리의 흐름을 나타낸다. 전체 직원이 회사와 법률적으로 노동계약관계가 종료되는 날을 D-day라고 하면, 그 전으로 거슬러 올라가 먼저 노동국에 해고 상황에 대한 설명이 필요하다. 노동국에 대한 설명은 노동계약의 협상 해제인 경우 법률로 강제되는 것은 아니지만 사전에 알리지 않아서 괘씸죄에 걸리지 않도록 인원정리 계획에 대해서 보고할 필요가 있다. 보통 노동국이라고 부르지만 지역에 따라서는 '인력자원 및 사회보장국'이라고 부르기도 한다.

**[인원정리의 흐름]**

정리해고(裁減人員)에 의한 인원정리 방식은 법률로 그 정의와 절차가 분명하게 규정[12]되어 있다. 〈노동계약법〉에는 20명 이상 또는 전체의 10% 이상을 정리해고 하는 경우에만 일정한 절차를 거쳐야 한다고 규정하고 있으나, 정리해고의 규모가 이러한 양적 기준에 미달하더라도 노동국에 먼저 보고할 것을 추천한다.

정리해고의 방식을 따르는 경우 D-day(전원 해고일) 30일 전에 전체 직원에게 "여러분 30일 후에 퇴직해 주시기 바랍니다."라고 고지해야 한다. 이때 순순히 동의하고 남은 30일 동안 제대로 근무하는 직원은 얼마 되지 않을 것이다. 어떤 직원은 인생설계를 망쳤다고 불만을 토로하는

---

12) 〈노동계약법〉 제41조(정리해고)
　　아래에 열거되는 사유 중 하나로 20인 이상 정리해고 하거나 또는 20인 미만이나 전체직원 총수의 10%이상의 정리해고가 필요한 경우 사용자는 30일 전까지 노동조합 또는 직원 전체에게 상황을 설명하고 노동조합 또는 직원의 의견을 청취한 후, 정리해고방안을 노동국에 보고하고 나서 정리해고를 할 수 있다.
　　(1) 기업파산법의 규정에 근거하여 기업회생을 진행하는 경우
　　(2) 생산경영에 중대한 곤란이 발생한 경우
　　(3) 기업의 생산전환, 중대한 기술혁신 또는 경영방식의 조정에 따라, 노동계약의 변경을 거친 후에도 여전히 인력감원이 필요한 경우
　　(4) 노동계약체결 시 근거로 했던 기타 객관적인 경제상황에 중대한 변화가 발생함에 따라 노동계약을 이행할 방법이 없게 된 경우

가 하면 또 어떤 직원은 다른 일자리를 찾기 위해 출근하지도 않을 것이다. 또 어떤 직원은 경제보상금을 제대로 못 받을까 봐 경영진에게 물리적인 압박을 가하는 사람도 있을 것이다. 그중에는 회사의 재고나 비품을 마음대로 가져가는 사람도 나타날 것이다.

이런 혼란 속에서 30일 동안 현지법인을 운영하는 것은 매우 어려운 일이다. 이러한 상황에서 결과적으로는 30일 전에 통지하는 규정을 엄격히 따르기보다는 30일분의 임금을 추가로 지급하고 통지일과 해고일을 같은 날로 하는 방법도 검토할 필요가 있다. 즉, 앞의 흐름도에서 ②와 ③을 같은 날이 되게 하고 대신에 1개월분 급여를 추가로 지급하는 방법이다. 이와 관련하여서도 〈노동계약법〉에 규정[13]이 있으므로 그에 따라 진행하면 된다.

또한, ②와 ③을 같은 날로 압축한 경우 ①과의 사이에 시간이 길게 되면 ②와 ③을 압축한 효과가 없어지게 된다. 따라서 ①의 다음 날이 D-day가 되게 하는 경우가 많다. 그리고 노동국뿐만 아니라 공회나 직

---

13) 〈노동계약법〉 제40조(노동자의 비과실성 사유에 근거한 사용자측의 해고요건)
아래에 열거되는 사유의 하나가 있는 경우 사용자는 30일 전까지 서면으로 노동자 본인에게 통지하거나 또는 노동자에게 1개월분의 급여를 추가로 지급한 후에 노동계약을 해제할 수 있다.
(1) 노동자가 병이 나거나 또는 업무외적 원인으로 부상당한 경우 규정된 치료기간 만료 후에 원래 업무에 종사할 수 없고 사용자가 배정한 업무에도 종사할 수 없는 경우
(2) 노동자가 업무를 감당할 수 없고, 훈련 또는 배치전환을 했음에도 여전히 업무를 감당할 수 없는 경우
(3) 노동계약 체결시 근거했던 객관적 상황에 중대한 변화가 발생해서 원래 노동계약을 이행할 수 없게 된 상황에서, 사용자와 노동자가 협의를 했음에도 노동계약의 내용변경에 대해 합의에 달힐 수 없는 경우

원대표회의에 통지하는 것도 이 이틀 동안에 해 버린다. 통지하는 방법도 예의를 갖추고 정중하게 하지 않으면 나중에 "절차에 하자가 있다."는 등으로 정리해고 전체를 부정하거나 "해고는 무효다." 또는 "해고는 부당하다." 등과 같이 서명한 직원들이 노동중재를 제기하는 등 복잡한 사태가 발생하고 그 후 청산업무가 원활히 진행되지 못하게 되는 사태에 빠지게 된다. 이러한 상황이 발생하는 것을 예방하려면 공회나 직원대표회의에 개별 직원에 대한 공지보다 먼저 이야기를 해야 한다. 이야기를 하는 것만으로 좋으며 동의를 얻을 필요는 없지만 들었다는 것을 확인하는 서명 정도는 받도록 하는 것이 좋다.

## [2] D-day 당일의 업무

직원과 노동관계가 법적으로 종료되는 D-day 당일에는 어떤 식으로 업무가 진행되는지 알아보자. 전날까지 노동국에 보고하고 공회나 직원대표회의에 통보하였다면 이미 직원들은 당일 무슨 일이 일어나는지는 다 알고 있을 것이다. 사전에 인터넷을 통해 노동법규를 조사하거나 SNS 등으로 이미 정리해고를 당한 적이 있는 친구에게 전화로 상담하는 등 기본 정보를 수집해서 다른 회사 동료들과 모여서 대응방법에 대해서 논의했을 것이다.

일단, 아침 일찍 식당 같은 넓은 곳에 전체 직원들이 모두 모이게 한 후 변호사를 입회시켜서 총경리나 적절한 책임자로 하여금 "여러분, 지금까지 노력해 주셨지만 회사의 업무 상황이 좀처럼 호전되지 않아 최고의결기관이 회사를 청산하기로 결정하였습니다. 향후의 절차는 회사가 법률에 따라 진행하겠으니 안심하시기 바랍니다. 경제보상금과 기타의 금전적 보상도 법률에서 규정하고 있는 대로 정확하게 지급할 테니 지금부터 설명하는 이야기를 잘 들어주세요."라는 내용을 전한다. 그러면 대부분의 경우 "와!" 하고 언성이 높아질 것이며, "한국 모회사가 망했다면 이해하겠지만 한국의 본사는 멀쩡히 살아 있는데 왜 우리만 해고되어야 하는가."라는 원성이 튀어나오는 경우도 있다.

전체 직원들에게 이러한 상황 설명이 끝난 후에는 이어서 몇몇 팀으로 구분해서 a 팀은 제1회의실, b 팀은 제2회의실 이런 식으로 나뉘어 한 사람 한 사람 개별적으로 면담에 들어간다. 회의실에는 현지법인 간부직원과 변호사 등 2명이 대기하고 있으며, 2 대 1로 면담을 한다. "오늘까지 감사했습니다. 수고했습니다. 당신의 근속연수는 6년이며, 기본급이 3,000위안이므로 경제보상금을 계산하면 18,000위안이 됩니다. 회사는 여기에 1개월 정도의 추가보상금을 책정했습니다. 동의하신다면 이 합의서에 서명해 주십시오."라고 설명한다. 그리고 "귀하는 오늘 협상해제를 선택해도 되고, 다음 달에 정리해고를 선택할 수도 있습니다. 만약 정리해고의 경우 법정의 경제보상금밖에 지급하지 않습니다. 그러나 지금여기서 협상해제에 서명하면 경제보상금에다가 1개월치 임금 또는 현금 1,000위안을 추가로 지급합니다."라고 말하면 왠지 모르게 기쁜 마음이 들게 될 것이다. 추가금액의 정도는 회사의 규모나 그 도시의 상황에 따라 다를 것이므로 일률적으로는 아니지만 깜짝 쇼의 형태로 제안함으로써 회사 측도 많이 지불해 준다는 인상을 갖도록 하는 것이 목표이다.

개별 직원들과 회의실에서 합의한 경제보상금 등은 가능하면 당일이나 다음 날 직원의 급여계좌에 송금해 주는 것이 좋다.

또한, D-day는 월요일로 하는 것이 좋다. 전주 금요일까지는 정상적으로 근무를 하게 하고 토요일에 직원의 임금, 잔업비 및 경제보상금 등을 계산한다. 그리고 개개인과 노동계약 해제에 필요한 협의서를 작성한다. 그리고 주 초인 월요일에 각 직원들과 노동계약을 종료하는 협의서에 서명을 하게 한다. 월요일 아침에 "모두 식당에 모여 주세요. 그리고 차례로 한 명씩 회의실에 들어오세요."라고 설명한다. 회의실을 나오면 다시 식당으로 들어가지 못하도록 동선을 일방통행으로 만든다. 만약 그렇지 않고 회의실에서 나온 직원이 식당에서 대기하고 있는 직원과 접촉하게 되면 "너, 얼마 받았어?", "어? 나보다 많이 받았구나."라고 서로 협의서를 보여 주어 불공평한 처우에 대해 불만이 나올 수도 있으므로 협의서에 서명한 사람은 개인 사물을 가지고 신속하게 회사 문밖으로 나가게 해야 한다.

## [3] 비밀유지와 발표 시기

### 1. 비밀유지

회사의 사업 철수를 위해서 직원과의 노동관계를 정리하는 것은 사업 철수 계획을 세우는 데 매우 중요한 절차이다. 그 때문에 직원에게 어느 단계에서 어떻게 전달하느냐는 대단히 중요한 업무라고 할 수 있다. 반대로 말하면 회사의 철수 계획과 보상방안의 내용을 발표하기 전에 일정 기간 동안 비밀유지 조치가 필요하다. 그러나 지나치게 철저히 비밀을 유지하다가 일정한 완충기간이 없이 어느 날 갑자기 회사의 철수방침을 전격적으로 발표하게 되면 직원들이 이에 반발하여 격렬한 반응을 보일 수 있다. 따라서 회사는 사전에 은밀한 채널로 관련 정보(예를 들면, 회사의 경영악화로 인한 사업축소 등)를 흘려서 직원들의 반응을 탐색해 보고 어느 정도 마음의 준비하도록 하는 방안도 고려해 볼 필요가 있다.

노동국 등에 회사의 명칭을 밝히고 문의하게 되면 대부분의 경우 당일에 모든 직원들에게 알려지게 될 것이다. 노동국 담당자의 친구나 친지를 통해 어떤 회사의 총경리가 어제 방문해서 회사폐쇄의 방법에 대해서 논의하고 돌아갔다는 식으로 해서 경영진에게 불만이 생겨 파업으로 발전하기도 한다. 따라서 초기에는 완전히 비밀리에 진행하기 위해서 외부컨설팅기관이 회사의 이름을 밝히지 않고 노동국이나 상무국 등과 물밑 협상을 하는 것도 중요하다.

또한, 자주 발생하는 현상으로서 회사 철수를 비밀리에 준비한다 하더라도 원재료의 발주를 내지 않거나 제품의 주문이 들어오지 않으면 역시 현장에서는 알아챈다. 이때 이것을 감추기 위해 그룹기업 사이에 형식적인 발주를 하거나 PO(주문서)만 쓰는 것도 현장에서는 진행하는 경우가 있다. 직원들에게 측은한 마음을 가지고 일부 관리자 중에는 조금씩 정보를 누설하는 경우도 있으나 어렵고 힘든 일이지만 진행하는 것은 정해져 있으므로 필자의 생각으로는 조금씩 정보를 공개해서 불안하게 하는 것이 아니라 직전까지 아무것도 알리지 말고 어느 날 갑자기 전격적으로 사업 철수 결정을 공개하는 것이 낫다고 생각한다.

그리고 사업 철수에 대한 발표를 너무 빨리 하게 되면 회사의 분위기가 어수선해지고 경제보상금을 받을 수 없을 거라는 불안함 때문에 직원들이 총경리를 비롯한 한국인 관리자들의 동태를 살피게 되고, 불안감이 증대되면 파업으로 이어져서 제조라인이 멈춤으로써 고객에게 피해를 주는 사태도 발생할 수 있다.

## 2. 발표방법과 내용

직원에게 전달하는 방법에 대해서도 연구가 필요하다. 직원이 불안해하지 않도록 경제보상금의 액수나 그 후의 스케줄 등에 대해 명확히 해두고 예상되는 질문에 대한 답변을 준비할 필요가 있다. 회사가 사업 철수와 보상방안을 발표할 때는 혼란을 피하기 위해서 사전에 전문가의 자문을 받아 주도면밀한 자료를 준비하여 직원들에게 상세하게 설명해줄 필요가 있다. 이때 외부 변호사를 동석시켜서 법적 문제에 대한 보충 설명을 하게 하는 것이 바람직하다. 직원에게 설명하기 위해서 배포하는 자료는 회사의 사업 철수 배경, 노동관계 종료의 법정사유, 경제보상금의 항목과 지급조건, 인력정리 방안의 합법성(이미 노동국 및 공회와 협의를 거친 내용)에 관한 설명, 그리고 관련 절차의 구체적 내용을 포함한다.

또한 직원들의 이해 부족과 오해에서 기인하는 불필요한 마찰과 갈등을 회피하기 위해서 회사는 자세한 설명이 필요하며, 질의응답 및 필요한 직원을 대상으로 면담을 실시할 수 있다. 이 경우 회사는 인사담당, 고문변호사 등으로 팀을 구성하여 면담에 응한다. 질의응답과 면담 전에 회사는 직원 전원의 기본정보, 경제보상금, 노동관계 해제에 관한 서류, Q&A리스트 등을 사전에 철저히 준비하는 것이 필요하다.

## [4] 파업 등 위기 상황에 대한 대응

직원의 권리의식이 높아짐에 따라서 회사가 보상방안을 발표한 후에 직원은 더 높은 요구사항을 제기하는 경우가 흔히 발생한다. 그러나 이미 설정한 보상조건을 양보하게 되면 보상방안의 전체 틀이 무너질 수 있으므로 특별한 사유가 없는 한 받아들이지 않는 것이 좋다. 만일 일부 직원이 과격하게 반발하거나 선동을 할 경우 그 직원만 자택대기 발령 등 인사조치를 취하고 차후에 개별적으로 처리하는 방식으로 진행한다.

직원들에게 청산계획을 밝힌 후 직원이 그 조건에 불복하는 경우 파업이나 태업으로 발전할 가능성이 있으므로 파업 등이 생겼을 경우의 대응도 검토가 필요하다. 노동국이나 사회보장국, 그리고 공안에 대한 지원을 요청하는 것도 가정하여 어느 단계에서 지원을 요청할 것인지도 검토가 필요하다. 또한 파업 등이 발생하는 경우 기존의 납품에 대한 생산계획에 영향을 미치지는 않는지 만약 영향을 준다면 어떻게 거래처에 대한 납기를 준수할 것인지 등의 검토가 필요하다.

## [5] 노동관계 종료 후의 잔무 처리

직원과 노동관계종료에 대한 협의서를 체결하고, 인원정리가 어느 정도 마쳐지면 회사는 채권채무의 정리나 설비의 매각 등 실물정리를 위한 청산작업에 들어간다. 청산작업을 진행하기 위해서는 보통 1년 동안은 일부 직원은 잔무의 처리를 위해서 남겨 둘 필요가 있기 때문에 청산작업에 필요한 직원의 재고용 계약도 필요하다. 회사는 적절히 재고용 조건을 설정하여 기존노동계약을 변경 체결하는 방식으로 대응할 수 있다.

일반적으로 잔무처리 멤버는 보통 총경리, 재무담당 및 총무담당 등으로 구성된다. 우선은 총경리 또는 총경리에 준하는 책임자는 청산 시작 후에도 1년간은 청산업무에 투입될 각오가 되어 있어야 한다. 1년 중 후반은 매일 청산활동에 몰두할 정도로 바쁜 일은 없지만 자금관리와 인감관리가 있기 때문에 기본적으로는 중국 현지법인에 잔류하는 것을 전제로 계획을 세워야 한다. 기타 필요한 인원으로서는 회계와 총무가 가능한 직원, 대규모 설비매각이 필요한 경우는 설비담당자, 그리고 운전기사 정도는 남겨 두어야 한다. 이러한 사항들은 법률적으로 강제하는 의무사항은 아니지만 경험상으로 추천하는 방법이다.

## 제4장

# 경제보상금

　중국의 경제보상금은 회사가 직원과의 노동관계를 종료할 때, 즉 직원이 퇴직할 때 지급하는 보상금으로서 한국의 퇴직금과 유사하나 법적 성질은 상당히 다르다. 중국에서는 법률에 규정된 법정 사유에 부합해야 회사가 경제보상금을 지급할 의무가 발생된다. 중국의 경제보상금은 '경제보상'이라는 말이 의미하듯이 퇴직의 사유가 회사 측에 있거나(협상해제와 정리해고) 또는 노동자의 고의적 과실이 아닌 사유로(질병이나 부상, 업무부적격) 해고되는 경우에 재취업을 할 때까지의 실업기간에 기본생활을 보장해 주기 위한 보상금의 성격을 지니고 있다. 중국법인의 사업 철수를 준비하고 있는 입장에서 현지직원들과 고용관계가 정리되어야 하며, 그때는 반드시 경제보상금을 지급해야 하므로 경제보상금에 대한 내용을 별도의 장으로 분리해서 설명한다.

# [1] 보이지 않는 채무

중국의 경제보상금은 한국의 퇴직금과 달리 회계적으로는 회사의 부채로 잡지는 않으나, 직원이 퇴직하게 되면 분명히 회사에서 현금이 빠져나가야 한다. 따라서 회계장부에는 기록되지 않지만 실질적으로는 장래에 현금의 유출을 가져오는 부채이므로 '보이지 않는 채무'라고 할 수 있다. 예를 들어 회사의 사정으로 종업원이 퇴직할 때 법정금액을 종업원에게 경제보상금으로 지급해야 하며, 위 '회사의 사정'에는 경영기간의 만료에 따른 해산도 포함된다.

그러나 종업원이 본인의 개인사정으로 퇴직하면 경제보상금을 지급하지 않아도 되므로 평소에 이 '보이지 않는 채무'가 있다는 것을 의식하지 못하는 기업이 많다. 한국 모회사나 중국 현지법인이 모두 인식하지 못하는 사이 풍선이 부풀어 오르듯이 보이지 않는 시한폭탄이 커져서 언젠가는 터지게 된다. 물론 터지지 않을 수도 있고 반대로 종업원과의 관계에 마찰이 생기면서 법정금액보다 더 많이 보상금을 지급해야 하는 대폭발의 가능성도 있다. 후자의 경우가 바로 언론에서 크게 보도되고 있는 "중국에서 철수하려고 하면 터무니없는 돈을 요구한다."라고 하는 자극적인 보도가 나오는 이유이다.

경제보상금은 해당 종업원의 근속연수에 월평균급여를 곱해서 계산하기 때문에 근속연수가 늘어나면 그 금액도 늘어나는 구조이다 보니 단순하게 생각하기에는 종업원은 회사에서 오랜 기간 동안 일해서 경제보상금을 늘리는 편이 좋을 것이라고 생각할 수 있지만 현실은 그 반대이다. 왜냐하면 퇴직하는 이유가 개인사정이 되면 경제보상금은 없기 때문이다. 또한 정년으로 퇴직하는 경우에도 개인사정으로 퇴직하는 것으로 인정되어 경제보상금을 받지 못한다. 그래서 많은 종업원들은 회사에서 근무기간이 길어지면 경제보상금이 적금을 든 것과 같이 누적되므로 마냥 좋아하는 것이 아니라 어느 정도 시간이 되면 그 적금이 사라질 위험을 없애기 위해서 중도에 일시금으로 받아내서 이익을 실현하는 것을 선택한다. 그래서 종업원은 경제보상금의 관점에서 보면 현지법인을 정리해 주는 것이 오히려 더 이익이라고 생각할 수 있다.

## [2] 경제보상금의 지급 요건

한국의 퇴직금은 노동자의 퇴직사유가 어떻든 간에 근속연수에 따라 자동 지급된다. 그러나, 중국의 경제보상금은 일정한 법적 요건을 충족할 때 비로서 지급의무가 발생하는 일종의 보상 성격에 속한다. 중국에서 경제보상이라는 용어를 사용하는 것은 노동자가 회사 측 사유로 고용 도중 또는 계약만기 시 퇴직을 하게 될 경우에 재취업 시점까지 수개월 간 실업상태에 직면하게 되므로 그들에게 경제적인 보상을 해 주는 것이 그 취지이고 이유다. 그렇다면, 경제보상금 지급 여부를 결정하는 법적 잣대는 무엇인가? 가장 간단하고 분명한 잣대는 고용 중단 또는 종료가 노사 어느 측에서 기인한 것인지, 퇴직의 원인에 노동자 측의 과실이 있는지 여부이다.

## 1. 자원사직이나 정년퇴직: 경제보상금 지급 불필요

노동자가 본인 사정으로 사직원을 제출하여 그만두거나 또는 정년에 달하여 퇴직하는 경우, 그것은 노동자가 이미 예측 가능한 일이며 또한 회사 측 사유에 따른 것이 아니므로 경제보상금을 지급할 필요가 없다. 같은 논리로 계약의 만기시점에 사측이 계속 고용을 위해 갱신체결을 제의했으나 노동자가 이를 거부하고 사직하는 경우, 노동자에게는 다른 방책이 세워져 있는 것으로 간주되어 사측의 경제보상금 지급의무는 면제된다. 다만, 이 경우에 회사는 차후 분쟁이 발생할 것을 대비해서 관련 증거를 확보해 놓아야 한다.

## 2. 사측의 고용종료: 경제보상금 지급 필요

### (가) 합의 해제

합의해제는 노동계약법에 규정된 노동계약의 해제방법의 하나이고, 노사 간 합의에 근거하기 때문에 가장 원만하고 법적 리스크가 없는 고용종료 방식이다. 해제사유가 무엇인지 불문하고 심지어 임신 중인 여직원이라 할지라도 노동자의 동의를 전제로 실시할 수 있는 계약해제 방법이다. 한국식으로 말하자면 권고사직이며, 노동자가 동의할 경우 사측은 경제보상금의 지급이 필요하다.

노동자의 동의를 끌어내기 위해서 사측이 법정기준보다 높게 지급하는 사례도 빈번하게 발생한다. 합의해제는 어디까지나 협상을 전제로 하는 것이므로 협상을 통해서 실제 경제보상금 액수는 더 많아질 수도 또는 적어질 수도 있다.

### (나) 계약만기시점 고용종료

노동계약 만기시점에 회사가 갱신을 하지 않고 고용 종료할 경우, 경제보상금 지급 문제는 계약의 횟수에 따라 달라진다. 제1차 고정기한 노동계약의 만기가 되었을 때는 계약의 자연종료이므로 회사는 경제보상금을 주고 자유롭게 고용을 종료시킬수 있다.

그러나, 제2차 고정계약의 만기가 도래했을 때에는 〈노동계약법〉에 의거, 회사의 고용종료권이 박탈되고 무고정계약 체결 의무가 부과되므로 노동자가 동의하지 않는 한 경제보상금만 주고 고용을 종료할 수 없다. 이때 회사가 강제적으로 고용을 종료하는 경우에 노동소송을 당하여 위법해고에 따른 경제배상금(경제보상금의 2배) 지급 판결에 직면할 수 있으므로 어떻게든 협상을 통해서 '경제보상금 + 알파'의 조건으로 타협을 추진하는 수밖에 없다.

참고로, 상해시와 같은 지방 사법해석에 따라 10년 근속 전까지 무제한으로 고정기한 노동계약을 반복해서 체결하고, 매 고정계약 만기 도래할 때 경제보상금만 주면 고용을 종료시킬 수 있는 예외적인 지역도 있다.

## 3. 노동자 측 원인에 따른 계약해제

**(가) 노동자의 과실사유 해고(중대한 기율위반 사유 등): 경제보상금 지급 불필요**

노동자가 중대한 기율위반 행위를 범하여 징계해고 당하는 경우 한국식으로 말하자면 파면이므로 회사는 경제보상금을 한 푼도 지급할 필요가 없다. 이 경우에 해고사유가 분명하고 증거가 충분하더라도 대부분의 노동자들은 못 먹는 감 찔러나 보자는 식으로 노동소송을 걸어 사측 해고사유나 증거상의 하자를 잡아내어 위법해고로 주장하게 된다.

회사가 승소할 경우에 한 푼도 줄 필요가 없지만, 패소하면 위법해고로 간주되어 경제보상금의 2배에 상당하는 경제배상금이 부과되므로 설혹 노동자에 중대 기율위반 행위가 발생하더라도 충분한 법적 검토를 거친 후 해고조치에 들어가야 한다.

**(나) 노동자의 무과실 사유 해고: 경제보상금 + 1개월분 지급**

노동자의 과실이 아닌 질병이나 직무부적임 또는 객관적 상황의 중대한 변화 발생으로 해고할 때, 회사는 경제보상금 + 1개월(해고통지 대체금)을 주고 계약을 해제할 수 있다. 그렇지만, 무과실 해고 시에는 N + 1의 보상이 필요한 데다가 장기간의 까다로운 법정절차를 이행해야 하기 때문에 대부분의 경우 관련 증거자료를 가지고 직원을 설득하여 협상해제 방식으로 내보내고 있다. 이때 기본적으로 N + 1의 보상이 필요하며 여기다가 협상촉진용으로 약간의 보상금을 추가하는 경우도 있다.

## 4. 노동자의 사측 위법노동 행위 사유로 피동사직: 사유 성립 시 경제 보상금 지급

노동자가 스스로 사직할 경우는 경제보상금을 지급할 필요가 없다. 그러나, 회사 측의 위법노동 행위 때문에 노동자가 더 이상 근무할 수 없어 어쩔 수 없이 사직할 수밖에 없는 경우에 그 원인(사회보험 미납, 임금연체, 강제 직무조정 등)을 사측이 제공한 것이므로 회사는 경제보상금을 지급해야 한다.

이 경우에 노동자는 사직 시점에 회사의 위법노동 행위를 특정하여 기재한 서면 사직서를 회사 측에 제출한 후, 노동소송을 제기해야 한다. 이러한 노동자의 부득이한 사직(〈노동계약법〉 제38조)의 경우는 노동중재위나 법원에서 사유가 인정되었을 때 비로소 성립된다는 점에 유의해야 한다. 단, 사회보험료의 부족납부나 며칠간의 급여 지급연체 등 사소한 위법 행위는 법원에서 부득이한 사직으로 인정되지 않을 가능성이 높다.

이상의 내용을 종합하여 노동관계의 종료방식에 따른 경제보상금의 지급기준을 요약하면 다음 표와 같다.

## [경제보상금 지급기준]

| 종료방식 | 제기측 | 경제보상금 | 적용 범위 |
|---|---|---|---|
| 협상해제 | 기업 | N | 어떤 유형의 노동계약이든 가능하고 어떤 조건도 필요 없이 모두 협상해제 가능(3기 여직원이나 의료기 내의 직원도 포함) |
| 노동자 과실해고 (징계해고) | 기업 | 0 | 시용기 내에 채용조건 미부합이 증명된 직원, 회사 노동기율이나 취업규칙의 엄중한 위반, 기타 〈노동계약법〉 제39조에 명기된 법정사유 |
| 노동자 비과실해고 (질병, 무능력, 중대상황변화) | 기업 | N + 1 | 질병으로 의료기 만료 후에도 직무종사가 불가능하고 별도 안배한 직무도 종사가 불가능한 경우, 직무 부적임으로 직무조정이나 교육 후에도 직무 부적임으로 판정 나는 경우, 노동계약체결 시 근거했던 객관적 상황에 중대한 변화의 발생으로 노동계약 이행 불가능하거나 노동자와 계약변경 협상도 타결 안 된 경우 |
| 정리해고 | 기업 | N + 1 | 경영곤란(노동국이 인정 가능한 객관적 데이터 필요), 중대한 기술혁신이나 경영방식 조정 발생 |
| 자원사직 | 직원 | 0 | 어떤 노동계약이건 조건이 필요 없으며, 사전 30일에만 통지하면 계약해제 가능(시용기는 3일 전 통지 필요) |
| 사측 위법 행위 사유로 계약해제 | 직원 | N | 회사의 노동조건 미제공, 노동보수의 연체, 사회보험 미납부 등 위법 노동 행위 |
| 노동계약 만기종료 | 기업 | N (2008.1월 이후) | 회사가 갱신 불원해서 고용종료, 회사가 원 계약조건 이하로 갱신조건 제시하고 노동자가 거부하는 경우 |
| | 직원 | 0 | 직원이 회사의 갱신제의를 거부하고 이직하는 경우 |
| 기업청산 | 기업 | N | 파산, 영업허가 취소, 청산 |
| 정년퇴직, 사망 | 기업 | 0 | 법정 퇴직연령에 달해 퇴직하는 경우, 노동자가 사망한 경우 |

중국 철수 전략

## [3] 경제보상금 관련 분쟁 집중 발생

중국에서는 직원이 퇴직하는 시점에 경제보상금이나 경제배상금의 지급문제로 노동분쟁이 자주 발생하고 있다. 왜냐하면 중국은 퇴직의 사유와 해고의 합법성에 따라 경제보상금이나 경제배상금의 지급 여부가 결정되기 때문이다. 직원들은 퇴직시점에 ① 경제보상금 불수령, ② 경제보상금 수령, ③ 경제보상금의 2배 수령 등 3가지의 옵션을 갖기 때문에 금전적 이익을 최대화하기 위해 어떻게든 회사와 분쟁을 일으키려는 경우가 적지 않다. 특히, 오래 근무한 직원들 중에는 본인사정으로 회사를 떠나게 되더라도 어떻게든 경제보상금 심지어 경제배상금을 챙기고 나가려고 고의적으로 업무태만이나 사소한 기율위반 행위를 반복하여 회사의 일방적 해고를 유도하거나, 회사의 위법노동 행위를 트집 잡아 사표를 내고 노동소송을 거는 사례가 흔히 발생하므로 주의가 필요하다.

사업철수에 따른 인원정리를 실시할 때는 징벌적 성격의 경제배상금 (經濟賠償金) 제도가 있다는 것을 명심해야 한다. 중국에서는 노동자의 중대과실에 따른 징계해고 시 경제보상금을 지급할 필요가 없다. 이 때문에 장기근속한 노동자일수록 사측의 해고를 두려워한다. 노동법률은 사용자의 자의적 해고 행위를 막기 위해 노동소송에서 패소할 경우 노동자에게 경제보상금의 2배에 상당하는 징벌적 성격의 경제배상금을 지급하도록 하는 엄중한 법률적 책임을 묻고 있다. 한국과 달리 중국은 노동자가 승소할 경우 복직신청 또는 경제배상금 수령의 선택권을 부여하고 있다. 전직이 비교적 자유롭고 노조활동이 미약한 중국에서는 대부분의 노동자가 복직보다는 경제배상금을 선택하고 있다. 다만, 경제보상금 상한액(당지 사회평균임금의 3배)의 적용을 받는 고임금자는 자신의 이익극대화를 위해서 고의적으로 복직을 요구한 후에 회사 측에 더 많은 보상을 요구하는 경우도 종종 발생하고 있다.

노동자들의 학력 수준이 높아지고 또한 인터넷상의 정보 공유가 쉽고 빠르기 때문에 노동자의 권리의식은 나날이 높아져 가고 있다. 요즘에는 노동자들이 이러한 징벌성 법조항을 자의적으로 해석하여 회사가 권고사직을 제의하면 강제해고라며 대뜸 경제배상금을 달라고 요구하는 경우를 흔히 본다. 그러나, 이는 단순히 협상해제의 제의에 불과하기 때문에 노동자가 이를 기회로 2배의 경제보상금을 요구하는 것은 법적 근거가 전혀 없다. 문제는 예기치 않던 노동자의 경제배상금 요구에 직면하여 협상이 수렁에 빠질 때이다. 이때 노동자는 이미 마음이 떠난 상태이므로 업무태만이나 잔업거부 등 준법의 테두리 안에서 회사를 압박하고 나설 수 있다. 따라서 회사는 이런 경우를 대비해서 권고사직 제기 전에 압박용 협상카드를 준비하는 것이 필요하다. 예를 들어, 법정 경제보상금에다 협상촉진용으로 플러스 알파를 제시하는 카드라든지 또는 고과불합격 자료에 입각한 강제직무조정이나 인사과 대기발령 등의 압력 방안을 사전에 준비할 필요가 있다.

# [4] 경제보상금의 3대 유형

경제보상금에는 N, N + 1, 2N의 3종류 계산법이 있다.

첫째, N은 회사 사정으로 고용종료 시 지급기준이다. 대부분의 경우 경제보상금은 N이다. N은 직원이 회사에서 근무한 연도의 수(근속연수)를 의미하며, 이때 6개월 미만은 0.5개월로 하고 6개월~1년은 1개월로 계산한다.

둘째, N + 1은 노동자의 비과실 사유 해고 시 지급기준이다. N은 근속연수이고 1은 통지대체금(代通知金)으로, 30일 전에 해고에 대한 예고통지를 하지 않을 경우에 지급해야 하는 1개월분 임금을 의미한다. 〈노동계약법〉 제40조에 따라 노동자의 과실이 아닌 사유로 해고할 경우에 해당하는 ① 질병, ② 직무 무능력, ③ 객관적 상황의 중대변화인 3대 원인으로 회사가 계약을 일방해제할 때, 회사는 30일 전 예고통지를 하든지 아니면 1개월분 급여를 지급하든지 둘 중에 하나를 선택할 수 있다. 이 경우 어차피 회사에 한 달 더 있어 보아야 정상 근무를 기대할 수 없으므로 1개월분 급여를 지급하는 것이 보편적인 관행으로 굳어졌다. 상기 3가지 원인의 계약해제가 아닌데도 노동자가 고의든 무지든 간에 1개월분의 통지대체금을 요구하는 경우가 비일비재하다. 이러한 요구는 전혀 법적 근거가 없으므로 회사는 수용할 하등의 이유가 없다.

셋째, 2N은 회사의 위법해고 시 징벌성 지급기준이다. 2N은 2배의 경제보상금을 의미하며 법률적 용어로 정확히 말하자면 경제배상금(經濟賠償金)이다. 〈노동계약법〉 제87조는 회사가 위법해제할 경우, 경제보상금의 2배에 해당하는 금액을 경제배상금으로 지급하도록 규정하고 있다. 이 경우 노동자에게는 2가지 선택권이 주어지는데 ① 경제배상금 수령 ② 복직요구가 그것이다. 의료기 내에 있는 병자나 임신, 출산, 육아의 3기 여직원의 경우에는 복직을 선택하는 경우가 많지만 그 외에는 2N을 선택하는 것이 일반적이다.

## [5] 경제보상금의 계산 방법

경제보상금의 계산방법에 대해서는 〈노동계약법〉 제47조[14]에서 명확하게 규정하고 있다. 결론적으로 경제보상금은 아래의 공식으로 계산되며, 2가지 변수에 따라 그 금액이 결정되므로 각각 매우 중요한 의미를 가진다.

**경제보상금 = 계산기수(12개월 월평균임금) × 근속연수**

---

14) 〈노동계약법〉 제47조(경제보상금의 지급기준)

경제보상은 노동자의 당해 기업에서 근무한 연수에 따라 1년마다 1개월 임금을 지급하는 기준으로 지급된다. 6개월 이상 1년 미만인 경우 1년으로 계산하고, 6개월 미만인 경우 노동자에게 반월 임금의 경제보상금을 지급한다.

노동자의 월임금이 기업 소재지의 직할시, 구를 설치한 시급 인민정부가 공포한 전년도 직공월평균임금의 3배 이상인 경우, 이에 대한 경제보상금 지급기준은 직공월평균임금의 3배 금액에 따라 지급되며, 경제보상금을 지급하는 연수는 최대 12년을 초과하지 않는다. 본 조의 월임금은 노동계약 해제되거나 또는 종료되기 前 노동자의 12개월 평균임금을 지칭한다.

## 1. 경제보상금의 계산기수는 12개월 평균임금

계약해제 또는 종료 직전 12개월의 월평균임금을 의미한다. 이는 동 12개월간 노동자의 임금명세서에 찍힌 모든 세전 임금항목의 합을 12로 나눈 것이다. 근무기간이 12개월이 안 된 경우에는 실제 근무한 개월 수로 나누어 계산한다.

## 2. 경제보상금 계산기수는 세전임금

2008년 9월에 공포된 〈노동계약법실시조례〉에는 경제보상의 월임금은 노동자의 세전(稅前)임금을 기준으로 계산해야 한다는 점을 분명히 하고 있다. 노동자의 매월 세전임금은 개인소득세, 개인부담 사회보험료와 주방공적금을 차감하기 이전의 임금을 의미하고, 이들을 차감한 후 직원이 실제 받는 임금은 세후임금이다. 회사가 원천징수하여 대납하는 사회보험료, 주방공적금, 개인소득세는 모두 개인의 노동소득의 구성 부문이며, 회사는 단지 원천징수와 대리납부의 의무를 수행할 뿐이다. 따라서 차감된 부분은 실질적으로는 노동자의 임금이며, 이러한 차감금액은 노동자의 임금성 수입에 산입되어야 하므로 경제보상금의 기수는 당연히 세전이 되어야 한다.

이와 관련하여 〈노동계약법실시조례〉 제27조에는 다음과 같이 규정하고 있다. "〈노동계약법〉 제47조에 규정된 경제보상에 관계되는 월임금은 노동자가 취득해야 할 임금에 따라 계산하며, 여기에는 시간제 계산임금 혹은 작업량제 계산임금 및 상여, 수당 및 보조금 등 화폐성 수입이 포함된다. … 중략 … 노동자의 근무기간이 12개월 미만인 경우 실제 근무한 개월 수에 따라 평균임금을 계산한다."

## 3. 경제보상금 계산기수에 잔업비 포함 여부는 지역별로 상이

다수지역(북경, 광동성 등 절대다수의 지역)에서는 계산기수에 잔업비가 포함된다. 예외적으로 소수지역(상해시가 전국에서 유일)에서 계산기수에 정상근무 상황하의 임금만이 포함되는데, 잔업비는 정상근무 상황하의 임금이 아니므로 포함되지 않는다.

계산기수에 특이한 방법을 적용하는 상해시의 지방성 사법기준을 보면 상해시 법원은 전국에서 유일하게 '잔업비는 정상임금소득이 아니므로 경제보상금 계산에서 공제 가능하다.'는 지방성 사법해석을 내렸다. 그 근거는 〈상해시 고급인민법원 민사법률 적용문답(2013년 제1기)-경제보상금 계산기수〉이다.

## 4. 고임금자에 대한 경제보상금 상한 규정

고임금자들의 과도한 경제보상금 수령을 억제하기 위해 노동계약법은 고임금자에 대해서 계산기수의 상한선과 근속연수의 상한선을 두고 있다. 여기서 고임금자라 함은 '당해 도시의 전년도 사회평균임금의 3배 이상을 수령하는 자'를 말한다.

고임금자에게 적용되는 계산기수의 상한은 '당해 도시의 전년도 사회평균 월임금의 3배'이다. 예를 들어 상해시의 경우, 2021년 사회평균 월임금이 11,396위안이므로 3배는 34,188위안이고 2022년에 퇴직하는 고임금자에게는 이 금액이 경제보상금을 계산하는 기수의 상한선이 되므로 본인의 월급이 이를 초과하더라도 이 금액으로 계산한다. 그리고 근속연수의 상한은 '실제 근속연수와 상관없이 무조건 12년'으로 설정한다.

임금이 당지 사회평균임금의 3배를 넘는 순간 계산기수가 3배로 동결되고 근속연수도 12년으로 제한된다. 이 때문에 사회평균임금 3배라는 임계점에 달하게 되면 경제보상금은 오히려 줄어들게 되는 현상이 발생하게 된다.

## 5. 직전 12개월의 평균임금에 산입되는 기간

중국 기업들은 대부분 매월 성과급을 업적과 근무자세에 연동하여 상하로 변동 지급하고 있으며, 그 비율은 총임금의 20~30%에 달하는 경우가 보편적이다. 회사 문을 닫게 될 때 이미 경영악화로 성과급을 거의 받지 못하는 기간이 선행되기 때문에 경제보상금 계산기수가 하락하기 마련이다. 그렇다면, 조업정지, 장기병가, 대기발령 등 특별한 사유로 인해 임금이 줄어드는 경우에 동 기간은 경제보상금의 계산기수가 되는 직전 12개월에 포함되는가에 대한 의문이 생길 수 있다.

**첫째, 조업정지 기간은 불포함이다.**

경제보상금의 기준이 되는 월평균임금은 조업정지 기간, 즉, 비정상적인 생산상황을 제외한 직전 12개월의 정상임금을 기준으로 산정한다. 따라서 조업정지 기간의 생활비 성격의 임금(최저임금의 70~80%)은 경제보상금 산출기간인 직전 12개월에 포함되지 않는다.

**둘째, 병가기간에 대해서는 주류의 의견은 포함하는 것이다.**

병가기간을 직전 12개월에 포함하는지 여부는 법률에 명확하지 않다. 그러나, 병가임금도 임금에 속하며, 병가는 기업이 아닌 개인에 기인한 것이므로 병가기간을 제외할 필요가 없다는 것이 주류 의견으로 이루어지고 있다. 중국에서 병가임금은 지역에 따라 상이하지만, 정상급여보다 상당히 낮으므로 장기병가자의 경우 퇴직시점에 경제보상금 총액의 감소로 연결될 수 있다.

**셋째, 대기발령 기간은 포함이다.**

대기발령으로 직무수당 등 일부 수당이나 성과급이 지급 정지되어 임금이 감소하더라도 동 기간은 정상적인 근무기간이므로 직전 12개월에서 배제되지 않는다.

## 6. 경제보상금 계산기수 감소를 합의해제 압박 카드로 사용

노동계약법의 발효에 따라 노동자에 대한 해고 규제가 대폭 강화되어 잘못 해고했다가는 패소 리스크에 직면하는 위험성이 높아졌다. 이에 따라 중국 기업들은 속속 임금을 분할하는 복합형 임금구조를 만들어서 문제 직원들에 대해 직무조정이나 대기발령 등을 통해 직무수당과 성과급을 줄이거나 지급하지 않는 식으로 인력의 자연도태를 도모하는 인사관리를 진행하는 경우가 적지 않다.

고과불합격이나 중대한 기율위반 등 충분한 근거가 존재하면 대기발령 또는 직무조정 방식의 강등이나 강급 등을 통해서 임금을 낮추면 계산기수의 하락으로 경제보상금 수령액이 줄어들기 때문에 사측의 협상해제에 응할 가능성이 높아질 수 있다. 실제로 모 한국 공장은 사내에 교육센터를 만들어 문제 노동자들을 배치하는 방식으로 잔업 불안배, 각종 수당 불지급 등을 통해서 전체 임금수준을 낮추어 결국 노동자들로 하여금 경제보상금 조건의 협상해제에 응하도록 압력을 가한 사례가 있다.

## [6] 기업경영과 경제보상금 문제

### 1. 경제보상금은 숨겨진 부채

우리나라의 퇴직금은 근로관계의 존속기간 중에 적립해 두었던 임금을 퇴직 시에 사후적으로 지급하는 후불임금의 성격이나, 중국의 퇴직금은 종업원의 非자발적인 퇴직에 대한 보상금의 성격이다. 그리고 우리나라의 퇴직금은 관련 법규에 의하여 매 회계기간 말에 지급의무가 확정되나, 중국의 경제보상금은 특정 시점을 기준으로 그 지급의무를 추정할 수 없으므로 회계상으로 퇴직급여충당부채를 쌓지 않는다.

이러한 경제보상금은 중국 현지법인으로서는 일종의 부채이나, 그 지급여부가 확정된 것이 아니기 때문에 이러한 보이지 않는 부채를 평상시 간과하여 경영관리를 하는 경우가 흔하다. 그러다가 사업환경의 악화로 철수할 시점에 이를 때는 이미 경제보상금을 지급할 여력이 없는 경우가 많다. 바로 이러한 연유로 중국에서 한국 중소기업들의 야반도주 현상이 빈번히 발생하고 있는 것이다.

참고로, 회계처리의 관점에서 보면, 경제보상금은 해당 의무가 특정 시점에 존재하지 않을 뿐만 아니라 특정 노동자가 경제보상금을 지급해야 하는 상황에 해당하는지 여부에 대하여 합리적으로 추정하여 측정하기 어려우므로 회계상 부채로 인식하지 아니한다. 한국의 퇴직급여는 회계상 부채로 간주되어 결산시 부채성충당금으로 인식되어야 하나, 중국의 경제보상금은 회계상 부채의 요건을 충족하지 않는다. 따라서 실제로 경제보상금 지급 시 비용으로 회계처리하는 것이 원칙이다.

그리고 세무처리의 관점에서 보면, 우리나라는 퇴직금 추계액의 일정 비율에 상당하는 금액을 세무상 비용으로 인정하지만, 중국은 실제 경제보상금을 지급할 때 비로소 세무상의 비용으로 인정된다. 경제보상금 지급 시 직원에 대한 급여로 간주되어 세무상 비용으로 인정하며, 회사는 원천징수 의무가 있다. 〈개인소득세법〉상 법정 상한금액(전년도 연간사회평균임금의 3배와 최장 12년)까지는 면세이고, 법정 상한금액의 초과 부분도 12로 나누어 개인소득세율을 적용하므로 세금부담은 경미하다고 할 수 있다.

## 2. 사업 철수 시 경제보상금 문제는 가장 큰 걸림돌

요즘 중국의 경기 불황이 심각하다. 회사의 경영실적이 악화되면 과잉 인원에 대해 감원이 불가피하다. 잔업을 안배하지 않아 급여수입이 대폭 줄어들면 입사한 지 얼마 안 된 젊은 직원들은 자리를 박차고 나가지만, 오래되고 고연령 직원들은 나갈 생각을 하지 않는다. 중국 사회도 이제 경제발전 속도가 대폭 저하되고, 회사마다 인력감원이나 자동화에 열심이어서 40줄에 들어서면 특별한 기술이 없는 한 재취업은 하늘의 별 따기가 되어가고 있다. 또한 대략 3~5년 이상 근무한 노동자들은 경제보상금액이 상당하기 때문에 그걸 쉽게 포기하고 나가려 하지 않는다. 만일, 회사에서 감사하게 강제해고조치를 취해 준다면 경제보상금의 2배의 목돈을 버는 좋은 기회도 챙길 수 있다.

수년 전에, 광동성에 있는 한국계 봉제완구 공장과 전화상 교류를 한 적 있다. 이 공장은 인사제도가 부실하지만 노동쟁의가 거의 없다는 것이다. 이상하게 생각되어 물어보았더니 대부분이 외지인력이고, 1년 기한 노동계약을 계속 반복 체결하는데 단, 매1년 계약이 끝날 때마다 경제보상금을 정산해 주어 노사 쌍방간에 뒤끝이 남게 하지 않는다는 것이다. 경제보상금 받고 춘절 무렵에 귀성하고 돌아올 수도 있고 딴 직장으로 떠날 수도 있다. 회사에 대해 경제보상금이라는 미련이 없기 때문이다. 그렇지만, 법적 요건을 충족해야 경제보상금을 지급하는 대다수의 기업에서는 감원이나 인력을 내보낼 때마다 노동자와 회사 간에는 기 싸움이 벌어진다. 오래 근무할수록 거액의 경제보상금이 머릿속에 맴돌기에 회사에 불만이 있어도 전직하지 않고 회사가 짤라 주기를 목 빼놓고 기다리는 노동자도 존재한다.

경제보상금 중간정산제로 이런 악순환을 어느 정도 방지할 수 있지 않을까? 광동성 봉제공장의 사장은 본능적으로 그 비결을 알고 있는 듯하다. 물론, 외지인력이 대부분인 그 업종의 특성상 가능한 것이다. 한국처럼 퇴직금적립 및 손금처리가 안 된 중국에서 미래의 부채나 다름없는 경제보상금 부담을 생각하지 못하고 경영이 좋을 때는 인원수를 마구 불려 가다가 불황에 직면하면 경제보상금 부담에 내보내지도 못하고 진퇴양난의 난감한 상황에 처하는 사례가 부지기수이다.

현지법인 철수가 불가피하지만 회사 경영이나 자금사정에 여유가 있는 경우에, 우선 숫자가 많은 공인부터 잔업을 안배하지 않아 수입을 감소시키는 방식으로 서서히 자원사직하도록 하고, 사무관리직은 임금동결, 개별 협상해제, 심지어 조업정지 선포(이 경우 최저임금의 70~80%만 지급)등 수위를 단계적으로 상승시키는 방식으로 서서히 인력을 줄여 나가며 진행하는 것이 인원정리 전략이라고 할 수 있다.

# [7] 한국 관리자의 흔한 착각

## 1. 업무 무능력 등 노동자 측 원인에 따른 해고 시에는 경제보상금을 지급할 필요가 없다?

해고사유에는 노동자 과실 사유와 노동자 비과실 사유 2가지가 있다. 과실 사유는 중대한 기율위반, 입사 시 학력이나 경력 등의 위조, 형사처벌 등이고, 비과실 사유는 질병, 업무 무능력, 객관적 상황의 중대한 변화와 같은 노동자의 잘못에서 비롯된 게 아닌 것을 의미한다.

따라서, 〈노동계약법〉은 그 둘의 사유를 명확히 구분하여 노동자 과실 사유 시는 경제보상금 지급 불필요, 비과실 사유 시는 경제보상금 지급 필요(여기에 1개월 사전통지 대체금 플러스)를 규정해 놓고 있다. 그런데, 비과실 사유라고 해도 업무 무능력의 입증책임이 사측에 있고, 또한 해고 전에 직무조정 또는 교육안배의 절차를 거치도록 법에 규정되어 있기 때문에 업무 무능력(고과불합격) 직원의 경우 장시간이 소요되고 노동소송으로 연결될 수 있는 법정 해고절차를 밟느니 압박카드(강제 직무조정과 감봉 등)을 가지고 면담협상을 통해 경제보상금을 지급하는 조건으로 합의해제하는 경우가 일반적이다.

## 2. 노동계약 해제 시 경제보상금의 상한은 12개월 임금이다?

이러한 오해가 잘 생기는 이유는 2008년 〈노동계약법〉이 공포되면서

〈노동법〉과 〈노동계약법〉의 2가지 법률이 경제보상금에 대해 2008년 1월 1일을 분기점으로 하여 그전에는 〈노동법〉이 적용되고 그 후는 〈노동계약법〉의 규정이 각각 적용되고 있기 때문이다.

2008년 〈노동계약법〉은 계층 간의 수입격차를 억제하기 위해서 고임금자에 대한 경제보상금 지급액의 한도 규정을 신설했다. 소재 도시 월사회평균임금의 3배 이상을 받는 고임금자의 경우 몇 년을 근속했건 12개월 상한제가 적용되고, 또한 계산기수에도 3배의 상한액이 적용된다. 예를 들어, 사회평균임금이 6,000위안인 도시의 경우에 18,000위안이 고임금자의 분류기준이 되므로 그 이하 임금을 수령하는 일반 노동자에게는 12개월 경제보상금 상한제가 적용되지 않는다.

### 3. 경제보상금만 주면 언제든 협상해제가 가능하다?

경영환경이 변하거나 또는 직무 자체가 없어지거나, 직원 자질에 문제가 있어 계약 만기 전에 노동자와 합의하여 계약을 조기 해제하는 경우가 노동현장에서는 빈번히 발생한다. 2008년 〈노동계약법〉 시행 이래 무고정계약의 도래를 지연시키기 위해 통상적으로 3년 정도의 비교적 긴 노동계약을 처음부터 체결하다 보니 도중에 상황 변화로 고용종료가 불가피한 일이 흔하게 발생하고 있다.

제1차 고정계약의 경우는 협상해제로 내보내기가 비교적 쉽다. 근속기한도 짧고, 어차피 만기 때 회사가 갱신 체결하지 않으면 이직할 수밖에 없으므로 회사가 경제보상금을 제시하면 합의하고 조기 이직하는 직원이 대부분이다. 그러나, 이미 제2차 고정계약 중이라든지, 특히 무고정 계약자의 경우 협상타결이 쉽지가 않다. N + 몇 개월, 심지어 강제해제라고 주장하며 2N까지 요구하는 경우가 비일비재하다.

최근 들어, 노동자들의 권리의식이 한층 고양되어 협상해제를 하려면 대뜸 2N을 요구하고 나서는 경우를 자주 접한다. 위법해고도 하지 않은 시점에 일방해고를 전제로 2배를 요구하는 것은 법적근거가 전혀 없다. 단, 회사에 오래 근무한 무고정계약자의 경우 연령상 재취업의 기회가 적고 법적으로 정년퇴직까지 보장된 상태이기 때문에 회사는 N에서 2N 사이의 중간 지점을 목표로 협상을 추진할 수밖에 없을 것이다.

협상해제가 필요할 때, 특히 어느 정도 근속연수가 있는 직원의 경우에 먼저 협상에 필요한 카드를 만들어 놓은 후 협상을 임하는 것이 필요하다. 합리적인 설득 근거(불량한 고과결과, 회사 사업 및 조직개편 등)와 불응 시의 압박방안(직무조정, 대기발령 등)을 사전에 준비하여 법정 경제보상금 + 알파 정도로 정리하는 것이 중국에서 가장 보편적인 방식이고, 또 가장 뒤탈이 없는 노동관계 종료방식이다.

어떤 한국계 기업들은 잉여인력 또는 불량직원을 빨리 내보내기 위해 통 크게 2N을 주고 신속히 정리하기도 한다. 그러나, 그렇게 할 경우 나쁜 선례가 되어 다른 직원들도 법정수준 이상의 과도한 보상을 요구하는 악순환이 발생할 수 있기 때문에 어떻게든 끈질긴 협상을 통해 법정 경제보상금에 약간의 위로금을 얹어 주는 방식으로 마무리 짓는 것이 바람직하다.

## 4. 경제보상금 2배만 주면 언제든 해고할 수 있다?

노동자를 위법해고 시 경제보상금의 2배, 즉 경제배상금을 주는 페널티가 존재하니 회사 내에서 골머리를 앓는 직원의 경우 단칼에 목 치듯이 해고해 버리고 노동중재에서 경제보상금 2배로 합의해 버리면 되지 않겠냐고 간단하게 생각하는 관리자들이 적지 않다.

물론 그러한 생각이 틀린 것은 아니지만, 하나 간과하고 있는 리스크가 존재한다. 법정에서 위법해고로 판정이 되면 노동자에게는 2개의 선택권이 주어진다. ① 노동계약의 계속 이행요구(즉, 복직), ② 경제배상금 지급요구이다. 위법해고의 상황까지 오게 되는 경우, 이미 노사 간에 돌이킬 수 없는 갈등과 충돌상황이 발생하여 더 이상 노동관계를 지속할 수 없는 상태에 이른 것은 자명한 사실이며, 노동자 역시 체면 문제도 있고 더 이상 그 회사에서 커리어 발전을 기대할 수 없기 때문에 대부분은 경제배상금을 선택한다. 그러나, 일부 영리한 노동자들은 더 큰 경제적 이익을 취하기 위해 고의적으로 경제배상금 대신 복직을 요구하기도 한다. 일부의 노동자는 경제배상금을 포기하고 노동계약의 계속 이행을 요구하는 사례도 발생하고 있다.

특히, 아래와 같은 상황의 직원의 경우 최근에 고의적으로 복직을 요구하는 사례가 종종 발생한다. 첫째는 본인의 임금이 당지 사회평균임금의 3배를 훨씬 초과하여, 경제보상금 상한인 사회평균임금의 3배밖에 못 받고 경제배상금도 그것의 2배에 그치므로 고의적으로 복직을 요구하면서 회사로 하여금 더욱 많은 금액의 보상금을 받아 내려는 경우가 있다. 그리고 둘째는 여성 3기라서 영아가 만1세가 될 때까지 고용보장이 되므로 복직하는 편이 훨씬 유리한 경우이다.

최근 상해의 한국 기업에서 경영악화에 따른 사업축소로 월급 5만 위안의 고임금 영업총감을 해고조치했다. 경제보상금의 상한선이 당지 월 사회평균임금의 3배이니 상해의 경우 월 2만 위안 기준으로 경제배상금을 주고 내보내려 한 것이다. 그런데, 직원은 법정에서 복직을 요구했다. 복직판결을 받아 소송기간 중 밀린 임금을 받고 거기에 추가하여 회사와 다시 퇴직 조건으로 5만 위안 기준 경제배상금을 받아 내는 협상을 하겠다는 의도이다. 다행히 변호사를 잘 선임하여 복직이 불가능한 현실을 뒷받침하는 상세한 자료를 제출하여 2만 위안 기준 경제배상금 + 알파를 주고 합의로 결말지은 바 있다.

복직은 사실상 이혼을 한 부부를 다시 한집에 살라는 것과 마찬가지이기 때문에 법관들도 복직 판결 내리는 것을 가급적 피하고 싶어한다. 또 다른 소송을 유발시키는 것이기 때문이다. 그러나 〈노동계약법〉에 노동자의 권리로 명시된 법조항을 위반하면서까지 판결을 내릴 수는 없는 일이다.

그렇다면, 회사가 충분하고 확실한 해고사유와 증거가 없는 상태에서 일방적으로 해고조치를 취할 경우 직원의 복직을 막기 위해서 취해야 할 수단은 무엇이 있을까?

(1) 해고시킨 직원의 자리에 신속히 다른 직원을 배치하여 현실적으로 복직의 가능성을 봉쇄한다.

(2) 노동소송 과정에서 직원이 복직을 요구할 경우, 여러 이유를 들어 단호하게 복직이 현실적으로 불가능함을 주장하고, 복직판결을 집행할 수 없는 상태임을 강조한다.

(3) 3기 여직원, 무고정계약자, 공상 혹은 질병으로 의료기에 있는 노동자의 경우에 다른 직장에 재취업보다는 복직을 요구하고 나설 가능성이 높기 때문에 해고 결정 시 신중을 기하는 것이 필요하다.

(4) 사회월평균임금의 3배가 넘는 임금을 받는 고위직의 경우에 고의적으로 복직을 요구할 수 있다는 점을 감안하여, 조급한 해고조치보다는 사전에 변호사의 도움을 받아 복직이 불가능한 증거(예를 들어 동사회의 조직개편결의서, 구조조정 회의록) 등을 마련해 놓은 후 해고를 실시하는 것이 바람직하다.

## [8] 경제보상금에 대한 세금

직원이 회사와 노동관계를 종료하고 받는 일시적 보상수입의 개인소득세 면제통지(재세[2001]157호)에 따르면 직원이 취득한 경제보상금은 직전연도의 소재지 직원평균연간임금의 3배 이내의 부분에 대해서 개인소득세를 면제하고 초과부분에 대해 아래 공식에 따라 세금을 납부한다.

**[{(경제보상금 - 직전연도 소재지 직원평균연간임금의 3배) ÷ 근속연수 - 기초공제액} × 세율 - 속산계수] × 근속연수**

면세한도액을 초과하는 부분에 대한 개인소득세의 계산방법은 다음 순서에 따른다.

[Step 1] 면세소득을 계산한다. 면세소득은 당해 지역의 직전 년도 직원평균연간임금의 3배이다.

[Step 2] 과세표준을 계산한다. 과세표준은 경제보상금 수령액에서 개인부담으로 납부한 사회보험료, 주택공적금 및 [Step 1]의 면세소득을 뺀 과세대상금액을 근속연수로 나눈 금액이다. 경제보상금은 근무기간에 비례하여 지급되므로 수개월 분의 임금을 1회에 취득한 것으로 간주하여 근속연수로 나누어서 계산한다.

[Step 3] 개인소득세를 계산한다. 근속연수로 나누어서 과세표준을 계산한 후 그 금액에 해당하는 세율과 속산공제금액을 찾아서 세액을 계산한 후 다시 근속연수를 곱하여 계산한다.

예를 들어 중국 기업 소재지역의 2022년도 직원평균연간임금이 6만 위안이고, 근속연수 4년 만에 회사사정으로 2023년 노동계약이 해제되어 경제보상금 30만 위안을 지급한 경우 개인소득세는 다음과 같이 계산한다.

　[Step1] 면세소득 = 60,000 × 3 = 180,000

　[Step2] 과세표준 = (300,000 − 180,000) ÷ 4 − 5,000 = 25,000

　[Step3] 개인소득세 = (25,000 × 20% − 1,410) × 4 = 14,360

경제보상금에 대한 개인소득세는 경제보상금을 지급하는 회사가 원천징수해야 하며, 그렇지 않으면 미납부한 세금을 회사가 대신 납부해야 함은 물론 미납부한 금액의 50%~300%의 벌금과 1일 5/10,000에 해당하는 체납금(가산금)도 발생하므로 직원을 내보낼 때 경제보상금에 대한 원천징수를 주의해야 한다.

## 제5장

# 특수인원의 정리

직원 전체와 노동관계를 정리하다 보면 직원 개인별 상황에 따라서 특수한 상황에 처해 있는 직원의 정리문제도 발생하게 마련이다. 특히, 해고에 대해서 법적인 보호를 받는 사회적 약자에 대한 노동관계 정리는 매우 민감하면서도 회사의 청산에 있어 중요한 사항이다. 여기서는 법적으로 해고에 대해서 보호를 받고 있는 직원과의 노동관계를 어떻게 정리할 것인지에 대해서 알아본다.

## [1] 해고 불가 직원

직업병 관찰기간 중에 있는 직원이나 임신, 출산 및 수유기간 중에 있는 직원 등 특수한 상황에 처해 있는 직원은 정리해고할 수 없는 법적인 제약이 있다. 즉, 〈노동계약법〉 42조[15]에 열거된 직원과는 '노동자의 비

---

15) 〈노동계약법〉 제42조(해고불가)
    노동자에게 아래에 열거된 사유의 하나가 있는 경우, 사용자는 본 법의 제40조(사용자의 해고요건)와 제41조(정리해고)의 규정에 따라 노동계약을 해제할 수 없다.

과실성 사유에 근거한 사용자의 해고요건'이나 '정리해고'의 방식으로 노동계약을 종료할 수 없다. 따라서 기본적인 생각은 노동관계 종료일 이후 직업병이나 수유기간이 끝날 때까지 기간의 보상을 지급하는 것으로 노동계약을 협상해제하는 것이다. 그러나 일부 직원만 이렇게 후하게 보상금을 지급하게 되면 다른 직원이 불만을 가질 수 있으므로 대상 직원들만 일반 직원과 분리해서 면담을 실시해야 한다.

## [2] 직업병 관련 직원

〈노동계약법〉 제42조 (1)에 따라 직업병 발생작업에 종사하는 노동자로 이직 전에 직업병 건강검사가 행해지지 않은 자 또는 직업병의 의심환자로 진단받았거나 의학관찰기간에 있는 경우 정리해고할 수 없다.

여기서 문제가 되는 것은 어디까지가 직업병인가 하는 문제이다. 구체적으로는 '직업병 건강검사'를 받게 함으로써 명확하게 할 수 있는데 이 문제를 전체 직원에게 전달하게 되면 너도나도 검사 신청에 몰리기 때문에 섣불리 진행할 수 없다. 원래 직업병이 발생할 여지가 없는 회사,

---

(1) 직업병 발생작업에 종사하고 있는 노동자로서 이직 전에 직업병 건강검사가 행해지지 않은 자 또는 직업병 의심환자로서 진단받았거나 의학관찰 기간 중에 있는 경우
(2) 당해기업에서 직업병이 생기거나 또는 업무상 사고로 부상하여 노동능력을 상실하거나 노동능력을 부분적으로 상실한 경우
(3) 병을 앓거나 업무 외 원인의 부상으로 법정 의료기간 내에 있는 경우(의료기 직원)
(4) 여성 노동자가 임신기, 출산기, 수유기에 있을 때(3기 여직원)
(5) 당해기업에서 연속근무기간이 15년 이상이고 또한 법정 정년퇴직연령까지 5년 미만인 경우(15년 + 5년)
(6) 법률, 행정법규가 규정하는 기타 경우

예를 들어 사무실 안에서 사무작업만 하는 회사인 경우 신경 쓸 필요가 없지만 해당될 가능성이 있는 직원이 있는 경우 정리해고 전에 대상 직원에게 먼저 건강검진을 받게 하는 것도 고려해 봐야 한다.

## [3] 공상직원

근무 중에 사고로 다쳐서 산업재해를 입은 직원을 중국어로는 공상(工傷)직원이라고 한다. 공상직원도 회사사정으로 정리해고를 할 때 일정한 제한이 있다. 장애등급이 1~4급인 직원은 회사사정으로 해고하지 못하고, 5~10급의 직원은 본인의 동의가 있으면 해고할 수 있다. 그러나 산재직원에 대한 처리는 각 성마다 지방법규로서의 공상보험조례가 있는 경우가 많으므로 일단 전국적인 통일 규정인 공상보험조례의 내용을 숙지한 후 지방법규도 함께 따져 봐야 한다.

회사를 청산하기 위해서는 공상직원과도 노동관계를 종료해야 한다. 문제는 공상배상금은 공상으로 인정되어 장애등급감정이 나와야 하기 때문에 이들 절차가 완료될 때까지 많은 시간이 소요된다는 점이다. 따라서 공상직원과 노동관계를 조기에 종료하고자 하는 경우 장애등급감정결과가 나온 공상직원은 바로 시행이 가능하나 아직 치료 중에 있는 공상직원에 대해서는 시행하기가 곤란하다. 왜냐하면 대부분의 공상배상금액을 부담하는 공상보험기금은 공상직원의 장애등급이 확정되기 전에는 배상금을 지급하지 않기 때문이며, 이를 기다리지 않고 회사가 노동관계를 종료하는 경우 회사는 공상보험의 배상액까지 떠맡아서 지급해야 하므로 거액의 비용을 부담하게 되기 때문이다.

따라서 공상직원과의 노동계약 종료는 여러 상황을 종합해서 판단해야 하며, 다음과 같은 기준을 참고하여 대응해 갈 수 있을 것이다. 첫째, 공상직원의 부상이 경미하고 장애등급판정을 받을 가능성이 매우 낮은 경우 소액의 보상금을 추가하는 조건으로 협상해제를 추진한다. 둘째, 공상직원의 부상이 그리 중하지 않고, 노동능력감정을 하더라도 9급~10급 정도일 경우 회사가 청산을 빨리 진행해야 한다면 공상배상금을 전액 회사가 부담하고 노동관계를 종료할 수 있다. 셋째, 부상의 상황이 심각한 경우 공상배상금이 매우 크기 때문에 회사가 공상배상금을 모두 부담하는 것이 어려울 것이다. 이 경우 당해 직원의 장애등급감정 결과가 나오고 이를 근거로 공상보험기금으로부터 배상금을 받은 후에 노동계약을 종료시킬 수밖에 없다. 또는 중국 내에 관계회사가 있는 경우 당해 직원을 전근시켜서 시간을 가지고 장애등급감정절차를 밟아서 공상배상금을 공상보험기금으로부터 받은 후에 노동관계를 종료한다.

## [4] 장기 병가 중인 직원

장기간 병가 중에 있는 직원과의 노동계약을 종료할 경우 법률상으로는 특별한 보상을 해 줘야 한다는 규정은 없다. 그러나 해당 직원은 의료기간 중의 노동계약해제라고 주장해서 의료보조비 또는 이와 유사한 특별보상을 지불할 것을 요구할 수 있다. 장기병가 중인 직원이 특별보상을 요구하는 경우 다음 사항에 주의하면서 협상을 추진하면 좋을 것이다.

첫째, 원칙적으로는 의료보조비나 기타의 특별보상을 지불하지 않아도 된다. 왜냐하면 이것은 법에서 규정한 의무사항이 아니며, 또한 어느 특정인에게 특별보상을 해 줄 경우 다른 직원들도 병가증을 끊어 와서 특별보상을 요구하는 연쇄반응이 발생할 수 있기 때문이다. 둘째, 중대한 질병이나 불치병을 앓고 있는 것이 확실한 직원에게만 특별보상을 적절히 해 주는 것을 검토한다. 다만, 이 경우 중대한 질병이나 불치병과 관련된 증명서류를 제출하도록 요구해야 한다.

## [5] 임신기, 출산기 및 수유기의 직원

중국에서 임신한 여직원에 대한 법적 보호는 매우 강력해서 임신 사실이 판명된 날짜로부터 영아가 만 1세가 될 때까지 총 약 1년 10개월간 질병으로 인한 근무불가능, 직무부적임, 객관적인 상황의 중대한 변화 발생 및 정리해고 등과 같은 직원의 무과실 사유를 근거로 3기 중에 있는 여직원과의 노동계약을 해제할 수 없다. 다만, 3기 중에 있는 여직원이라도 시용기간 중에 채용조건에 적합하지 않는 경우, 사용자의 취업규칙에 중대하게 위반한 경우 및 직무과실이나 부정행위를 해서 회사에 중대한 손해를 초래한 경우 해고할 수 있다.

여기서 3기는 임신기, 출산기 및 수유기 등 3개의 기간을 말하는데, '임신기'는 임신일로부터 출산일까지이며, '출산기'는 출산일로부터 83일간, 그리고 '수유기'는 출산일로부터 영아가 만1세에 이르는 날까지를 말한다. 출산휴가기간은 총 98일이고 이 중에서 출산예정일 전에 15일을 줘야 하므로 출산휴가기간은 출산예정일 15일 전부터 출산일 이후 83일이 되는 것이다. 출산휴가기간 중에는 출산보험(生育保險) 가입자의 경우 출산보험기금에서 출산보험금이 지급되며, 기업은 이 기간 중에는 임금을 지급할 필요가 없다. 그러나 출산보험에 가입하지 않은 여직원의 경우 출산 전 임금을 기준으로 회사가 부담해야 한다. 수유기는 출산일로부터 영아가 만 1세가 될 때까지를 말하는데, 이 기간 중에는 매일 1시간의 수유시간을 제공해야 한다. 대부분의 회사의 경우 매일 1시간 늦게 출근하거나 1시간 일찍 퇴근하는 방법을 선택한다.

　사업 철수를 계획하고 있는 회사의 경우 3기 중에 있는 여직원과의 노동계약을 어떻게 정리해야 할까? 회사가 청산을 결의한 경우 노동계약의 주체가 소멸되기 때문에 3기 여직원과도 노동관계를 종료할 수 있는 권리가 있다. 그러나 3기 여직원의 경우 법률적으로 특별한 대우가 보장되기 때문에 경제보상금을 지급하는 정도로는 수용하지 않을 것이고, 최대치로서 해고시점부터 태어나는 아이가 만 1세가 될 때까지의 기간 동안 월급을 일시불로 달라고 할 가능성이 높다. 3기 여직원이 특별보상을 주장하는 상황에서 해당 지역에 이와 관련한 보상규정이나 지방규정 등이 없는 경우 아래와 같이 단계별로 제안해서 협상을 추진해 볼 수 있다. 그러나 3기 여직원이 회사가 제시하는 보상기준을 훨씬 초과하는 보상을 계속 요구할 경우 받아들이지 않고 계속 회사의 입장을 견지하더라도 번저으로는 문제가 될 게 없다.

[Step 1] 일반직원과 동일하게 경제보상금 + 알파

[Step 2] 경제보상금 + 알파 + 출산휴가기간 3개월간의 월급

[Step 3] 경제보상금 + 알파 + 출산휴가기간 3개월간의 월급 + 출산휴
　　　　가기간이 종료될 때까지 출산보험금을 탈 수 있도록 노동계약
　　　　유지

위 [Step 3]이 가능한 이유는 지역에 따라서는 청산개시를 하기 위해서 전체 직원의 사회보험종료증명을 요구하지 않는 지역도 있기 때문이다. 이때는 3기 여직원에게 플러스 알파로서 출산휴가기간 동안 출산보험금을 탈 수 있도록 노동계약을 유지해 주는 방법도 고려해 볼 수 있다.

## [6] 15년 + 5년인 직원

회사에서 연속근무기간이 15년 이상이고 또한 법정 정년퇴직 연령까지 5년 미만인 직원을 15년 + 5년인 직원이라고 한다. 회사가 청산을 준비하는 상황이라면 이러한 직원과도 노동계약을 종료할 수 있는 권리가 있다. 그러나 해당 직원의 입장에서는 자신이 특별한 상황이라고 생각해서 추가보상을 요구하는 경우가 많다. 이러한 특별한 상황하의 직원이 추가보상을 요구하더라도 이에 응하지 않는 것이 좋다. 추가보상을 해 주면 다른 직원들도 동일 또는 유사한 각종 이유를 대며 보상을 요구해 올 수 있기 때문이다.

만약 이러한 직원과 합의에 의해서 협상해제 방식으로 노동계약을 종료할 수 없을 경우 정리해고를 할 수 없다. 그러나 이 경우에도 〈노동계

약법〉 제44조에 의한 법정노동계약종료로 밀고 갈 것이라고 주장하고 시간을 계속 끌면서 협상해제에 대한 동의를 이끌어 내는 방법을 사용할 수 있다.

## [7] 무고정기간의 노동계약

중국에서 노동계약은 서면으로 체결하는 것이 의무화되어 있고, 고용 관계를 개시한 직원과는 일반적으로 '고정기간 노동계약'을 체결한다. 고정기간 노동계약이란 2년간 또는 3년간과 같이 기간이 정해진 노동계약을 체결한다. 노동계약의 기간과 관련해서 〈노동계약법〉에는 "근속 10년이 넘는 직원이 그 다음 노동계약을 갱신할 때 직원이 무고정기간 노동계약을 요구하면 회사는 해당 직원과 무고정기간 노동계약을 체결해야 한다."는 규정과 "2008년 〈노동계약법〉 시행 이후 3번째 노동계약을 체결하는 경우 직원의 무고정기간을 희망하는 경우 회사는 해당 직원과 무고정기간 노동계약을 체결해야 한다."라고 규정하고 있다.

무고정기간 노동계약이 체결된 경우 무엇이 달라질까? 일단 '무고정'이라는 말에 이끌려 '종신고용의 약속'이라고 착각하는 경우가 많지만 그것은 잘못된 해석이다. 그리고 무고정기간 노동계약이면 중간에 해고도 할 수 없다고 생각하는 경우도 있는데 그것 또한 잘못된 해석이다. 해고권한은 어디까지나 회사에 있으며 징계사유가 있으면 징계해고도 할 수 있다. 무고정기간이 되면 직원의 입장에서 유리한 점은 전체 직원을 정리해고할 때 해고의 우선순위에서 뒤로 밀리는 정도이다. 노동계약법

제41조에 따라 인력을 감원할 때 다음에 열거하는 인원을 우선하여 계속 고용해야 한다는 규정이 있다. (1) 당해 기업과 비교적 장기간의 고정기간 노동계약을 체결한 자, (2) 당해 기업과 무고정기간 노동계약을 체결한 자, (3) 가정에 다른 취업 인원이 없거나 부양을 필요로 하는 노인 또는 미성년자가 있는 자.

'무고정기간'이라고 하면 직원에게 뭔가 강력한 권리가 부여된 것처럼 느껴지지만 그 의미는 "만기를 정하지 않고 있다."는 의미일 뿐이어서 직원은 일단 노동계약의 갱신 시기를 신경 쓰지 않고 일할 수 있는 이점도 있지만 특별히 큰 권리나 장점이 있는 것이 아니므로 회사가 그다지 큰 부담을 느낄 필요가 없다.

고정기간과 무고정기간에 대해 좀 더 설명해 보면 만약 여러분이 한국 회사와 고용관계를 맺고 있는 월급사원이라면 여러분은 지금 근무하는 한국 회사와의 근로계약은 유기간인가 아니면 무기간인가? 평소에는 그런 것은 생각해 보지 않겠지만 많은 분들이 정년까지 고용해 줄 수 있는 무기간계약, 즉 중국의 '무고정기간 노동계약'이라고 생각할 것이다. 한국도 최근에는 파견사원이나 시간제로 하는 비정규직 형태로 고용되는 사람이 늘면서 정부에서도 가능하면 정규직으로 고용하는 방향으로 지도하고 있지만 무기간 계약의 정규직 사원을 늘리면 회사의 부담이 커지기 때문에 기간제 계약도 허용해서 일반적으로는 5년을 넘지 않는 기간제 계약을 체결하는 사례가 늘고 있다. 이것이 중국의 '고정기간 노동계약'을 말하는데 중국에서는 이러한 형태의 노동계약이 더 일반적이다.

〈노동계약법〉은 2008년 1월 시행되어 이제 근속 10년이나 3번째 노동계약을 체결하는 직원이 나오고 있다. 무고정기간으로 하고 싶지 않은데 어떻게 해야 하는가에 대한 질문을 많이 받는데 무고정기간으로 하더라도 회사에게는 불리한 점은 그렇게 많지 않다는 것이 필자의 견해이다. 그렇다 하더라도 무고정기간으로 하고 싶지 않으면 10년이 되는 시점이나 3번째 노동계약을 체결할 때 "당신과 노동계약은 더 이상 갱신하지 않고 경제보상금을 지불할 테니 퇴직을 바란다. 그러나 고정기간이라면 예를 들어 3년 계약이면 계속 고용하겠다."라는 제안을 하여 쌍방합의에 의해 고정기간 노동계약을 체결하는 방법을 생각해 볼 수 있다. 10년을 넘으면 무조건 무고정기간으로 해야 한다는 것이 아니라 "10년이 넘으면 노동자가 무고정기간을 신청할 수 있고 이때 회사는 거절해서는 안 된다."라는 규정을 다시 한번 되새겨 보면 노동자가 신청하지 않았으면 회사가 알아서 무고정기간으로 할 의무는 없다. 즉, 3년간 고정기간이라도 상관없다는 것이다.

따라서 이미 무고정기간 노동계약에 접어든 직원이라 하더라도 사업철수를 위한 인원정리는 고정기간 노동계약자와 동일하게 협상해제, 정리해고 및 법정노동계약종료의 순으로 진행해도 문제가 없다.

## [8] 협상해제에 동의하지 않는 직원

직업병 직원, 공상직원 및 3기 여직원 등 회사사정을 근거로 정리해고를 진행할 수 없는 특수한 상황하에 있는 직원이 노동계약 해제에 합의해 주지 않으면 계속 고용관계를 유지하는 수밖에 없다. 이때는 일단, 직원의 희망대로 계속 고용을 허용하나, 다음 날부터 자택대기를 명하고 자택대기에 대한 법정급여로서 최저임금의 70~80%를 지급할 것이라고 통보한다. 그렇게 되면 장래에 받을 수 있는 경제보상금은 퇴직 직전 12개월의 평균임금을 기준으로 하기 때문에 향후 12개월간 잔업이 없고 최저임금의 70~80% 수준으로 평균급여가 떨어지므로 경제보상금이 급격히 감소하게 될 것이라는 것을 설명한다. 그러나 이것은 협상을 위한 하나의 카드이고, 회사가 직원에게 협상해제에 동의해 줄 것을 부탁하는 상황이므로 그 설명 방법에는 많은 연구가 필요하다. 또한 엄밀히 따지면 자택대기 기간 동안 받은 월급은 경제보상금을 계산할 때 12개월 평균임금에 포함하지 않는다.

그리고 주의할 것은 특수한 상황의 직원에게 후한 보상을 지급한다는 사실이 다른 직원에게 알려질 경우 왜 그 사람들만 그렇게 많이 지급하느냐고 따지고 들면 복잡해진다. 따라서 D-day에는 이들 특수한 직원들과의 면담은 맨 마지막으로 미루고 먼저 일반직원들과의 서명이 끝난 후에 진행하는 것이 좋다. 특수직원과 협상해제 방식으로 가져갔다면 일단 회사의 입장에선 큰 산을 넘는 것이므로 어떠한 내용으로 합의를 이끌어 낼지에 대한 기술이 필요하다. 그러기 위해서는 직원들에게 설명하는 방법이나 설명의 순서, 그리고 정보의 보안에도 세심한 주의가 필요하다.

## 제6장

# 사업 철수에서
# 빈발하는 노동분쟁

사업 철수와 관련된 인원정리에서 마지막 주제로 철수 과정에서 자주 발생하는 노동자와의 분쟁사례를 소개한다. 회사가 철수한다는 것은 회사직원의 입장에서는 일자리를 잃게 되어 가정생활의 유지에 타격을 주는 매우 중요한 사건이다. 그래서 사업 철수 과정에서 노동분쟁은 대부분 직원이 직업상실에 대한 보상으로 무리한 요구를 하기 때문에 발생한다.

## [1] 경제보상금과 관련한 분쟁

회사의 청산은 〈노동계약법〉 제44조에 정해진 노동계약이 종료되는 상황에 해당하기 때문에 회사는 청산을 이유로 직원과의 노동계약을 종료할 권리가 있고, 이때는 법정의 경제보상금을 지불하면 된다. 그러나 문제는 이 경우 노동계약의 종료로 보느냐 아니면 해제로 보느냐이다. 경제보상금을 계산할 때 노동계약의 종료로 간주되면 〈노동계약법〉이 발효된 2008년 1월부터의 근속기간만 해당되며, 노동계약의 해제로 간주되면 최초입사일로부터 근무연수 전체가 대상이 되기 때문에 경제보상금 부담에서 차이가 발생한다.

여기서 청산 과정에서 내자기업과 외국인투자기업간의 법률 적용상 커다란 차이점이 있다. 내자기업의 경우 동사회에서 조기해산을 결정하면 법률상 곧바로 직원과의 노동계약을 종료시킬 수 있다. 즉, 〈노동계약법〉 제44조 5항을 근거로 동사회의 조기해산결의서에 의거해서 노동계약의 종료 형식으로 해서 경제보상금을 지급하면 법적으로 문제가 될 것이 없다.

그러나 과거 외국인투자기업의 경우 청산을 진행하기 위해서는 회사 자체의 동사회 결의서만으로는 충분치 않고, 회사를 설립할 당시 설립허가를 내린 심사비준기관인 상무국의 허가가 있어야 청산절차로 들어갈 수 있었다. 그러나 2020년 1월 1일부터 〈외상투자법〉이 시행됨에 따라 상무기관의 외국인투자기업에 대한 청산허가를 포함한 심사비준절차가 사라졌다.

한국계 기업과 같은 외국인투자기업으로서 청산절차에 들어가기 위해서 가장 첫 번째 힘든 문턱이 직원들과의 노동관계를 상호합의하여 해제하는 일이다. 이 과정에서 회사는 법적으로 노동계약의 종료이므로 근속연수에 해당하는 경제보상금을 지급하면 된다. 그러나 직원들은 노동법률에 대한 지식 부족으로 회사가 청산절차를 진행하기 위해서 노동관계의 해제를 제기할 경우 이를 회사 측에 의한 노동계약의 일방해제 즉, '위법해고'라고 주장하면서 경제보상금의 2배에 상당하는 배상금을 요구하는 사례가 많이 발생하고 있다. 이것은 법률에 대한 무지에서 발단하고 있으나 그중에는 보다 많은 보상금을 받기 위해서 일부러 이러한 요구를 하는 직원도 있기 때문에 이에 대응하기 위해서 철저히 노동 관련 법률을 숙지한 후 직원을 설득해 나가는 방법밖에 없다.

또한 회사로부터 경제보상금을 다 지급받은 후에도 재차 다른 안건(잔업비 미지급, 연차휴가 미사용에 대한 보상 등)을 가지고 노동중재를 신청하여 회사를 괴롭히는 경우가 빈번하게 발생하고 있다. 규모가 크지 않은 중소기업의 경우 회사가 노무관리를 완전하게 합법적으로 하기는 곤란한 실정이므로, 퇴직시 잔여임금 및 경제보상금 등을 지급할 때는 아래 제시하는 서면양식을 활용하여 "노동보수는 이미 청산 완료되었으며, 쌍방간에 노동쟁의 사항이 존재하지 않는다."는 조항이 들어간 확인서를 받아 둔다면 미래에 노동소송 제기를 차단할 수 있으므로 적극 활용이 바람직하다.

## [퇴직확인서]

본인은 협상해제의 원인으로 인해, 회사와 노동관계를 해제한다. 본인은 자발적으로 이하의 내용을 확인한다.

1. 쌍방은 협상일지도 노동관계를 해제하며, 직원 노동계약은 본 확인서에 서명 후 해제된다.
2. 직원 확인을 거쳐, 회사는 직원에게 경제보상금 ○○○위안을 지급한다.

3. 노동보수 등은 이미 정산 완료되었으며, 쌍방 간에는 기타 아무런 쟁의가
　존재하지 않는다.

本人因协商解除原因, 与公司终止劳动关系。本人自愿确认以下内容。

1、双方协商一致解除劳动关系, 员工劳动合同在本确认书签字后解除。

2、经员工确认, 公司给予员工经济补偿金○○○元。

3、劳动报酬等均已结清, 双方再无其它任何争议。

## [2] 해고예고수당과 관련한 분쟁

　해고예고수당은 사전통지대체금이라고도 하는데, 노동계약이 만기가
도래하거나 또는 〈노동계약법〉 제40조[16]에 따라 사용자가 해고하고자
하는 경우 30일 전에 사전통지를 해야 하지만 30일 전에 통지를 한 후에
한 달 동안 정상적인 근무를 할 것이라고는 기대할 수 없다. 따라서 30일
전 통지가 아니라 아예 1개월분의 임금(사전통지대체금)을 주고 노동계
약을 즉시 종료할 수 있다.

---

16)　〈노동계약법〉 제40조(노동자의 비과실성 사유에 근거한 사용자측의 해고요건)
　　아래에 열거되는 사유의 하나가 있는 경우 사용자는 30일 전까지 서면으로 노동자 본인에
　　게 통지하거나 또는 노동자에게 1개월 분의 급여를 추가로 지급한 후에 노동계약을 해제할
　　수 있다.
　　(1) 노동자가 병이 나거나 또는 업무외적 원인으로 부상당한 경우 규정된 치료기간 만료 후
　　　에 원래 업무에 종사할 수 없고 사용자가 배정한 업무에도 종사할 수 없는 경우
　　(2) 노동자가 업무를 감당할 수 없고, 훈련 또는 배치전환을 했음에도 여전히 업무를 감당
　　　할 수 없는 경우
　　(3) 노동계약 체결시 근거했던 객관적 상황에 중대한 변화가 발생해서 원래 노동계약을 이
　　　행할 수 없게 된 상황에서, 사용자와 노동자가 협의를 했음에도 노동계약의 내용변경에
　　　대해 합의에 딜할 수 없는 경우

회사가 청산함에 따라 직원과의 노동계약을 종료하는 경우 법률상 30일 전까지 직원에게 사전에 통지할 의무가 없고 따라서 해고예고수당도 지급할 필요가 없다. 그러나 직원들은 회사의 사정으로 본인들이 퇴직을 요구받을 경우 법이야 어떻든 간에 1개월분의 해고예고수당을 받아야 한다고 생각하고 있어 대부분 그런 요구가 나오게 마련이다. 이는 물론 직원들의 법률에 대한 이해가 부족한 데서 비롯되고 있으나 그렇다고 이를 거부한다면 현실적으로 직원의 노동계약의 협상해제에 대한 동의를 얻어 내기가 어렵다. 따라서 실무적으로는 노동계약 협상해제 합의서에 신속하게 서명하도록 유도하기 위해서 N + 1의 방식으로 해서 0월 0일까지 서명하는 경우 협상촉진용으로 해고예고수당을 지불하는 사례가 많다.

## [3] 법정 경제보상금 이외 추가보상

한국계 기업의 경우 일단 한국 모회사에서 청산에 대한 의사결정이 내려지면 가능한 한 빠른 시일 내에 청산절차를 마무리할 것을 요청하기 때문에 직원들과의 노동관계를 조기에 종료하기 위한 협상의 촉진용으로 법정의 경제보상금과는 별도로 추가보상을 주기도 한다. 이러한 별도의 추가보상은 경제보상금(N)에다가 플러스 알파(+α)의 형식으로 진행되며, N + 2 또는 N + 3의 형식으로 보상방안을 제기한다. 몇 년 전 동남아로 공장을 이전한 강소성 소주의 아디다스의 경우 N + 3의 조건을 제시하여 무난하게 직원과의 협상을 마무리한 사례도 있다.

이러한 법정 이외의 추가보상금을 둘러싼 분쟁은 법률적인 문제가 아니고, 노동자들이 집단의 힘을 이용한 이익극대화 압력에서 비롯된 분쟁이다. 이에 대해서 회사는 아래의 방법으로 협상을 추진해 볼 수 있을 것이다.

### 첫째, 직원의 요구를 거부하는 방법.

직원의 요구가 과다할 경우 회사는 이를 거부하고 원래의 입장을 견지해 간다. 그리고 조업정지를 선포하고 해당 지역의 조업정지에 따른 임금지급 방법에 따라 최저임금의 70~80%만을 지급하는 방식으로 시간을 끈다.

### 둘째, 직원의 요구를 일부 수용하는 방법.

직원의 요구를 전면적으로 다 들어줄 수는 없는 것이고, 일부를 수용하는 방법으로서 예를 들어 제1안으로 '모든 직원에게 1,000위안의 고정금액을 지급하는 안'을 제시할 수 있다. 이때 주의할 것은 추가보상을 1개월분 또는 2개월분으로 추가하는 방법은 입사 후 1~2년 차 직원에 비해 입사 경력이 오래된 직원의 불만이 커질 수 있다. 제1안을 제시하였는데 직원들이 반발하는 경우 약간의 금액을 추가해서, 예를 들어 1,500위안의 제2안을 보상방안으로 제시한다. 이때 또다시 제2안이 물러나면 직원들의 요구수준은 계속 높아질 것이기 때문에 회사는 제2안을 어떻게든 사수할 수 있는 수준에서 결정해야 한다.

회사가 청산을 결정한 상황이라면 경영악화 상황이 오래 전부터 계속되었을 것이며, 직원들도 회사의 상황이 좋지 않다는 것으로 알고 있으므로 N + 1 정도로 제시하면 큰 문제없이 정리된다. 왜냐하면 직원들의 입장에서도 빨리 경제보상금을 받아 노동관계가 정리되어야 퇴직증명서를 발급받아서 사회보험을 이전해야 다른 직장에 취업이 가능하기 때문이다. 문제는 대부분의 직원이 N + 1에 동의했다고 하더라도 일부 직원들이 끝까지 버티면서 몇 개월 치를 더 달라고 주장하는 경우도 종종 발생한다. 이때 회사는 일단 이를 거부하고 대부분의 직원을 정상적인 조건으로 내보낸 후에 시간을 끌면서 보상조건을 낮춘 후 노동관계를 종료할 수밖에 없다.

## [4] 추가보상금의 결정

직원과의 원활한 협상해제를 이끌어 내기 위해서 경제보상금에다 어느 정도의 추가보상금을 결정할 것인지도 매우 민감한 문제이다. 언론이나 인터넷 보도에는 경제보상금의 2배 주었다느니 3배 주었다느니 하는 등의 극단적인 사례가 소개되고 있지만 현실적으로 그렇게 지급하고 철수하는 것은 불가능하다. 일부에서는 〈노동계약법〉 제87조의 "사용자가 본 법 규정을 위반하여 노동계약을 해제 또는 종료하는 경우 본 법 제47조에 규정된 경제보상금 기준의 2배로 노동자에게 배상금을 지급해야 한다."는 규정에 사로잡혀 쉽게 2배를 지급하는 사례도 있다. 그러나 2배를 지급해야 하는 상황은 회사에 명백한 위법해고가 있는 경우에 한하기 때문에 회사가 먼저 해고통지를 하지 않으면 위법해고는 발생하지 않는다.

그리고 협상해제 이외의 방법으로서 30일 전에 공지한 후 회사사정에 의한 정리해고 방식을 선택할 수도 있다. 그러나 정리해고 방식으로는 특수한 상황하에 있는 직원은 해고할 수 없기 때문에 이들과는 협상해제로 이끌기 위해서 경제보상금 + 알파를 제시해야 한다. 또 특수상황하의 직원 이외에도 플러스 알파를 증가시키는 것은 과거 잔업비의 미지급이나 과소지급, 납부하지 않아도 처벌도 독촉도 없었던 과거 사회보험료와 주택공적금의 미납부 등이 있다. 이것들은 경제보상금 2배 원칙과는 다른 이야기이므로 주의가 필요하다. 예를 들어 사회보험료 미납에 대해 직원이 회사에 문제를 제기할 가능성이 있다면 미리 경제보상금을 1.2배로 지급할 테니 그 0.2 중에 그 외의 것도 모두 포함시키기로 합의하도록 협상할 수 있다.

플러스 알파에 대해서 중국 전체의 시세가 어떤지에 대해 자주 질문을 받지만 누구도 그것에 대한 일반원칙을 제시하지는 못할 것이다. 당연한 것이지만 법률규정은 1배이다. 여기에서 회사의 자금사정, 직원의 특수한 상태, 그리고 현지 노동국이 그 지역 최근 사례의 참고가격 등을 고려해서 결정해야 할 것이다. 중국에서 외국인투자기업의 해결 방법은 최종적으로는 돈밖에 없기 때문에 플러스 알파를 어느 정도 할 것인지 명확하게 결론을 짓고 협상에 임할 필요가 있다.

## [5] 상여금과 관련한 분쟁

중국 기업의 상여금은 대부분 1년 단위로 1~2개월분을 지급하고, 근무기간이 1년 미만인 경우 조건이 충족되지 않기 때문에 지급하지 않는다. 그러나 회사를 청산하기 위해서 직원과의 노동관계를 종료해야만 하는 회사의 약점 때문에 직원들은 본인의 이익을 극대화하기 위해서 1년 미만이라도 근무한 기간에 비례하는 상여금을 요구할 수 있다. 이 경우 회사는 근무기간에 비례해서 환산하여 지불하는 사내규정이나 관례가 없는 경우 법정의무가 아니므로 타협하지 말고 회사의 입장을 견지할 필요가 있다.

그리고 상여금을 1년에 1회 주는 경우 관습적으로 춘절(설날) 전에 지급하는 것이 일반적이다. 연말상여금을 지급한다는 것이 노동계약에 규정되어 있는지 여부에 따라 달라지겠지만 많은 중국인 직원은 연말상여금을 당연히 받는다고 생각하고 있으므로 만약, 6월 말에 정리해고를 실행한다면 연말에 지급예정인 연말상여금의 절반도 추가로 달라고 하는 경우가 있다. 직원 중 한 명이 요청하면 전체 직원들에게 일시에 전이될 것이기 때문에 이에 대한 직원의 요구를 들어줄 것인지 여부를 사전에 결정한 후 협상에 나서야 하겠다.

## [6] 미사용 연차휴가와 관련한 분쟁

직원의 최종 퇴직일까지 기간이 남아 있다면 미리 연차휴가를 사용할 것을 서면으로 통지하여 미사용 연차휴가 일수가 남아 있지 않도록 하는 것이 필요하다. 그래도 연차휴가가 남아 있는 경우 직원과의 노동관계 종료일을 기준으로 사용하지 않은 일수를 계산해서 일급의 300%에

해당하는 금액으로 보상해주면 된다. [17]

# [7] 청산에 따른 3항 기금의 처리

3항 기금은 준비기금, 기업발전기금, 직원복리기금 등 3가지의 사내유보금을 말한다. 과거에는 당기순이익의 5%씩 총 15%를 사내에 유보하고 나머지 85%는 배당의 재원으로 사용할 수 있었지만 현재는 유보에 관한 엄격한 규제가 완화되어서 준비기금 5%만 유보하면 된다. 그러나 지금도 정관에 유보에 관한 사항이 남아 있거나 또는 과거 습관으로서 내부유보를 계속하고 있는 회사도 있다.

준비기금과 기업발전기금은 장래에 회사에 손실이 발생할 경우 그 손해를 보전하는 목적으로 사용할 수 있기 때문에 이것은 청산과정에서 배당의 재원으로 사용할 수 있다. 그러나 직원복리기금은 직원복지를 위해 적립해 둔 돈이기 때문에 투자자에게 배당할 수 없다. 그래서 회사에 공회가 있는 경우는 공회 대표에게 직원복리기금으로 어느 정도의 돈이 유보되어 있다는 것을 설명해야 하는데 대부분은 상품권 등을 구입해서 직원들에게 나눠 주는 것으로 한다.

그런데 까다로운 것은 직원복리기금으로 탁구대를 구입한 경우라든

---

17) 〈직원연차유급휴가조례〉
　　제5조 (중략) 고용기업이 업무의 필요성 때문에 직원의 연차휴가를 배정할 수 없는 경우, 직원 본인의 동의를 얻어 연차휴가를 배정하지 않을 수 있다. 직원이 사용해야 하나 사용하지 않은 연차휴가일수에 대해 고용기업은 당해 직원의 1일당 임금수입의 300% 기준에 의해 연차휴가임금보수를 지불해야 한다.

가 휴게실의 텔레비전을 구매한 경우라면 그 탁구대나 TV는 누가 가지고 갈 것인가를 두고 옥신각신하는 경우가 많다. 누군가에게 판매하고 그 돈을 모든 사람들에게 나눠 주는 것이 공평한 해결 방법이므로 TV를 경매에 붙여서 현금화한 후 처리하는 등 마지막 뒤처리에도 세세한 배려가 필요하다.

## [8] 사회보험료 미납부액의 처리

요즘은 사회보험료를 납부하지 않는 기업은 거의 없을 것이다. 그러나 사회보험료 납부기준금액을 의도적으로 낮게 책정해서 적게 납부하고 있는 경우가 많은데, 이때 정확한 납부기준금액으로 계산한 금액과의 차액은 사회보험료 미납부금액이 된다. 예를 들어 천진시의 경우 회사가 해당 노동자와 사회보험료를 납부하지 않거나 납부해야 할 사회보험료보다 적게 납부하는 것에 대해 약정한 경우 그 약정은 무효이며, 회사의 잘못으로 사회보험료를 납부하지 않았거나 적게 납부한 것으로 간주한다는 통지[18]도 있다. 따라서 이상과 같은 사회보험료 미납부액이 있는 경우 청산비용에 포함시켜 예산을 책정해야 하겠다.

---

18) 〈천진시 노동계약법 철저 실행에 관한 약간 문제의 통지〉
제15조 고용기업은 법률규정에 따라 노동자를 위해 사회보험료를 납부해야 한다. 고용기업의 원인으로 사회보험료를 미납부하거나 적게 납부한 경우에 노동자는 노동계약법 제38조의 규정에 근거해서 노동계약을 해제할 수 있고 고용기업에 경제보상금을 요구할 수 있다. 고용기업과 노동자가 사회보험료를 납부하지 않거나 적게 납부하는 것을 약정한 경우 쌍방이 이 약정은 무효이고 고용기업의 원인으로 사회보험료를 미납부 또는 과소납부한 것으로 간주한다.

## [9] 잔업비 미지급의 처리 방법

초과근무수당, 즉 잔업비를 지불하지 않는 기업은 없을 것이다. 그러나 잔업비의 계산기준금액을 기본급으로만 하고 자격급여나 기타수당을 잔업비의 계산기준금액에 포함하지 않은 경우 정확한 기준으로 계산한 금액과의 차액이 잔업비의 미지급금액이 된다. 이 점에 대해서는 직원이 평소에는 언급하지 않다가 정리해고 과정에서 집단으로 문제를 제기하는 경우가 있으므로 주의가 필요하다.

또한 천진시의 경우 노동계약에서 약정한 보수 금액을 잔업비의 계산기준금액으로 한다고 명확하게 규정하고 있으며, 노동자의 실제 지급액이 약정보수보다 높을 경우 실제지급액을 계산기준금액으로 한다. 또 실제지급액을 계산기준금액으로 잔업비를 계산할 경우 잔업비는 그 실제지급액에 제외한다고 규정하고 있다. 따라서 소재지역마다 잔업비의 계산방법이나 노동국의 관습적인 처리기준이 상이하므로 해당 지역의 잔업비 처리 방법에 대한 사전 조사가 필요하다.

## [10] 공회경비의 처리 방법

중국에서는 공회(노동조합)의 활동비용으로 사용되는 공회경비는 급여총액의 2%를 회사가 공회의 계좌에 매월 지급해야 한다. 회사를 청산하면 대부분은 공회도 없어지므로 공회경비가 많이 쌓여 있는 경우 공회경비의 처리에 대해서 아무런 가이드라인을 주지 않으면 상부조직인

총공회에서 가져가려고 한다. 그렇게 되면 사후적으로 직원으로부터 문제제기가 나올 수 있기 때문에 남은 공회경비를 제대로 분배하도록 공회에 지시를 해야 한다. 분배 자체는 회사가 하는 일이 아니지만 제안을 하는 것이 좋으며 이렇게 해 놓으면 나중에 직원들끼리 옥신각신하는 것을 방지할 수 있다.

## 제7장

# 사업 철수에 따른 정리해고 사례 분석

중국에서 한국계 기업이 사업 철수를 결정함에 따른 정리해고가 실무적으로 어떻게 진행되는지에 대한 생생한 사례 두 개를 소개하고자 한다. 이 사례들은 필자가 직접 관여한 업체들로서 대규모 감원을 실시함에 있어서 특히 힘들었던 사례와 반면에 순조롭게 진행되었던 사례 중에서 대표적인 두 개를 골랐다.

## [1] 특경까지 투입된 일촉즉발의 사태

이 사례는 중국 진출 역사가 20년에 달하는 강소성의 촌 동네에 소재한 한국계 제조기업의 사례이다. 이 공장에는 한국 본사에서 파견되는 총경리가 자주 바뀌고 주재원도 2명에 불과한데다가, 현지인력을 제대로 물갈이하지 않고 연공서열식으로 수십 년씩 장기 고용하다 보니, 공장 직원에 대한 장악력이 떨어져서 한국인 관리자의 말발이 제대로 먹히지 않는 단계까지 이르렀다. 주문량이 감소해도 직원들의 항의에 잔업을 줄일 엄두도 못 내고, 기율위반을 해도 보복 위협에 처벌도 제대로 할 수 없는 상황에 직면한 것이다. 이러한 상황에서 코로나 사태가 발생했고 오더 감소, 원자재와 인건비 상승 등 제반 요인이 동시에 겹쳐서 도저히 경영을 지속할 수 없는 상태에 달해서 회사는 마침내 사업 철수를 결정했다.

다행히, 거래 관계에 있는 중국 업체가 공장부지의 상업적 가치를 높게 사서 지분양도 방식으로 M&A 하기로 하고 매도자 측에서 현재 고용하고 있는 직원들을 모두 정리해 주는 것을 전제조건으로 달았다. 거의 90명에 달하는 장기근속 직원들의 경제보상금 조달문제로 고민하던 회사는 공장매각 대금으로 경제보상금을 충당할 수 있게 된 것이다. 그런데 근속연수가 십수 년에서 많게는 20년에 달하는 인력들을 어떻게 M&A 프로세스에 악영향이 미치지 않게 깔끔하게 정리할 것인가? 공장 철수의 책임을 진 총경리는 근심이 이만저만이 아니었다. 한국 본사에서는 서둘러 철수하도록 독촉하지만 동네 토박이로 이루어진 현지 인력들은 절대로 만만한 상대가 아님을 잘 알기 때문이다.

## 1. 보상방안 확정

담당 변호사는 2020년 10월 초에 처음으로 공장을 방문하여 현황을 파악하고, 회사와 협의하여 정리해고 방안의 수립에 들어갔다. M&A 실사팀과 변호사가 잇달아 공장을 방문하자 직원들도 회사가 곧 철수할 것을 눈치채고 보상금을 어떻게 하면 최대한 많이 받아 낼 수 있느냐에 신경을 곤두세웠다. 최근 인근 공장이 철수할 때, 2N의 막대한 보상금을 받은 사실까지 있어서 이들의 기대수준은 이미 그 정도까지 올라가 있었다.

그러나, 직원들의 근속연수가 모두 십수 년 이상이라 회사는 법정 경제보상금 이상으로 지급할 여력이 없었다. 변호사는 몇 차례 현장 방문과 총경리와의 협의 끝에 정리해고 보상방안을 아래와 같이 확정했다.

첫째, 정리해고 방식은 협상해제 방식으로 정했다. 이 방식은 노동자의 동의가 전제되어야 하며, 한국의 희망퇴직과 유사하다. 이 방식은 일단 일정한 보상방안을 제시한 후, 직원이 동의하면 2020년 12월 말까지 경제보상금을 지급하고 '협상해제협의서'에 상호 서명한다. 한편, 회사가 제시한 보상방안을 거부하는 사람에 대해서는 2021년 1월 1일부터 무기한 조업정지에 따른 자택대기를 명령하고, 2월부터 기본생활비로 최저임금의 80%를 지급하는 방향으로 진행하였다. 이때 조업정지 첫 달인 1월은 법에 따라 80%가 아닌 정상임금을 지급해야 한다.

둘째, 경제보상금은 법정 경제보상금 N만 지급하기로 결정하였다. 공장 가동은 2020년 12월 31일까지 해서 문을 닫고, 2021년 1월 1일부터는 조업정지(휴업)와 자택대기 직원들에게 기본생활비 명목으로 최저임금의 80%를 지급한다. 만약 회사의 보상방안을 거절할 경우, 2021년 2월부터 임금이 대폭 감소되므로 직전 12개월 월평균임금에 근거한 경제보상금 계산기수도 낮아지므로 상당한 압박요인으로 작용할 수 있다.

셋째, 사회보험과 주방공적금의 납부기수 차액에 대해서 1개월 치 임금을 추가로 지급하기로 하였다. 실제 임금보다 보험료를 계산하는 기수가 낮아 그동안 과소납부한 부분에 대해 현금보상 차원으로 1개월 치 월급을 지급하는 것이다. 만약 적게 납부한 사회보험료를 사회보험국에 보충해서 납부한다면 직원들도 개인부담 부분을 납부해야 하므로 이를 피하는 방법으로써 그냥 현금으로 개인에게 직접 보상하는 방식을 선택하였다. 당지 노동국과 협의에 따라 납부기수 차액에 대한 노동감찰대의 수리시효는 2년이므로 로펌은 2년 치 납부기수 차액에 상응하는 회사부담 사회보험금을 계산해 본 결과 1개월 치 임금을 현금보상으로 지급하는 것으로 결론을 내렸다.

넷째, 연차휴가 미소진분에 대한 보상으로 미소진일수에 대해 200% 보상하기로 하였다. 시효기간은 법에 의거 2019~2020년 2년간만 해당한다.

다섯째, 직업병 호소자는 본인의 선택에 따라 직업병 진단절차를 시행하기로 하였다. 이에 십여 명의 직원들이 청각장애 직업병 가능성이 있다고 하면서 정식 직업병 진단을 요구했으나, 12월 말에 이를 포기하고 협상해제협의서에 모두 서명하기에 이르렀다. 직업병 진단절차에 수개월의 장시간이 소요되고, 2021년 1월부터 조업정지에 들어가기 때문에 경제보상금기수가 차라지므로 결과적으로 경제보상금액이 축소되는 불이익이 초래되는 것에 불안을 느낀 것으로 예상된다.

여섯째, 현지 관리직을 사내 작업팀으로 구성하고, 이들이 내부직원 설득 등에 협력하여 정리해고 작업이 성공적으로 종료되면 1개월분 임금을 추가 지급하는 인센티브를 제시하였다.

## 2. 직공대회 개최

2020년 12월 21일, 필자의 협력 로펌의 소속 변호사 3명은 공장을 방문하여 노동국 관계자 참여하에 정리해고 방안을 선포하는 직공대회를 오전 9시에 개최했다. 변호사가 회사를 대리하여 법정 경제보상금만 지급한다고 보상방안을 공포하자 예상했던 대로 직원들이 거세게 반발하고 나섰다. 직원 십여 명이 앞장서서 2N + 1(경제보상금의 2배 + 1개월분 급여)을 보상해 달라고 욕을 내뱉고 위협을 가하며 소란을 피웠다. 배후에는 공회주석 등 현지 관리직이 존재하는 것으로 추정되는 상황이었다. 변호사는 차분하고 냉정하게 회사 보상방안을 분석하고 법적으로 설명했지만, 일체의 양보를 하지 않았다. 그러자 이들이 더욱 거칠고 과격한 행동에 나서고 급기야 파출소에 신고하여 경찰까지 현장에 출동했지만 경찰조차 집단소란을 제압하지 못하고 저녁 무렵에 철수하고 말았다.

직원들은 무력시위로 전환하여 저녁 8시부터 한국 주재원 2명을 사무실에 억류해 놓고, 자신들의 요구를 들어주도록 압박을 가했다. 변호사는 비상수단을 쓸 수밖에 없다고 생각하고, 시정부의 핫라인을 통해 이러한 사태를 방치할 경우 외자기업 투자환경에 악영향이 초래된다며 특경을 파견해 줄 것을 요청했다. 마침내 새벽 3시에 특경 40명 정도가 완전무장을 하고 사무실에 들이닥쳤고, 직원들은 더 이상 항거하지 못하고 철수하고 말았다.

그 일이 있고 나서 직원들은 더 이상 과격한 집단행동에 엄두를 내지 못했다. 그러나 같은 동네 출신이므로 이익공동체로 똘똘 뭉친 직원들은 회사가 양보할 것이라는 작업팀 멤버가 퍼뜨리는 허위 정보에 선동당해 그로부터 8일간 회사가 제시한 협상해제방안에 아무도 동의서명에 나서지 않았다. 이들의 기세에 눌려 조금이라도 양보할 경우 이들은 더욱 득의만만하게 나설 것으로 보고 변호사는 한 치도 물러서지 않았다.

데드라인인 12월 말이 다가오고 그 사이에 직원들은 허위정보에 기만당했다는 것을 알게 되었다. 8일 후, 마침내 직원 한 명이 회사 보상방안에 동의하는 서명을 하자 대오가 무너지면서 하루 이틀 사이에 모두가 앞다투어 서명을 했다. 또한 수 개월이 소요되는 청각 관련 직업병 진단을 요구했던 십수 명의 직원들조차도 2021년부터는 기본생활비만 지급되므로 경제보상금 기수가 낮아질 것을 우려하여 보상방안에 서명을 함으로써 마침내 2020년 12월 31일에 두 달간에 걸친 정리해고 작업이 성공적으로 막을 내렸다.

## 3. 성공의 포인트

위 사례는 많은 우여곡절을 겪었지만, 회사가 정해 놓은 협상방안으로 조기에 관철시킬 수 있었던 이유를 다음과 같이 요약해 볼 수 있다.

첫째는 정리해고 경험이 풍부한 변호사에게 안건을 의뢰한 것이다. 노동자의 집단반발과 저항, 터무니없는 요구사항을 제압할 수 있는 능력을 구비한 로펌에 안건을 위임하였으며, 총경리가 로펌을 믿고 적극적으로 협조해 준 덕분이다.

둘째는 로펌과 회사가 이미 설정한 보상기준을 확고하게 견지했기 때문이다. 당초 설정한 '경제보상금 + 사회보험 납부기수 차액보전분 1개월 치 임금'의 보상방안을 결정한 후에는 노동자의 집단적인 반발에도 불구하고 양보 없이 보상기준을 계속 견지하였다. 회사가 정한 데드라인까지 동의서명을 하지 않을 경우, 무기한 조업정지에 따라 경제보상금 감소 등 불이익이 초래될 가능성이 있다고 고지하는 것으로 맞섰다.

셋째는 당지 관련 당국과 사전협의 및 협조 채널 구축하였다. 발생 가능한 문제점을 상정하고, 미리 노동국과 파출소 등을 방문하여 사안을 보고하고 필요시 협조요청을 해 두었다. 주재원 억류 등 비상사태가 발생할 경우 관련 당국의 사태 해결을 위한 지원이 반드시 필요하다고 압박하였다.

다음 사진은 직공대회에서 노동전문 정리해고 보상방안을 설명하는 장면이다.

## [2] 공장통합에 따른 정리해고

이 회사는 완성차 업체의 주문 감소로 인해, 강소성 A시의 공장을 폐쇄하고, 같은 성 B시의 공장으로 설비를 이전하여 통폐합하는 사업계획을 수립했다. 자동차부품 업계는 부품공급 중단으로 완성차 라인이 정지되면 막대한 페널티가 부과되므로 파업리스크에 취약할 수밖에 없다. 문제는 설비의 해체, 이전 작업과 일정 분량의 재고 생산에 수개월이 소요되므로 정리해고 공고일로부터 공장 문을 닫기까지 상당한 시간차가 존재하고 이 기간 중에 회사는 언제든 예측불가의 리스크에 직면할 수 있다. 예를 들어, 직원들이 설비이전을 저지하거나 사보타주를 하면서 추가보상을 요구하게 되면 회사는 진퇴양난의 상황에 빠질 수 있는 것이다.

이 회사가 소재하고 있는 강소성 A시에서는 이미 몇몇 한국 공장들이 자체적으로 정리해고를 강행했다가, 성난 직원들의 집단 파업에 직면한 바 있다. 설비이전도 올스톱되고 협상도 수렁에 빠지자 그제야 변호사를 찾아 대응했지만 엎질러진 물을 어떻게 쓸어 담을 수 있겠는가! 결국, 당초 보상안의 2배 수준으로 간신히 사태를 수습했고, 당지 노동국은 한국 기업들의 준비성 없는 서투른 철수작업에 넌더리를 내고 있었다.

이 회사는 주변 한국 공장의 실패 사례를 반복하지 않기 위해서 정리해고의 시작 단계부터 노동 전문 변호사에 의뢰하여 여러 차례 현장 방문을 통해서 노동자와 공장 상황을 철저히 파악하고 발생 가능한 모든 변수를 사전 체크하여 물샐틈없이 정리해고와 보상방안을 수립하여 실시했다.

5월 말에 직공대회를 열어서 보상방안을 선포했고, 7월과 11월에 2차로 나누어 실시된 정리해고 플랜은 순조롭게 진행되었다. 백 명에 가까운 대상인원 전원이 직공대회 개최 일주일 내에 협상해제협의서에 서명을 완료했고, 설비이전도 계획대로 잘 진행되었다. 이 사례가 성공적으로 마무리된 주요 포인트를 정리해 보기로 한다.

## 1. 노동 전문 변호사의 활용

경영악화로 구조조정을 하는 판에 기업들에게 거액의 변호사비는 상당한 부담이 될 수밖에 없다. 평상시 좋은 노사관계를 유지해 오고 또한 직원들이 '인질'로 삼을 수 있는 설비나 자산이 없는 경우에는 자체적으로도 원만하게 정리해고를 할 수 있다. 그러나 다른 곳으로 이전할 설비가 있다든지 또는 매각 가능한 토지 등 자산이 있는 경우에는 얘기는 달라진다.

"외부에서 온 스님이 염불을 잘한다."는 중국 속담이 있다. 똑같은 답변을 해도 변호사가 하면 그 말에 권위가 실리고 신뢰감을 더 주기 마련이다. 이 회사는 한국 기업 자문 경험이 풍부한 협상력이 강한 변호사에 맡기고, 배후에서 협조하는 방식으로 진행하여 직원들과의 불필요한 마찰을 피하고, 효율적으로 정리해고 작업을 마칠 수 있었다.

## 2. 보상방안의 적절한 설정

상기 사례에서 가장 큰 걸림돌은 과거 다른 한국 기업들이 공장 문을 닫을 때마다 파업이 발생했고, 사태 수습을 위해 직원들이 요구한 2N(N × 2, 경제보상금의 2배)을 어쩔 수 없이 받아들인 관계로 당해 도시의 한국 기업에서 근무하는 직원들의 기대수준이 상당히 높아져 있다는 점이다.

이러한 상황을 배경으로 이 회사는 적기에 설비이전과 파업 방지에 중점을 두고, 여러 차례 시뮬레이션을 한 끝에 N × 1.5로 결정했다. 동 공장은 설립한 지 7년 정도 되었고, 대부분의 인력이 5~6년 경력이기 때문에 이를 N + 알파로 환산하면 대략 N + 2.7 정도로 다소 후하게 설정한 셈이다.

N + 알파로 하지 않고, N × 1.5로 한 이유는 첫째, 그렇게 해야 근속연수의 장단에 따른 보상금의 불공평성을 없앨 수 있다. 예를 들어 N + 2이라면 2년 근무자는 4개월이 되고 5년 근무자는 7개월이 되므로 장기근속에 상대적으로 불이익 발생하게 된다. 둘째, '+'가 아니라 '×'를 함으로써 직원들에게 실제보다 금액이 크게 느껴지는 효과를 거둘 수 있기 때문이었다.

이상과 같은 보상체계를 제시하여 불과 1주일 만에 전 직원의 협의서 서명이 완료되었고, 설비이전과 수개월간의 잔여 물량 생산일정이 차질 없이 진행되는 윈윈의 성과를 거둘 수 있었다.

## 3. 경제보상금의 분할 지급

회사는 2개의 협상해제 협의서를 준비했다. 하나는 직공대회 종료 직후 서명하고 이직하는 직원을 대상으로 100%를 지급하는 조건의 협의서이고, 또 다른 하나는 계속 근무한 후 정해진 날짜에 이직하는 직원을 대상으로 협의서 체결 시 50%를 지급하고 최후 퇴직일에 나머지 50% 지급조건의 협의서였다.

몇 개월 계속 근무가 필요한 직원의 경우라도 일단 협의서에 서명을 하면, 50%의 목돈을 먼저 챙길 수 있어 이것이 협의서 체결율을 대폭 높이는 요인이 되었다. 나머지 50%는 계속 근무하다가 이직하는 날에 받기 때문에 회사 측으로 볼 때는 근무기율을 유지하는 데에도 유리한 요인으로 작용했다.

## 4. 정리해고 작업팀에 대한 인센티브 제공

대규모 정리해고는 한국인 관리자와 변호사의 힘만으로는 부족하다. 직원들과 밀접한 관계를 맺고 있는 각 부서 핵심 인력의 협조가 필수적이다. 이들이 사내에서 분위기를 조성하고, 회사가 설정한 방향에 맞추어 산하 직원들과 소통하고 설득하는 역할을 잘 수행해 주어야 한다.

회사는 사전에 사측에 우호적인 직원을 중심으로 작업팀 멤버 선정작업을 한 후, 직공대회 하루 전에 해당 멤버들에게 회의 참석을 통고했다. 그리고, 회의를 통해 각자에게 임무를 맡기고, 정리해고 안건이 성공적으로 완수되는 시점에 1개월 치 임금을 장려금으로 지급한다고 발표했다. "돈은 귀신에게 맷돌도 돌리게 한다."는 말이 있듯이 회의 중에 탐탁치 않은 눈길을 보내던 멤버들이 장려금 지급을 언급하자 눈에 갑자기 생기가 돌았다. 결국 이것이 동기부여로 작동되어 직공대회 때 분위기도 잘 조성되고 주변 직공들의 설득작업도 순조롭게 진행되었다.

## 5. 직공대회 시 변호사 역할과 노동국 관계자의 참석

직공대회 시 변호사가 공고문을 직접 낭독하고, 보상안을 권위 있게 해설하고 질의답변에 응함으로써 직원들에게 회사의 방안이 합법적이고 합리적인 것이라는 인식을 심어 주었다. 또한 로펌은 사전에 노동중

재위를 방문하여 협의를 하고, 또 직공대회 때 노동국 간부 및 노동중재
위원을 초청했다. 중국은 관청의 파워가 센 사회이므로 노동국 간부가
대회에 참석하면 직원들도 행동에 조심하게 된다. 직공대회 종료후, 일
부 장기 근속직원들이 회의실에 들어와 추가 보상 문제를 운운하자 노
동국 간부가 그 자리에서 근거 없는 주장이라고 일축해 버리는 에피소
드도 발생했다.

다음 사진은 직공대회에서 노동 전문 변호사가 공고문을 낭독하는 모
습이다.

# 제4편

# 지분양도

중국 사업의 철수를 결정함에 있어서 기본적인 철수 방법은 지분양도와 청산을 고려할 수 있다. 지분양도는 청산에 비해 시간을 비교적 단축할 수 있고 철수비용 측면에서도 저렴하다. 따라서 사업 철수 방법을 선택할 때는 일단 지분양도를 먼저 고려해 보고 그것이 불가능한 경우 청산의 방법을 선택하는 것이 타당하다. 이 편에서는 중국 사업의 철수 방법 중에서 지분을 양도할 경우 실무적인 업무 흐름과 주의할 점을 알아본다.

## 제1장

# 지분양도의 업무 흐름

## [1] 지분양도의 전체적인 흐름

지분양도의 절차는 매도자, 매수자 및 대상회사 등 각 당사자가 처한 상황에 따라 다를 수 있지만 일반적인 흐름은 다음과 같다.

① 매수후보 리스트의 작성과 의사타진

② 매수희망자의 선정

③ 비밀유지협약(NDA)의 체결

④ 매수희망자의 공장탐방과 면담

⑤ 양해각서(MOU)의 체결과 초보단계 협상

⑥ 기업실사(Due Diligence)의 진행

⑦ 지분양도계약서의 체결

⑧ 관계당국에서 행정절차의 진행

⑨ 기업인도와 변경등기

⑩ 지분양도대금의 송금(완료일)

위 각 단계 중 '관계당국에서 행정절차'는 상무국, 공상국, 세무국, 외화관리국, 세관 등에서의 행정절차를 말한다. 지분양도의 행정절차는 매매 쌍방이 계약서를 체결함으로써 시작되며, 이 계약은 과거에는 심사비준기관인 상무국의 허가가 있어야 유효하였지만, 현재는 상무국의 허가사항이 아니라 단순 신고사항으로 변경되어 그 행정절차가 더욱 간편해졌다고 할 수 있다. 이하부터는 지분양도를 진행하는 과정에서 각 단계에 대한 구체적인 내용과 각 단계에서 주의할 점을 알아본다.

## [2] 매수후보 리스트의 작성과 의사타진

지분양도는 보유하고 있는 지분을 누군가에게 파는 것으로서 매각의 상대방은 합자회사의 중국 측이 될 수도 있고 제3자가 될 수도 있다. 어쨌거나 지분양도에 있어서 첫 단추는 양도할 곳을 찾는 것이며, M&A의 세계에서는 이를 '매수자 발굴'이라고 부른다. 합자회사의 중국 측에게 양도하는 것이 아니라면 별도의 루트를 통해서 매수자를 찾아야 한다. 다만, 중국에서는 M&A시장이 성숙되어 있지 않다 보니 매수자를 찾는 것은 그리 쉬운 일이 아니다. 매수자 정보를 많이 보유하면서 그것을 소개해 주는 서비스를 전문적으로 하는 M&A전문회사도 있기는 하지만 아직까지 어느 곳도 압도적인 우위를 가지고 있는 회사는 없다고 할 수 있다.

그렇다면 어떤 방법으로 매수후보자 정보에 접근할 수 있을까? 가장 확실한 방법은 한국의 동종업체에게 매수의사를 물어보는 것이다. 그러나 시장에서 치열하게 경쟁하고 있는 경쟁업체라면 기술이나 노하우가 유출될 가능성에 주의해야 한다. 그 다음으로는 전방업체나 후방업체를 생각해 볼 수 있다. 즉, 대상회사가 재료를 구매하는 업체나 완성품을 판매하는 업체를 대상으로 찾아볼 수 있다. 전방업체와 후방업체도 넓은 의미에서 동종업체에 포함한다면 한국의 동종업체에게 매각하는 것이 가장 원활하고 가격협상도 순조로울 것이다. 한국인들끼리의 협상이기 때문에 기업가치에 대해 터무니없는 제안을 하는 경우는 없을 것이다. 예를 들어 연구개발에 과거 10년간 10억 원 들었다고 주장하면 중국 기업이라면 "연구개발이라고 하지만 실제는 한국 모회사가 오래된 기술을 주는 것뿐이야."라는 식으로 연구개발의 가치를 인정하지 않음으로써 협상이 전혀 성립되지 않기도 한다. 그러나 한국계 동종업체와의 협상이라면 연구개발의 현실 상황을 조금이라도 이해하고 있을 것이므로 협상이 빨리 진행될 수도 있다.

그다음으로 생각해 볼 수 있는 것이 중국의 M&A 중개회사이다. M&A의 경우 롱리스트와 숏리스트라고 하여 기업의 기본 정보만 있는 리스트와 상세정보를 포함한 리스트 2가지 종류가 있다. 이 리스트를 구입하는 것을 주업으로 하는 회사와 리스트를 파는 것을 주업으로 하는 회사도 있다. 그러나 시장에 회사를 사고자 하는 사람과 팔고자 하는 사람이 많아서 서로 왕성하게 매칭이 이루어지고 있다고 할 만큼 중국 M&A시장이 활발하다고 보기는 힘들다.

또 생각해 볼 수 있는 방법이 대상회사가 속해 있는 업계의 단체를 방문해 볼 수 있다. 업계단체에서 회원명단을 받고 그 명단에 있는 기업에 메일을 보내거나 방문을 해서 접촉하는 것은 매우 확실한 방법 중 하나이다. 대상회사가 제조기업일 경우 이 업종에 생소한 초보자가 사는 것은 어려울 것이고, 어느 정도 관련 업계의 상황을 아는 사람과 협상을 진행하는 편이 효율적이다. 중국의 업계단체는 많은 경우 성마다 설립되어 있으며, 전국적인 단체가 있더라도 각 도시의 지부가 따로 활동하고 있는 경우가 대부분이다. 업계단체의 회원명단을 입수하기 위해서 단순히 전화를 걸어 회원명단을 요구해서 받을 수 있는 것이 아니기 때문에 단체의 사무실에 직접 방문할 필요가 있다. 얼마 전 어느 지방 도시에 있는 제조업의 업계단체를 방문해서 회원명단을 요구한 적이 있는데 회원으로 가입해서 회비를 납부하면 명단을 제공해 줄 수 있다고 했다. 우리회사는 제조업이 아니고 그 업계와는 전혀 관계없음에도 불구하고 결국 연회비 상당액을 지불하고 회원명단을 구입한 경험이 있다.

매수자를 발굴하는 방법으로서 한국계의 동종업체나 M&A 중개회사 그리고 중국의 업계단체를 소개했는데, 이와 같이 현재 중국에서 M&A 상대방을 발굴하는 방법이 매우 아날로그적인 것이 현실이며, 미국이나 유럽처럼 M&A전문회사나 발굴전문회사가 후보자 명단을 가지고 기다리고 있는 수준은 아니다.

## [3] 매수희망자의 공장탐방과 면담

매수후보자 리스트가 만들어지면 여러 가지 방법으로 그들의 의향을 타진해 본 후 인수의사가 있는 기업을 선정한다. 매수의사가 있는 희망자는 공장을 방문하기를 원할 것이고 일반적으로 이 시점에서 지분양수도의 양 당사자가 처음 만나게 된다. 매수희망자가 공장을 보고 난 뒤 면담을 통해 서로의 현황과 향후의 생각에 대해 정보를 교환하게 된다. 면담과 정보교환을 함으로써 정보가 새어 나갈 가능성이 있으므로 사전에 비밀유지계약(NDA)을 체결하고 정보누설이 발생한 경우의 책임소재를 명확히 해 두는 등 안전장치를 마련해 두고 임하는 것이 좋다. 정보유출 가능성을 최소화하기 위해 어떻게 진행시켜 나가면 좋을지 항상 주의를 기울이면서 상황에 따라 대처해야 한다. 예를 들어 면담 참석인원은 최소의 인원으로 제한하고 짧은 시간 내에 끝내도록 함으로써 정보유출의 가능성을 줄일 수 있을 것이다.

그리고 매수희망자가 공장을 탐방할 때 종업원들에게 질문을 할 수도 있다는 상황도 가정하는 등 실제 상황에 따라 사전대책을 생각해 두어야 한다. 또한 앞으로 진행 과정에서 큰 변동사항이 발생하지 않도록 초기 단계부터 매수희망자에게 대략적인 스케줄을 설명하고 절대로 양보할 수 없는 조건을 사전에 전달해 둘 필요가 있다.

다음 사진은 필자가 매도자와 함께 매수희망기업과 협상을 진행하고 있는 장면이다.

## [4] 양해각서의 체결과 초보 단계 협상

대상회사에 관심을 가지는 매수희망자가 발견되면 우선 그 희망자와 비밀유지협약(NDA)을 체결한다. 이어서 LOI(Letter of Intent, 인수의향서) 또는 MOU(Memorandum of Understanding, 양해각서)라고 불리는 서류에 서명을 한다. MOU나 LOI 모두 정식 계약에 앞서 예비적 합의사항을 분명히 하기 위한 서류로서 이 안에 비밀유지 조항을 포함시키는 경우도 있다.

MOU나 LOI나 그 제목만 다를 뿐 포함하고 있는 내용은 기본적으로 동일하다. 내용 중에서 반드시 포함해야 할 사항 중 하나가 협상기한이다. 즉, 영구적으로 협상하는 것이 아니라 앞으로 일정 기간(보통 6개월)

서로 지분양수도에 관한 협상을 진행한다는 내용이 반드시 있어야 한다. 그리고 배타적 조항을 포함시키는 경우도 많다. 예를 들어 "6개월 이내에는 다른 회사와는 협상하지 않는다."와 같은 내용을 포함하는 것이다.

그러나 비밀유지 조항이나 배타적 조항 등 일부 조항을 제외하고 non-binding(법적구속력 없음)으로 정하는 경우가 많다. 이 단계에서 위약 조항이나 손해배상 조항을 넣어도 상관은 없겠으나 현실적으로 거기까지는 하지 않는 경우가 많다. 물론 binding(법적구속력 있음)이라고 해도 상관은 없지만 처음에는 서로가 아직 잘 모르는 상태이기 때문에 악수 정도만 하는 경우가 대부분이다. 특히, 비밀유지 의무의 경우 예를 들어 중국 측 상대방이 국유기업이나 국유기업 산하기업이라면 협상상대의 모회사의 모회사까지 정보를 주고받기 때문에 현실적으로는 정보누설을 억제할 수 없다. 비록 binding(법적구속력 있음)이라고 해 놓더라도 협상이 결렬된 경우 바다 건너의 중국 기업에게 손해배상을 청구하는 것은 현실적으로 어렵기 때문에 non-binding(법적구속력 없음) 정도의 느낌으로 MOU나 LOI를 체결하는 것이 좋다.[19]

MOU나 LOI를 서로 주고받은 후 정식 협상이 시작되면 협상할 때마다 회의록을 작성해서 가능하다면 쌍방이 서명을 해서 확인하는 절차가 필요하다. 중국 현지 법인의 M&A의 현장에서는 전문가를 초빙하여 회의

---

[19] MOU나 LOI 등 제목이 무엇인가는 중요하지 않고 그 내용이 당사자에 대하여 강제력을 가진 것이라면 폐이도 그 부분에 관한 한 계약서가 되는 것이다. 즉 "힐 수 없다", "폐야 한다"와 같이 당사자의 권리나 의무를 특정적이고 확정적으로 기재하면 법적 구속력이 생기는 것이다.

록 작성을 위탁하고 통역에 참여시킬 수 있다. 그렇게 하기 위해서는 통역과 회의록을 작성하는 사람들도 협상단에 추가한다. 회의록은 한국어와 중국어를 교차 병기하여 작성하는 것이 좋으며, 가능하면 협상이 끝나고 바로 서명하는 것이 좋다. 만약, 그렇게 할 시간이 부족하다면 협상 후 만찬이 개최되는 중에 회의록을 얼른 작성하여 만찬이 끝날 즈음 완성된 회의록에 쌍방이 같이 서명하도록 하는 것이 좋다. 그리고 쌍방이 회의록에 서명을 할 수 없는 경우 회의록을 작성해서 그 자리에서 건네주거나 나중에 메일이나 우편으로 보내는 것만으로도 충분한 의의가 있다. 왜냐하면 중국 측 협상단은 여러 가지 꼼수를 사용하는 경우가 종종 있는데, 예를 들어 총경리가 나와야 하는 자리인데 "오늘은 총경리가 출장 가서 부총경리인 제가 나왔습니다."라고 하며 부총경리와 협상이 시작되는 경우가 있다. 총경리 대신 부총경리가 맞은편에 앉았다고 해서 차마 "당신은 협상권한이 없으니 돌아가시오."라고는 말하지는 못할 것이다. 그렇지만 그 부총경리의 발언을 제대로 받아 적어 두지 않으면 다음 협상에서 총경리가 나왔을 때 완전히 다른 것을 말할 가능성도 있다. 이러한 경우를 대비해서 회의록은 제대로 작성해 두고 가능하다면 참석자 대표의 서명까지 받아 두는 것이 중요하다. 이러한 이유로 출장비를 들여서라도 회의록을 작성하는 멤버를 추가로 협상단에 참여시키는 것은 손해가 아니라고 생각한다.

또 매우 실무적인 협상 테크닉이지만 참고하면 도움이 될 한 가지를 소개한다. 중국인과의 협상에서는 보통 한국 측이 중국으로 출장 가서 하는 경우가 일반적이다. 한국 측이 예를 들어 3박 4일 일정으로 갔을 때

첫날 중국 측의 "이번에 중국에 언제까지 체류하시는지요?"라는 질문에 "금요일 오후 비행기편으로 돌아갑니다."라고 솔직하게 대답해 버려서는 안 된다. 설사 금요일 오후 비행기편을 예약했더라도 "일단 금요일 오후로 예약은 했지만 본사 사장께서 협상이 타결되지 않으면 토요일, 일요일도 계속해 협상하라고 하셨습니다."라는 정도로 이야기하는 것이 좋다. 왜냐하면 "금요일 오후에 돌아갑니다."라고 말하는 순간 그들은 목요일 밤까지는 본심을 말하지 않을 것이다. 목요일까지는 가능한 한 한국 측의 양보를 끌어내고 금요일 오전 중에 한국 측이 수락하기 어려운 반대 제안을 하고, 경우에 따라서는 금요일에 한국 측이 비행기를 타는 공항까지 쫓아가서 마지막의 합의를 받아 내면 된다고 생각하고 있기 때문이다. 이런 것들이 악의 여부를 떠나서 중국 측이 이 정도의 협상 전략은 가지고 테이블에 앉는다고 생각하면 좋을 것이고 모든 중국인들이 다 그렇다는 의미는 아니다. 특히, 국영기업적인 성향이 강한 매수자일수록 그럴 가능성이 많으므로 언제 돌아가느냐고 물으면 "결론 날 때까지 돌아가지 않습니다."라고 대답하는 것이 좋다.

협상단에 참석한 한국인 직원 중에는 금요일 오후 편으로 돌아가서 토요일과 일요일 쉬지 않으면 휴일에 출근한 꼴이 된다고 생각하는 사람도 있을 것이고, 또는 월요일 아침 회의에서 보고할 보고서를 주말에 끝내야 하는 사람 등 여러 가지 사정이 있겠지만 중국인과의 협상을 할 때에는 느긋하게 시간을 가지고 임해야 한다. 한국 모회사도 이러한 상황을 고려해서 협상단을 보내는 것이 좋다.

MOU나 LOI 체결을 위한 협상에서 가장 초점이 되는 것은 지분양도의 목표금액이다. 목표금액을 결정하기 위해서 기초가 되는 참고자료는 자산평가보고서, 최근 재무상태표, 회계사사무소의 감사보고서 등이 있으며 때로는 독자적인 계산방법으로 산출한 금액을 제시해 오는 매수자도 있다. 매수자에게 목표금액의 계산방법을 조금이라도 납득시킬 수 있도록 시간을 두고 자세하게 설명하고 협상할 필요가 있다. 그러나 MOU나 LOI의 체결은 어디까지나 기업실사를 하기 위한 의사 타진의 일환으로 행해지는 것이므로 이때의 목표금액은 형식적으로 기재하는 것이 일반적이다.

## [5] 기업실사의 진행

지분을 양도하기 위해서는 매수희망자와 가격협상이 필요하다. 그리고 지분양도가격을 결정하기 위해 기업실사인 DD를 실시한다. DD(Due Diligence)는 대상회사에 대한 정밀조사를 의미한다. 기업실사의 목적은 기업가치를 산정하기 위한 기초자료를 수집하는 기본적인 목적 이외에도 세무, 세관, 외환, 그리고 잔업비(초과근무수당)나 사회보험과 같은 노무측면에서 부정이나 오류 또는 착오가 있어 그로 인하여 대상회사에 추가적으로 발생하게 되는 손실을 추정하고 중재나 소송과 같은 문제가 발생할 가능성은 없는지도 함께 조사한다. 이러한 것들을 우발부채라고 하는데 회사를 인수한 후 장래에 위법성이 발견되어 대상회사에 미치는 손실은 바로 지분매수자의 손실이 되기 때문에 실사 과정에서 우발부채를 찾아내는 것은 매우 중요하다. 만약 우발부채가 발견되었다면 정도에 따라서 협상이 결렬될 수도 있고 지분가격을 깎는데 활용되기도 한다. 실사의 종류는 세무실사, 법무실사, 노무실사, 환경실사, IT실사 등 매우 다양한 분야에 걸쳐서 이루어진다.

중국 기업의 실사 과정에서 발생하는 우발부채 중에서 종업원에 대한 경제보상금을 빼놓을 수 없다. 사실 지분양도의 경우 대상회사가 종업원에게 경제보상금을 지불할 의무는 없다. 왜냐하면 종업원과 대상회사 간에 체결된 노동계약은 해제되지 않기 때문이다. 그러나 앞에서도 설명한 바와 같이 종업원들은 중국의 경제보상금의 제도가 언제 바뀔지 알 수 없다고 생각하고 있다. 예를 들어 지금의 규정으로는 근속연수 1년에 1개 월치의 보상을 주는데 갑자기 1년에 0.5개월의 보상으로 개정되는 것과 같이 종업원에게 불리한 방향으로 제도가 변경될지도 모른다는 불안함을 가지고 있다. 또 하나는 그들이 일하고 있는 곳은 한국계 외국인투자기업이므로 어차피 외국에서 온 생판 모르는 사람이 경영하는 기업이기 때문에 현재는 문제없다고 하지만 언젠가 우리를 놔두고 도망갈지도 모른다는 불안도 가지고 있으며, 더욱이 이미 많은 지역에서 이러한 현상이 실제 발생하고 있다. 이러한 이유로 인하여 중국 종업원들은 '받을 수 있는 것은 지금 미리 받아 두자.'라는 심리가 깊이 박혀 있다.

경제보상금에 대해서는 또 하나의 논점도 중요하다. 한국에서는 매년 일정액을 퇴직급여로 비용처리함으로써 퇴직급여충당부채라는 부채를 인식하는 것이 일반적이다. 퇴직급여를 비용으로 처리하면 한국에서는 세금혜택이 있기 때문에 퇴직금제도가 있는 한국 기업은 당연히 손금산입할 수 있는 범위 내에서의 충당부채를 설정한다. 그러나 중국의 경우 세무상으로 아무런 혜택도 없고 만약 충당부채를 설정하면 오히려 부채 비율만 악화되는 결과를 초래하므로 어떤 회사도 퇴직급여충당부채를 자발적으로 설정하는 경우는 없다.

또한 경제보상금 예상액을 부채로 보지 않는 배경에는 한국과 중국이 퇴직에 따라 지급하는 보상금을 보는 시각에 차이가 있기 때문이다. 한국의 경우 개인사정이든 회사사정이든 직원이 퇴직하면 일정 기간 근무한 사람에게는 무조건 퇴직금을 지급해야 한다. 그러나 중국의 경제보상금은 경제(생계)를 보상해 주는 돈으로 봐서 회사를 그만두면 급여소득이 없어지므로 경제적으로 곤궁해질 가능성이 있으므로 이것을 회사가 일정 부분 보상을 해 주는 돈으로 보는 것이다. 그래서 중국의 경우 정년퇴직해서 양로보험금(국민연금)을 수령하는 사람에게는 경제보상금을 지급할 필요가 없고, 종업원이 노동계약이 만기되기 전에 자발적으로 사직하는 경우에도 경제보상금을 지급할 의무가 없다. 극단적으로 이야기하면 중국 현지법인의 종업원이 모두 일시에 개인사정으로 회사를 그만두겠다고 하면 한 푼의 경제보상금도 주지 않아도 되므로 이러한 경우 현재의 부채로 인식할 필요가 없는 것이다.

그러나 중국 현지법인을 청산하는 경우 상황이 다르다. 회사를 청산하는 경우 전제 종업원이 회사사정으로 퇴직하는 것이므로 당연히 경제보상금을 지급해야 한다. 따라서 만약 현재의 종업원을 회사사정으로 전원 해고했을 경우 도대체 얼마의 경제보상금이 필요한지를 개략적으로라도 파악해 둘 필요가 있다. 경제보상금의 크기는 종업원의 근속연수와 종업원 수에 따라 다르지만 규모가 큰 기업일수록, 경영기간이 긴 기업일수록 그 금액은 커질 것이다. 그렇다고 이 금액을 회계장부에 기록할 필요는 없다. 단지 개략적인 수치를 계산해서 항상 한국 모회사와 공유할 필요가 있다. 경제보상금이 회계장부에 기록되지 않아도 되고, 또한 경제보상금 자체가 2008년 〈노동계약법〉에 의해서 명확하게 정의됨에 따라 현재의 운용 방법으로 변경된 지 오래되지 않았기 때문에 경제보상금을 둘러싼 문제가 일시에 표면화된 사례는 적었다. 그래서 중국 현지법인의 많은 한국 관리자들이 경제보상금 문제가 중대하고 심각함을 모르는 경우가 많다.

한편, 경제보상금은, 한국 기업이 중국 기업을 인수하고자 할 때 대상 회사인 중국 기업의 가치평가(Valuation)를 실시할 때도 많은 논란이 된다. 예를 들어 매수자가 기업가치평가를 할 때 매도자에게 "귀사의 종업원이 1,000명이고 평균근속연수가 5년이므로 현재 시점에서 전 종업원에게 경제보상금을 지급한다면 이 정도의 금액이 될 것으로 추정되는데 부채로 인식하고 있습니까?"라고 묻는 것이다. 당연히 부채로 인식하고 있지 않을 것이므로 부채로 인식되어 있지 않은 경제보상금은 우발부채로 간주하여 "이 금액만큼 기업가치에서 차감하는 것이 타당하다."고 주장하면서 인수금액을 깎는 데 많이 사용한다.

요약하자면 경제보상금은 회계상 충당부채로 인식하더라도 중국에서는 기업소득세법상 손금으로 인정되지 않아서 세금혜택이 없다. 만약 기업이 어떠한 다른 목적으로 자발적으로 부채로 인식해 두더라도 그 것은 단순히 회계상비용과 부채만 증가시킬 뿐이므로 아무런 혜택이 없다. 그리고 지분양도의 경우 경제보상금의 지급의무는 없지만 청산을 해서 회사가 소멸하는 경우 지급해야 한다는 것을 기억해야 한다.

## [6] 중국에서 기업가치 평가 방법

지분양도는 회사를 사고 파는 것이다 보니 당연히 매매의 대상이 되는 지분의 가격을 결정해야 한다. 지분의 가치는 대상회사의 기업가치를 말하는 것이므로 기업가치평가는 지분양도금액을 결정하는 것과 같은 의미라고 할 수 있다. 그렇다면 기업의 가치는 어떻게 평가할까?

"중국의 기업가치평가에서 어떤 방식이 일반적인가."라는 물음에 대해 "표준은 없다."는 것이 현실적인 대답이다. 물론 DCF법이나 순자산가치법 등 협상 과정에서 다양한 방법들이 언급되지만 어떤 방법을 사용할지를 먼저 정한 후 협상을 진행하는 것은 있을 수 없고, 거꾸로 다양한 방법을 사용해 기업가치를 산정해 보고 최종적으로 금액을 확정한 후 결정된 금액의 이론적 근거로 사용하는 경우가 많다.

한국의 증권회사나 M&A전문회사가 중국의 M&A업무를 지원할 때 미국이나 유럽 방식인 DCF법으로 하면 얼마이고 순자산가치법으로 하면 얼마라고 하면서 멋지게 만든 파워포인트 수십 장을 가져오는데, 중국 측과 협상할 때는 안타깝게도 헛수고인 경우가 자주 발생한다. 이 자료가 협상에 참고는 될지 모르지만 중국 측은 "이 정도 가격이면 지불할 수 있다."라는 기본적인 가이드라인을 가지고 협상에 임하기 때문에 아무리 두꺼운 자료를 준비하고 선진이론을 구사해서 설명하더라도 상대방을 설득시키는 데는 어려움이 많다.

## 1. DCF법

중국 기업과의 기업가치에 대한 협상은 이론보다는 최종가격이 우선시되는 경향이 있다고 설명했지만 DCF법이 무엇인지를 모르면 협상논의에도 참여하지 못하므로 기본적인 내용에 대해서는 이해해 둘 필요가 있다.

DCF법은 대상회사가 미래에 창출할 현금의 총액을 현재가치로 전환하여 기업가치를 계산하는 것이다. DCF란 Discounted Cash Flow의 약자로서 회사의 가치는 미래에 벌어들이는 현금이라는 생각에 바탕을 두어 그 회사가 향후 예를 들어 5년간 현금을 얼마나 벌어들일 것인지를 추정한다. 그리고 그것을 현재의 가치로 할인하는 것이다. 따라서 최근 손익계산서나 현금흐름표를 기초로 1년 후, 2년 후, 3년 후, 4년 후, 마지막으로 5년 후까지 추정한다.

DCF법을 적용할 수 있는 회사는 기본적으로 이익이 발생하는 회사이며, 손실이 발생하는 회사에게는 DCF법이 적합하지 않다. 현재 이익이 나고 있고 향후에도 이익수준이 성장해 갈 것이라는 것을 전제로 현금

흐름을 예상하는 것이 DCF법의 일반적인 패턴이다. 하지만 현실은 향후 5년간의 이익이 매년 지속적으로 우상향하는 추세를 보이는 것은 그렇게 간단한 문제는 아니다. 하지만 일단 '매출이 늘고 비용이 낮아져서 이익이 늘어난다.'라고 하는 식으로 그림을 그려 나간다. 이어 1년 후부터 5년 후의 연도별 예상이익을 추정해서 연도별 자유현금흐름(FCF)를 현재가치로 전환한다. 현재가치로 전환하는 것을 할인이라고 하는데 할인의 개념에 대해서는 좀 더 자세한 설명이 필요할 것 같다.

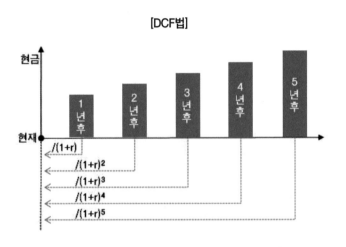

[DCF법]

먼저 돈의 시간가치에 대한 이해가 필요하다. 예를 들어 1년 후의 100원은 현재 100원과 동등한 가치는 아니다. 왜냐하면 현재 100원을 은행에 맡기면 이자가 붙어 1년 후에는 최소한 100원보다 많아질 것이기 때문이다. 만약 1년간 맡기면 10%의 이자가 붙는다고 가정해 보자. 1년 후의 100원은 현재 시점의 대충 90원 정도가 될 것이다. 즉, 현재 90원을 은행에 맡기면 1년 후에 10%의 이자가 붙어서 약 100원(정확히는 99원)

이 되어있을 것이다. 따라서 금리가 10%이라면 1년 후의 이익 100원은 그것을 1.1로 나누어서(할인해서) 현재의 금액 90원과 동일하다는 개념이다.

요약하면 1년 후의 FCF가 100이고 금리가 10%라면 그 FCF의 현재가치는 100 ÷ 1.1이다. 2년 후의 FCF가 200이라면 그 현재가치는 200 ÷ 1.1 ÷ 1.1이다. 이렇게 복리계산으로 할인한 것이 현재가치이며, 3년째, 4년째, 5년째도 할인한다. 이론적으로는 영구적으로 할인하지만 실무적으로는 6년째부터는 5년 후와 같다고 가정한다. 수학을 잘하는 사람은 아래의 Σ공식으로 이해하면 빠를 것이다.

$$\sum \frac{FCFn}{(1+r)^n}$$

이 DCF법에 대해서는 일단 위의 이론 정도만은 알아 두어야 하며, 그 안에 아래의 2개의 큰 변수가 있다는 것을 기억해야 한다.

첫째는 1년 후에 얼마, 2년 후에 얼마의 이익이 발생하는 것에 대해 누가 보증할 수 있느냐이다. 매년 흑자를 보고 있는 기업이라면 향후에도 이 정도의 현금흐름은 나올 수 있다고 말할 수 있지만 이건 어디까지나 추정이고 가정의 숫자이다. 누구도 장담 못 하고 누구도 확실히 말할 수 없는 숫자이다. 그래서 앞으로 5년간 수익예상을 장밋빛으로 하면 기업가치가 높아지고 보수적으로 계산하면 기업가치가 낮아진다는 문제가 있다.

또 하나는 할인율이다. 할인율은 보통 영어 소문자 r로 표현하는데 영어로는 Discounted Rate로서 투자가가 기대하는 기대수익률라는 것을 이용하게 된다. 이는 중국에 투자한 사람이 "최소한 연간 몇 %의 이익을 얻기를 원한다." 또는 "연간 몇 %의 이익이 없으면 중국에는 투자하지 않을 것이다."라는 기준점이 되는 비율을 말한다. 이 r의 값은 은행의 예금금리나 대출금리와는 달리 중국에 투자한 사람 또는 투자할 사람이 수지가 맞다고 생각하는 수익율이다. 중국의 할인율은 일반적으로 12~18%로 사용하고 있다. 중국 은행의 정기예금금리나 차입금리는 이것보다 낮은 수준이지만 할인율은 은행금리 수준과는 다른 맥락에서 결정되는 것으로서 투자자가 중국에 투자하여 요구하는 수익률이 최소한 12~18%라는 것을 의미한다.

이 숫자는 블룸버그나 로이터를 통해서도 얻을 수 있는데 이것은 중국 투자에 대해 전 세계가 어떻게 보고 있는가를 나타낸다. 현재는 시중의 은행금리보다 훨씬 높은 수준을 요구한다고 할 수 있다. 예를 들어 할인율이 17%라는 것은 100을 투자하면 1년 후에 17의 이익을 기대하고 있고 다른 말로는 6회에 1번(100 ÷ 17 ≒ 6)은 디폴트를 일으킨다고 보고 있는 것이다. 중국의 디폴트 리스크란 중국이라는 국가가 채무불이행이 되는 리스크도 있고 개별기업이 도산하거나 다양한 규제로 인해 사업이 꾸려 나갈 수 없게 되는 리스크도 있다. 그것들을 종합적으로 감안하여 전세계의 투자자들은 "연간 12~18%의 이익이 나야지 중국 투자를 결정한다."라는 것이 현재 세계가 중국에 대해 내리는 평가라고 할 수 있다.

그러나 중국 기업을 인수하고자 하는 한국 회사에게 회사를 매각하고자 하는 중국 측은 조금이라도 비싸게 팔고 싶기 때문에 할인율을 낮추기 위해 노력한다. 예를 들어 중국의 금리는 은행차입에서 연 6% 정도이므로 할인율도 6%로 하자고 하거나 또는 우리회사는 신용상태가 좋고 은행에서는 연 5.5%로 빌릴 수 있으므로 할인율은 5.5%로 하자라고 주장할 수 있을 것이다. 그러나 할인율은 금리가 아니라 금리를 포함한 리스크에 대한 프리미엄(기대수익률)을 나타내는 것이므로 은행금리와는 다르다. 리스크 프리미엄은 투자자가 얼마의 이익을 기대하는가 이다. 중국 측과 이런 협상을 할 때 종종 국제투자부 같은 명칭의 중국 측 기업 본부에서 나온 젊은 담당자가 CAPM에 의하면 얼마이고 또는 WACC로 계산하면 얼마, ß값이 낮아서라고 이야기하는 경우가 있다. 하지만 잘 들어 보면 아무래도 전날 밤에 참고서를 넘겨 가며 공부해서 이야기하고 있다는 느낌을 지울 수 없다. 그래서 중국 측이 이러한 증권이론을 내세워도 상대의 말을 냉정하게 듣고 다 듣고 난 후에는 논리적으로 반박할 수 있는 이론적 백그라운드를 겸비할 필요가 있다.

요약하자면 DCF법은 미래현금흐름을 어떻게 추정하느냐에 따라 기업가치를 마음대로 조작할 수 있다는 것과 할인율에 따라 계산결과가 크게 좌우될 수 있다는 점을 잊어서는 안 된다. 그리고 원래 흑자가 발생하는 회사가 아니면 적용하기 어려운데 이는 현금흐름이 마이너스인 회사는 매년 현금이 감소하는 회사이므로 어떻게 계산해도 플러스의 기업가치가 나오지 않기 때문이다.

## 2. 순자산가치법

DCF법과 함께 자주 사용되는 기업가치의 계산방법으로서 순자산가 치법이 있다. 엄밀한 의미에서는 시가기준 순자산가치법이라고 표현하는 것이 옳을 것이다. 이 방법은 대상회사의 재무상태표의 각 항목을 시가로 평가하여 기업가치를 계산하는 것이다. 재무상태표의 왼쪽인 자산과 오른쪽인 부채의 각 항목들을 시장가치로 평가한 후 자산합계에서 부채합계를 뺀 것, 즉 순자산이 기업의 가치라고 보는 것이다. 회계처리 기준에 따라 만들어진 재무제표상의 금액을 장부가액이라고 하는데 장부가액은 시장가치를 반영하는 것이 아니라 최초 취득 당시의 원가로 하기 때문에 기업을 매매하려면 이 장부가액에서 일정한 수정을 가해서 시장가치로 전환해야 한다.

**[순자산가치법]**

| 자산 | 부채 |
|---|---|
| 현금과 예금 → | 단기차입금 → |
| 외상매출금 ↘ | 외상매입금 → |
| 유형자산 → | 우발부채 ↑ |
| 토지사용권 ↗ | **자본** |
| 무형자산 ↑ | 자산-부채=기업가치 |

예를 들어 자산 중에서 현금과 예금이 장부가액으로 100만 위안이 있다면 이것을 시가로 평가하더라도 그대로 100만 위안이기 때문에 수정이 필요 없을 것이다. 그리고 외상매출금의 경우 제대로 회수할 수 있으

면 좋겠지만 장래에 회수하지 못할 가능성도 있다. 만약 과거의 경험에 따르면 총 금액 중에서 10% 정도를 회수할 수 없었다면 시가로 평가하는 금액은 장부가액의 90%가 될 것이다. 이처럼 자산항목의 하나하나를 시가로 전환해 나간다.

특히, 중국에서 장부가액과 시가가 차이가 많이 나는 항목이 바로 토지사용권이다. 대부분이 시가가 장부가액을 크게 웃도는 상황이라고 보면 맞다. 중국의 토지사용권은 제조기업의 경우 최장 50년의 권리를 살 수 있다. 예를 들어 10년 전에 평방미터당 200위안으로 샀다고 하자. 토지사용권은 50년으로 매년 균등액상각을 하기 때문에 장부가액 기준으로는 매년 50분의 1씩(매년 4위안씩) 상각된다. 그래서 10년이 경과했다면 40위안 줄어들어 장부가액은 160위안으로 감소될 것이다. 그러나 현실적으로는 공장 인근이 도시화되고 물가상승의 영향으로 토지사용권의 가치가 상승하는 것이 일반적이다. 예를 들어 500위안으로 올랐다고 하면 평방미터당 토지사용권은 장부가액이 160위안이지만 시가는 500위안으로 되기 때문에 기업가치를 그만큼 높이는 요인이 된다. 그리고 시가평가에 있어 자주 논란의 대상이 되는 것이 브랜드파워나 상권 등 무형자산의 가치를 인정할지 여부이다.

위와 같이 순자산가치법을 사용해서 한·중 간 기업가치의 협상을 할 때는 쌍방이 협의해서 1개 항목씩 시가로 수정해 나갈 것이므로 이 방법이 DCF법보다 쌍방이 서로 납득하기 쉽다는 특징이 있다.

한편, 협상현장에서는 한·중 쌍방이 열심히 논의를 다 해도 중국 측 실질적 오너의 직감에 의해 가격이 결정되는 일이 자주 있다. 이 경우 협상 개시 전에 내부적으로 작성한 DCF법과 순자산가치법에 의해 추정한 금액과는 전혀 다른 세계에서 가격이 정해져 버리는 경우도 발생하는데 가격이 결정된 뒤에 이사회나 주주에 대한 설명용으로 순자산가치법 등으로 이론적인 백그라운드를 역으로 만드는 현실도 자주 있다. 그래서 가격협상 초기 단계에서 순자산가치법이나 DCF법에 대해 외부전문기관에 엄청난 돈을 주고 평가보고서를 만들어 줘도 중국의 M&A에서는 의미가 없는 경우가 많다. 이러한 평가보고서가 다른 나라에서는 유효할지 모르지만 협상상대는 그러한 이론적 논리가 통하지 않는 측면이 있다는 것을 기억해 두어야 한다.

## 3. 기타의 평가 방법

기업가치를 평가하는 방법으로서 DCF법과 순자산가치법 이외에 추가로 2개를 소개하고자 한다. 이들은 중국의 M&A 현실에서 그다지 자주 사용되지 않으므로 기본 개념 정도만 이해하는 것으로 충분할 것이다.

첫째는 재조달원가법으로서 이것은 대상회사와 같은 회사를 다시 설립할 경우에 필요한 비용으로 기업가치를 산출하는 방법이다. 즉, 근처에 매매대상과 똑같이 토지사용권을 사서 건물을 세우고 동일한 기계설비를 사서 공장을 만들려면 지금 화폐가치로 얼마나 들 것인가 하는 개념이다. 이론적으로는 가능한 방법이겠지만 대상회사의 설비와 건물은 감가상각이 진행되어 장부가액과 시가가 모두 떨어졌을 것이나 토지사용권의 경우 장부가액은 떨어지지만 시가는 올라간다는 현실을 고려한다면 이 방법은 변화무쌍한 중국의 현실에 맞지 않다.

둘째는 유사기업가치법(multiple)으로 유사한 업종의 다른 회사의 기업가치와 비교해서 평가하는 방법이다. 예를 들어 주식을 상장하고 있는 회사 중에는 철강, 섬유, 식품 등 이른바 업종별로 여러 개의 회사가 존재할 것이다. 만약 증권거래소에 상장된 식품회사가 20개 있다면 그 회사들의 지표를 비교해서 '대상회사라면 이 정도의 기업가치가 될 것이다.'라고 기업가치를 평가하는 방법이다. 이때 사용하는 지표로서 대표적인 것이 주가수익률(PER: Price Earnings Ratio)과 주가순자산배율(PBR: Price Book-value Ratio)이다.

PER은 주식시가 총액을 의미하는 Price와 이익을 의미하는 Earnings의 비율을 말한다. PER에 의한 기업가치 산정은 동일 업종의 다른 회사의 이익과 주가 총액의 비율을 산출해 '대상회사의 이익은 얼마이기 때문에 주가의 총액은 그 몇 배인 얼마일 것이다.'라고 추정하는 것이다. 그러나 이 방법은 '동일업종이라면 똑같은 이익이 발생한다.'라는 가정 하에 성립되는 것이므로 업계의 각 회사들이 흑자가 아니라 적자라면 제대로 된 기업가치를 계산해 낼 수 없다. 중국 기업과 기업가치 협상을 할 때에 그들이 이 PER을 사용하는 것을 좋아한다는 느낌을 많이 받는다. 상장기업끼리를 비교한다면 기업가치는 시장이 정한다고도 말할 수 있으므로 PER를 사용한 비교기준도 어느 정도 납득할 수 있지만, 상장도 하지 않은 중소기업이 공개된 상장기업을 가지고 비교하는 것 자체에는 큰 무리가 있다.

PBR은 주가총액을 의미하는 Price와 재무상태표의 순자산가치를 의미하는 Book-value의 비율을 말한다. 이것도 PER와 같이 정보가 공개된 상장기업 간에 주가가 비싼지 싼지를 판정하는 지표로 사용되는 것이므로 비상장 유한회사에 도입하는 것 자체에 무리가 있다. 그러나 중국 기업과 가격협상에서 "우리 업계의 PBR은 6배가 타당하다."처럼 회의 시작부터 근거가 희박한 제안을 제시하는 경우도 있었다.

위의 내용들은 증권분석의 기법으로서 다소 복잡하지만 중국 사람들도 개인적으로 주식투자를 하는 사람들이 많기 때문에 기업가치평가에 대한 기본적인 지식은 가지고 있다고 봐야 한다. 따라서 협상테이블에서 양측이 생각하고 있는 기업가치 평가에 대한 기본상식이 다르기 때문에 무엇이 정확한 상식인가를 다투어 봤자 얻는 것은 없다. 그보다는 중국 측의 주장도 주의 깊게 귀를 기울이고 그 후 그에 맞는 대응논리로 반박해야 한다.

## [7] 지분양도계약서 체결단계

지분양도계약서를 체결하는 것은 매도자와 매수자 간의 협상에 의해 합의된 사항을 법적 구속력이 갖추어진 문서로 만든다는 점에서 매우 중요한 절차라고 할 수 있다. 지분양도계약서의 작성은 초안의 작성에

서부터 시작하여 쌍방이 모든 계약조항에 대해서 합의가 도출될 때까지 여러 번의 수정작업을 거치게 된다. 이때 중요한 것은 최초의 계약서 초안을 우리 측에서 준비하는 것이 중요하다. 간혹 중국에서 쓰일 계약서이므로 중국 측에 초안 작성을 맡기는 경우가 있는데 계약서를 만드는 것이 어렵고 또한 중문으로 번역해야 하는 번거로움이 있지만 초안의 작성권을 먼저 확보하는 것이 유리하다.

왜냐하면 계약서의 기본적인 틀을 우리 측이 만들고 그 안에는 우리 측의 권리를 최대한 많이 포함시키고 의무를 최소화한 후 중국 측으로 하여금 이 초안에 다른 의견이나 추가할 사항이 있는지에 대해서 의견을 달라고 하는 것이 유리하기 때문이다. 만약 반대의 경우라면 상대방이 만들어 놓은 모든 조항에 대해서 그들의 의도가 무엇인지 하나하나 파악해야 하며 또 정확하게 파악하는 데도 한계가 있기 때문이다.

지분양도계약서 안에는 지분양도금액과 지분양도의 여러 조건이 모두 담겨 있어 향후 지분양도의 실무절차를 수행하는 데 기준이 되며, 쌍방 간에 분쟁이 생겼을 때 옳고 그름을 판단할 수 있는 근거가 된다. 따라서 모든 조항을 신중히 검토해 결정할 필요가 있다. 그리고 실무적인 이야기지만 지분양도계약서는 대상회사의 각종 변경등기를 위한 행정절차를 할 때 관련 정부부서에 제출해야 하므로 공무원이 봐서 껄끄러운 내용이 있다면 보충합의서를 이용하여 이러한 부분은 별도로 합의하는 것이 좋다. 일반적으로 지분양도계약서 안에 포함되는 내용은 다음과 같다.

① 거래 쌍방의 명칭, 주소, 법정대표인의 성명과 국적 등

② 양도대상 지분의 명칭

③ 지분양도 금액

④ 계약의 이행기간과 이행방식

⑤ 양도인과 양수인의 권리와 의무

⑥ 위약책임과 분쟁의 해결 방법

⑦ 계약 서명일자


만약, 중국 측으로부터 지분을 매입하는 입장에 있다면 위의 기본적인 사항 이외에 진술과 보장이라는 항목을 넣어서 인수 당시에 파악하지 못했던 대상기업의 우발부채에 대해서 보장받는 안전장치를 마련하는 것이 필요하다. 그러나 지분을 매각하는 입장에서 이러한 진술과 보장은 오히려 지분대금을 회수하는 데 발목을 잡을 수 있기 때문에 되도록이면 이런 조항은 기재하지 않고 가능한 간단한 계약서로 진행하는 것이 좋다. 매도자의 입장에서 가장 중요한 것은 빠른 시일 내에 잔금을 받아 오는 것이기 때문에 계약서의 모든 조항들도 여기에 초점을 맞추어야 한다. 예를 들어 매도자의 진술과 보장 중에 "우리는 대상회사를 경영해 오면서 어떠한 세금회피를 위한 부정이나 오류가 없었음을 보장한다."라는 문구가 있다고 하자. 그러면 매수자는 경영권을 인수한 후 바로 세무국에 쫓아가 세무조사를 해 달라고 요청하고 세무조사가 종결될 때까지 잔금을 계속 주지 않을 것이고, 추징세금이 있다면 그것은 잔금에서 빼려고 할 것이다. 이것은 필자가 실제 경험했던 사례이다.

# [8] 관계당국에서 행정절차의 진행

지분양도계약이 체결된 후 본격적으로 회사를 인도하기 위한 행정절차가 진행되는데 그 절차를 요약하면 다음 흐름도와 같다.

**[지분양도 행정수속의 흐름도]**

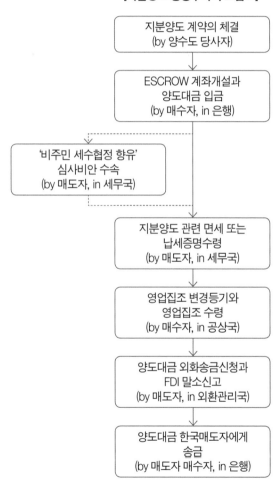

위 흐름도에서 'ESCROW 계좌개설과 양도대금 입금'은 필수적인 절차는 아니지만 지분의 양도대금을 안전하게 확보하기 위한 장치이다. 만약, 중국 측에게 지분을 양도하는 경우라면 매수자인 중국기업은 해외로 송금을 해야 하는데 이때 외환관리국의 승인이 필요하고 외환관리국은 지분양도 후 변경등기가 완료된 영업집조를 가져오라고 한다. 따라서 영업집조는 변경되어 대상회사는 이미 중국 측에게 넘어갔지만 양도대금은 한 푼도 확보하지 못하는 위험이 있는데 이 리스크를 줄이기 위해서 에스크로가 필요하다. 에스크로는 공동관리계좌로서 매수자의 명의로 중국 내 은행에 개설하고 매수자, 매도자 및 은행 등 3자가 서명해야만 돈을 인출할 수 있는 특수목적 은행계좌이다. 에스크로가 개설되면 계약체결 시점에서 30%, 비준 시점에 50%, 영업집조가 변경되었을 때 20%를 입금하고 양도대금 전액이 입금된 후에는 3자가 공동으로 서명해서 한국의 매도자 계좌로 송금하게 된다. 각 시점마다의 입금 비율은 쌍방의 협상에 의해 결정하면 된다.

만약, 지분의 매수자가 중국기업이 아니고 한국이나 일본 등 중국외 다른 나라 기업이라면 중국에서 해외로 송금해야 하는 절차가 없으므로 에스크로의 개설이 필요없고 바로 계약금 등을 매도자의 한국계좌로 받으면 된다. 지분양도대금을 송금받은 후 한국 모회사는 외국환거래은행에 해외직접투자 청산보고를 하여 등록된 사항을 말소시켜야 한다. 비록 철수방식이 지분양도라고 하더라도 해외직접투자 청산보고라는 명칭을 사용한다. 청산보고를 하는 외국환거래은행은 중국 현지법인을 설립할 때 자본금을 송금했던 곳으로서 해외직접투자신고를 했던 은행이다. 이때 제출하는 서류는 아래 4가지이다.

① 해외직접투자사업 청산 및 대부채권 회수보고서(지정양식)
② 지분양도 후 주주명칭이 변경된 증빙서류
③ 지분양도 기준일의 손익계산서와 재무상태표
④ 지분양도대금이 회수되었다는 것을 증명할 수 있는 외화매입증명서

## [9] 기업인도와 변경등기

지분양도과정에서 양도대금을 안전하게 확보하는 것 못지않게 중요한 부분은 '언제 대상회사를 인계(인도)할 것인가.'이다. 대상회사를 인계한다는 것은 여러 인감(도장)을 비롯한 회사의 의사결정에 필요한 모든 것을 매수자에게 주고 경영권을 넘기는 것을 말한다. 따라서 지분양도계약서에 인계와 관련하여 구체적으로 규정해야 한다. 인계일은 언제로 할 것인지, 인계장소는 어디로 할 것인지, 인계할 대상은 무엇으로 할 것인지 등에 대해서 구체적으로 정해야 한다. 인계일은 양도자가 지분양도대금을 받는 날로 잡는다. 양도대금이 중국에서 한국으로 오는 시차가 있기 때문에 중국의 송금은행에서 송금하는 날이 인계일이 되는 것이 보통이다. 인계장소는 송금은행의 회의실이 될 수도 있고 여의치 않으면 한국으로 송금하자마자 바로 대상회사의 회의실에 모여서 인계절차를 진행하는 것이 좋다. 또한 양도자는 대금을 받았으므로 양수자에게 인계할 대상은 일반적으로 아래와 같다.

① 공장(법인인감)과 기타 인감들

② 영업집조, 부동산 등기권리증 등 중요한 원본서류

③ 기존 법정대표, 동사, 감사, 총경리 및 재무총감의 사직서

④ 은행업무 수권인을 변경하는 것에 대한 주주회나 동사회의 결의서

⑤ 매도자가 인계일까지 진술한 내용에 대해서 보증한다는 매도자 확인서

⑥ 기타 매수자가 요구하는 서류들

특히, 인감은 마지막까지 매도자가 가지고 있다가 매수자의 새로운 인감이 제작되면 기존 인감을 면전에서 공개적으로 폐기하는 것이 좋다. 실무적으로 인감을 너무 일찍 넘겨줘서 발생하는 문제가 종종 있다. 어떤 회사는 지분양도계약을 체결하고 바로 인감을 매수자에게 넘겨주었는데 매수자가 이 인감을 가지고 차입계약서를 위조하여 대상회사에 추가적인 부채가 있다고 주장하는 일도 있었다. 그리고 또 다른 사례로서 당초부터 이 매수자는 대상회사의 사업에는 관심이 없었고 대상회사가 가지고 있는 보유현금에만 관심이 있어서 회사의 인감을 받은 후 예금만을 인출한 후 달아나서 잠적해 버리는 사건도 발생한 사례가 있으므로 인감을 인수인계하는 시점에 각별한 주의가 필요하다.

그리고 변경등기는 영업집조를 갱신하는 것을 말한다. 등기내용에 주주 명칭이 기존의 매도자에서 매수자로 바뀌면 대상회사의 주인이 바뀐 것이 된다. 그리고 영업집조에 법정대표가 기존 매도자 측의 사람에서 매수자 측의 사람으로 변경되는 법률적으로 법인의 대표가 바뀐 것이

다. 영업집조의 갱신은 시장감독관리국(구, 공상행정관리국)에서 하며, 새로운 영업집조를 인쇄해서 발급해 준다.

## [10] 중국인과의 협상 전략

이 주제는 매우 실무적인 내용으로서 사람마다 다른 관점이 있겠지만 필자가 중국 사람과 M&A협상을 하면서 느꼈던 내용을 요약하였다. 이 내용은 비단 지분양도를 위한 협상뿐만 아니라 중국인과 다른 비즈니스를 할 경우 참고로 하면 도움이 될 것이라고 생각한다.

협상에 나설 때 먼저 중국 측 협상단의 상하관계를 빨리 파악하는 것이 중요하다. 만약 직급이 낮은 협상단과의 협상이 끝났으면 아직 최종 타결되지 않았더라도 같이 식사하기를 권한다. 특히, 지방 도시에 가면 중국 측이 먼저 식사를 권할 것이고 식사 때에 술이 안 나올 수 없다. 처음에는 맥주로 시작하지만 나중에는 포도주나 도수가 높은 고량주로 전투하듯이 건배 제의를 하게 되어 어쨌든 마시게 된다. 저녁 식사 자리에서 맛있는 중국 요리와 신나게 술 마시며 서로의 친분을 쌓는 것도 중요하지만 그때 중국 측 사람 중에는 한국 측의 의사결정자가 누구인지 직급의 상하관계를 파악하고 있는 요원이 있다는 것에도 주의해야 한다. 그래서 한국 측도 이 기회를 이용해서 상대를 연구할 필요가 있다. 예를 들어 '오늘 회의에 참석한 중국 측 멤버 중에서 누가 최종적인 의사결정 권한을 가지고 있는가?' 그리고 '여기에 나오지 않은 사람이 최종결정권자라면 누구의 상사일까?'라는 것을 파악하는 것이다.

중국은 한국과 다르게 직위와 나이가 역전되어 있는 경우가 많기 때문에 나이가 많이 들어 보인다고 해서 무조건 직위가 높거나 의사결정권이 많을 거라는 선입견은 버리는 것이 좋다. 우선 직무상의 상하관계를 파악하고 어떤 지휘명령계통으로 움직이고 있는지를 살펴봐야 한다. 특히 국영기업에 가까운 기업일수록 상부조직과 인허가권한을 가지고 있는 정부가 어느 수준인가(市級인지 省級인지)도 파악해야 한다. 어쩌면 낮에 협상한 멤버 중에는 결정권한이 전혀 없는 경우도 있다. 만약 그런 상황이 파악되었다면 향후에는 협상멤버의 등급을 올리는 것에 모든 정력을 기울여야 한다. 예를 들어 대상회사의 총경리는 고용관리자 중의 톱일 뿐이며, 대상회사에 출자하고 있는 회사의 동사장이 근본적인 협상대상이다. 그리고 그 동사장에게 지시를 내릴 수 있는 사람이나 조직이 더 위에 있으면 진정한 협상상대는 바로 그곳이 되는 것이다.

그리고 당이 관여하고 있는지도 살펴봐야 한다. 당은 물론 중국공산당을 가리킨다. 중국이라는 나라는 당이 국가를 운영하고 있다. 즉, 중국공산당이 중화인민공화국을 운영하는 것이므로 특히 국유기업은 당이 깊이 관여하고 있으며, 지방 도시의 경우에도 당의 그림자가 짙게 보이는 경우가 자주 있다. "우리 기업은 이번 M&A를 정말 하고 싶지만 당이 안 된다고 합니다."라고 하면서 이미 많이 진행된 이야기를 백지화시키는 것이 그들의 상식 중 하나이다. 한국인의 입장에서는 "이제 와서 말을 뒤엎을 수 있습니까."라고 따질 수도 있으나 그들의 입장에서는 매우 진지한 것이다. 당의 지도 아래에 우리가 있으므로 당의 결정에 따르는 것은 그들의 상식이라는 것이다.

또 하나의 협상 전략은 끝까지 구체적인 숫자는 말하지 않는 것이다. 직설적인 한국인은 이런 전략이 익숙하지 않겠지만 중국인에게는 일상 생활이라고 할 수 있다. 중국의 시장에 가 본 적이 있는가? 중국 사람들이 시장에서 야채를 사는 광경을 보면 사는 쪽이 먼저 얼마냐고 물어본다. 그러면 파는 쪽이 턱없이 높은 금액을 부르고 사는 쪽은 턱없이 낮은 금액을 부른다. 우리의 상식으로는 이 정도의 편차로는 접점을 찾을 수 없을 것 같지만 "그럼 안 맞네, 안녕." 하고 일단 돌아서고 나서 다시 서로 돌아보며 "그럼 이 정도면 어때?"라고 다시 흥정하기를 여러 번 반복해서 서로가 만족하는 수준의 가격까지 수렴해간다. 그들은 이것이 일상이다. 이렇다 보니 정찰제에 익숙한 한국 사람들에게는 중국 시장에서 물건 사는 것이 매우 피곤한 일일 수밖에 없다. 시장에서 물건 사는 것과 같은 일상 생활이 협상 과정이라고 할 수 있는 중국 사람들에게 엄청난 금액이 오고 가는 기업매매는 말할 것도 없이 엄청난 협상 전략을 쏟아 낼 것이다. 이러한 그들과의 협상을 하면서 이기기란 쉬운 일이 아니나 중요한 몇 가지 원칙 중에 하나가 구체적인 숫자를 먼저 말하지 않는 것이다. 혹시라도 상대방이 물어보면 "당신은 얼마로 생각하십니까?"라고 되묻는 것이 좋다. 만약 "이번 협상 타결점은 대충 이 정도 금액입니다."라고 말하는 순간 거기서부터 협상이 진행된다. 즉, 매도자라면 "이 정도 금액만 받으면 팔 의향이 있습니다."라는 의사표시가 되어 그 숫자가 협상의 출발점이 되기 때문에 더 이상 올릴 수는 없고 깎이는 수순만 남아 있기 때문이다. 그 후 아무리 진지하게 DCF법이나 순자산가치법으로 계산한 대상회사의 가격산출방식의 이론을 설명해도 구체적인 금액을 말한 순간에 그것이 바로 상한가격이 되어 버려 중국 측에게 양보하는 일만 남아 있게 된다. 그러므로 끝까지 구체적인 금액을 먼저 말하지 말아야 한다. 만약 말한다면 엄청나게 비싸든지 아니면 매수자라면 엄청나게 낮은 금액, 우리의 상식으로는 "농담하냐?"라고 화를 내고 싶어지는 숫자를 불러 놓는다. 그런 숫자를 말하더라도 중국 측이 협상 자체가 불가능하다고 느껴 먼저 일어나는 일은 없다.

마지막으로는 협상 타결을 서두르지 말라는 것이다. 시간이 충분한 쪽이 이긴다. 많은 경우 협상 장소는 중국이므로 중국 측은 홈 그라운드이기 때문에 전혀 서두르지 않는다. 반면, 한국 측은 "이번 출장에서 이 정도까지 이야기를 진행시키지 못하면 한국으로 돌아가 본사임원에게 보고할 게 없어."라는 초조함 때문에 많은 부분을 양보해 버리는 일이 일어나기 십상이다. 그래서 협상단은 시간을 느긋하게 가지고 협상에 임하는 것이 중요하다. 이렇게 큰 딜을 진행하면서 하루 이틀의 출장비가 추가되는 것은 중요한 금액이 아니다.

## 제2장

# 지분양도의 세금문제

## [1] 지분양도에 따른 세금의 종류

여기서는 중국 내외의 자연인이나 법인이 중국의 비상장기업인 중국 현지법인 지분을 다른 사람에게 양도할 경우 중국 내에서 어떤 세금 부담이 발생하는지 간략하게 알아보겠다.

중국 현지법인의 지분을 양도하게 되면 중국에서는 크게 2가지의 세금이 발생한다.

첫째, 먼저 인지세이다. 인지세는 중국 국경 내에서 법률적 효력을 가지게 되어 중국법의 보호를 받는 문서가 과세대상인데 대표적인 것이 계약서이다. 따라서 계약서의 작성 장소가 어디인지에 관계없이 중국 현지법인의 지분양도계약서에 대해서는 인지세를 납부할 의무가 있다. 지분양수도계약서는 재산권의 이전계약에 해당하므로 지분의 매도인과 매수인이 각각 지분양도가액의 0.05%(5/10,000)에 해당하는 인지세를 납부한다.

둘째는 기업소득세이다. 기업소득세는 기업이 지분을 양도함에 따라 얻은 소득, 즉 지분양도차익에 대해서 부과하는 세금이다. 만약 지분양도자가 자연인이라면 개인소득세가 된다.

인지세는 계약금액에 세율을 곱하는 매우 단순한 구조로 되어 있으므로 추가설명은 필요 없으나 기업소득세에 대해서는 좀 더 구체적인 해설이 필요할 것 같다. 기업소득세의 계산은 지분양도차익에 세율을 곱하는데 지분양도차익은 지분의 매도인이 지분을 양도함에 따라 얻은 이익을 말한다. 계산공식은 '지분양도차익=지분양도가격 ― 지분취득원가'로 표현할 수 있는데 각 요소들의 결정방법에 대해서 알아보자.

## 1. 지분양도가격

지분양도가격은 지분의 양도인이 지분을 넘겨준 대가로 받는 현금이나 비현금자산을 말한다. 지분양도대상회사에 미처분이익 또는 세금공제 후에 적립한 각종 적립금이 있는 경우 지분매도인은 지분과 함께 대상회사에 유보된 잉여금도 함께 넘겨주게 되는데 이 유보금액은 이미 지분양도가격에 포함되어 있으므로 별도로 떼내서 고려해서는 안 된다.

주의해야 할 점으로서 지분양도가격은 공정하고 합리적이어야 한다는 것이다. 만약, 지분양도가격이 현저히 낮고 그에 대한 정당한 이유가 없는 경우(특히, 특수관계자간의 지분양수도) 세법에서는 공정가격으로 양도된 것으로 봐서 세금을 부과하는 규정이 있다. 세법에서 공정가격 이라고 하지만 구체적인 공식이나 방법은 없기 때문에 관할세무기관은 전문평가기관이 평가한 가격을 세액산출의 기초로 할 것을 요구하는 사례가 많다.

## 2. 지분취득원가

지분취득원가는 지분매도인이 지분을 취득하기 위해 지불했던 금액 으로서 대상기업에 직접 납입한 출자금액이나 또는 중도에 매입한 경우 라면 해당 지분을 구입한 시점에서 기존의 매도인에게 지급했던 지분양 수대금을 말한다.

여기서 주의할 점으로서 지분취득원가는 상응하는 증거를 갖추고 있 어야 한다. 예를 들어 자본금을 납입한 경우 출자했을 때의 자본금납입 검사보고서(验资报告), 출자가 아니라 제3자로부터 지분을 매입한 경 우라면 지분양도계약서와 회계감사보고서 등을 갖추고 있어야 한다.

아래 표는 매도자가 자연인인지 법인인지 그리고 중국인인지 외국인 인지에 따라 세금 부담액을 계산하는 방법을 분류한 것이다.

| 주체 | | 세금 부담액 계산 | 법률근거 |
|---|---|---|---|
| 자연인 | 중국 | - **개인소득세= (지분양도차익 - 합리적비용) × 20%**<br>- 합리적 비용에 관해 중국세법에는 명확한 규정은 없고 실무적으로는 인지세 등 세금, 평가비용, 기타 자문비용이 포함된다.<br>- 자문비용은 변호사, 회계사, 세무사 등의 컨설팅 비용으로서 필요한 것인지 그 구체적인 판단에 대해서는 관할세무기관 또는 담당관에 따라 견해나 요구조건이 다를 수 있으므로 사전에 확인하는 것이 바람직하다. | - 개인소득세법<br>- 개인소득세법 실시조례<br>- 지분양도소득에 따른 개인소득세 세액계산 근거의 사정문제의 공고<br>- 지분양도소득에 대한 개인소득세의 징수관리 강화에 관한 통지 |
| | 외국 | | |
| 법인 | 중국 | - **기업소득세 =지분양도차익 × 25%**<br>- 지분양도차익을 당기의 과세소득에 포함시켜 기업소득세를 계산한다. 경영활동에서 결손이 있는 경우 이 결손금을 보전한 후에 비로소 기업소득세가 발생한다. | - 기업소득세법<br>- 기업소득세법 실시조례<br>- 기업소득세법실시철저에 따른 징수문제 통지<br>- 비거주자기업의 지분양도 기업소득세 관리강화에 관한 통지<br>- 비거주자기업의 소득세 원천징수 관리잠정방법<br>- 주주배당의 협정세율 일람표배포에 관한 통지 |
| | 외국 | - **기업소득세(원천소득세)= 지분양도차익 × 10%**<br>- 중국과 조세협정이 체결된 국가에 소재하는 기업의 경우 조약에서 규정하는 세율이 10%보다 낮은 경우 낮은 세율을 적용한다. | |

## [2] 지분양도가격의 결정과 세금문제

### 1. 지분양도가격의 결정이 세금문제를 발생시키는 이유

지분양도에 있어 관계당국의 행정절차 중에서 세무국 절차는 일정한 시간이 필요하다. 사업 철수를 목적으로 한 지분양도의 경우 대상회사가 적자기업이기 때문에 누적손실이 많은 것이 일반적이다. 이 경우 지분양도가격이 당초 투자한 자본금보다 적기 때문에 가격의 차이 부분에 대해서 세무당국이 설명을 요구할 수 있으므로 이를 위한 준비에도 시간과 노력이 필요하다.

다음의 사례를 가지고 지분양도가격의 결정에 있어 주의할 점을 살펴보자. 사례에서 대상회사는 등록자본금이 100만 위안이고 자산평가회사가 평가한 지분의 평가금액은 70만 위안이며, 이것을 근거로 지분 매매당사자 간에 합의한 양도금액은 60만 위안이다.

| 항목 | 자본금 | 평가금액 | 매매금액 |
|---|---|---|---|
| 금액 | 100만 | 70만 | 60만 |
| 금액결정의 근거서류 | 험자보고서 (회계사사무소 작성) | 자산평가보고서 (자산평가회사 작성) | 지분양도계약서 (매매당사자가 작성) |

이상과 같이 자산평가회사가 작성한 자산평가보고서의 평가금액과 매매당사자에 의해 작성된 지분양도계약서의 매매금액 사이에 차이가 있으면 세무국으로부터 차이가 발생하는 원인에 대해 설명을 요구받는 경우가 있다. 또는 회계사사무소가 작성한 지분양도금액 감정보고서를 다시 작성해서 제출하도록 요구하는 경우도 있다.

매매당사자 간의 매매금액은 기본적으로 자산평가회사의 자산평가보고서의 평가금액을 기초금액으로 해서 당사자의 특수한 상황들을 고려해서 조정해 나가는데 일반적으로 사용되는 기업가치산정방법으로는 현금흐름할인(DCF)법, 순자산가치법 및 유사기업비교(multiple)법 등이 주로 사용된다.

평가방법이 바뀌면 평가금액도 다르기 때문에 각 당사자마다 채택하고자 하는 평가방법도 달라지게 된다. 보통 세무국은 흑자가 나는 기업에 대해서 DCF법으로 요구하는 경우가 많은데 이 방법은 대상기업이 미래에도 흑자가 발생하는 것을 전제로 하므로 지분양도라는 과정을 통해서 미래에 예상되는 세금을 지분양도차익으로 한꺼번에 징수할 수 있게 된다. 지분양도차익에 대한 세금관계는 다음과 같다.

| 상황 | 지분양도차익 | 세금 발생 |
|---|---|---|
| 양도금액 ≤ 자본금 | 손실 발생 | 납세 불필요 |
| 양도금액 > 자본금 | 이익 발생 | 이익에 대해 납세 필요 |

양도금액이 자본금을 밑돌면 매도자에게는 손실이 발생하므로 지분양도에 따른 납세의무는 발생하지 않지만 이 경우 양도금액이 적절하게 결정되었는지에 대해서 세무당국이 설명을 요구하는 일이 있다. 경우에 따라서는 자산평가보고서의 평가방법을 바꿔서 다시 제출하라는 사례도 있다. 따라서 일단 만든 자산평가보고서와 기타자료를 다시 제출하도록 요구하는 일이 발생하지 않도록 사전에 세무당국에 확인한 후 행정절차를 진행하는 것이 바람직할 것이다.

## ?. 지분양도 과세가격 평가의 최근 동향과 영향

2008년부터 시행된 기업소득세법에서 지분양도는 공정가액을 원칙으로 하고 있다. 즉, 지분양도가 관계회사 간에 이루어지든지, 제3자 사이에 이루어지든지 모두 세무상으로는 양도차익을 계산할 때 지분의 공정가액이 이용된다.

그러나 신 기업소득세법이 도입된 이래 많은 지분양도(특히 관계회사 간의 지분양도)가 여전히 공정가액 이하의 가격으로 이루어짐으로써 세무당국이 지분양도와 관련한 세금을 제대로 징수할 수 없는 상황이 발생하고 있다. 중국 각지의 일부 세무당국은 이와 같은 상황에 대해 인지하고 있어 몇 년 전부터 관계회사 간 거래에 대한 세무조사를 함에 있어 지분양도 거래가 있는 경우 공정가액 이하로 거래된 것으로 추정되는 사례에 주의를 기울이고 있다. 또한 지분의 공정가액을 결정함에 있어 특정 평가방법을 적용할 것을 요구하고 과세소득을 계산할 때 지분양도 가격을 그에 따라 조정하는 세무국도 있어 지분양도가격의 공정가액 평가문제는 이미 실무에서 문제가 되고 있다.

또한, 재세[2009]제59호 통지와 그 실시지침에 따르면 기업구조조정에 있어서 모든 지분양도 거래에는 양도하는 지분의 공정가액을 입증하기 위한 평가보고서 또는 합리적인 근거자료를 요구하고 있다. 59호 통지에 규정하는 특수성 세무처리의 적용조건에 부합하는 경우 공정가액에 따라 계산한 양도차익에 대하여 기업소득세를 미래로 이연하는 것이 가능하지만 이 경우에도 지분가격을 평가하여 양도할 때 지분의 공정가액을 계산할 필요가 있다. 지분가격의 평가는 관계회사 간의 지분양도에 대한 세무당국의 질의에 대응하는 수단이 될 뿐만 아니라 기업구조

조정과 관련된 세제우대혜택을 적용받기 위해서도 매우 중요한 참고 정보가 된다.

결과적으로 지분양도 거래의 가격평가에 대한 중국세무당국의 동향을 예의 주시하는 것이 매우 중요하다. 각 지역의 세무당국은 향후 관계회사 간의 지분양도와 관련되는 세무조사를 함에 있어 내부 가이드라인을 참조할 것으로 예상되고 국가세무총국의 움직임에 따라 지분양도의 가격평가에 대응하는 각 지역 세무직원의 의식과 수준이 높아졌다고 볼 수 있다. 따라서 지분양도나 그 외의 유사거래에 대한 세무조사가 한층 더 철저하게 진행될 것으로 예상된다. 그러므로 지분양도 거래가 예정된 기업은 어려워지는 중국의 세무환경하에서 세무당국으로부터 제기될 수 있는 세무조사나 질의에 적정하게 대처할 수 있도록 충분한 사전준비가 필요하다.

## [3] 투자와 양도금액이 달러인 경우 환율 적용

실무적으로 매우 디테일한 사항으로서 한 가지 주의할 것은 투자금액이나 양도금액이 달러 등 외화로 표시되어 있는 경우에 적용하는 환율에 따라 지분양도차익(지분양도가격 - 지분취득원가)이 많은 영향을 받는다. 불과 10년 전만 해도 인민폐 환율이 1달러에 8위안이던 것이 지금은 거의 6위안 수준이므로 25%나 떨어져 있다. 그러므로 어떤 환율을 적용하느냐에 따라 세금 차이가 많이 날 수밖에 없는데 아래 사례를 가지고 설명해 보자.

2005년에 한국 기업이 중국에 설립한 A 회사의 등록자본금은 100만 달러이며, 당시의 환율은 미화 1달러당 8.3위안이었으므로 재무상태표에 자본금은 830만 위안으로 표시되어 있다. 최근 한국 본사의 결정으로 A 회사의 지분을 중국인에게 모두 매각하는 협상이 진행되고 중국 측에서 제시한 매수가격은 800만 위안이고 양도계약 체결일 현재의 환율은 6.1위안이라고 가정해 보자.

이 경우 다음 표에서 보는 것처럼 어떤 화폐 단위로 계산하느냐에 따라 지분양도차익은 엄청난 차이가 나는 것을 알 수 있다. 인민폐 기준으로 한다면 양도손실이 발생하여 기업소득세가 없지만, 달러 기준으로 하면 3만 달러의 세금이 발생하게 된다.

| 구분 | 인민폐 기준 | 달러 기준 | 비고 |
|---|---|---|---|
| 양도금액 | 800 | $131 | 환율 6.1로 달러 환산 |
| 취득원가 | 830 | $100 | 최초투자 당시 환율 |
| 양도차익(손실) | (30) | $31 | |
| 기업소득세 | 0 | $3 | 양도차익의 10% |

그렇다면 뭐가 정답일까? 결론부터 말하자면 기존에 달러 기준으로 지분양도차익을 계산하던 방법에서 인민폐 기준으로 변경되었다.

구체적으로 설명하자면, 기존에는 국세함[2009]698호에 따라 지분의 양도차익을 계산할 때는 최초 중국에 투자한 당시의 화폐를 기준으로 했었다. 따라서 상기 사례에서는 최초 투자 화폐인 달러를 기준으로 해서 투자금액은 100만 달러, 처분금액은 131만 달러, 양도차익 31만 달러이므로 3만 달러의 기업소득세가 계산된다. 이 달러로 표시된 세금을 납부하는 날의 환율을 적용하여 인민폐로 환전해서 납부한다. 한편, 양도금액 800만 위안을 최초 투자 당시 화폐인 달러로 환산할 때 적용하는 환율은 외환관리국이 공표하는 중간가를 이용한다. 그리고 환율의 시점은 국세함[2010]79호에 따라 양도계약이 효력을 발생하고 동시에 지분변경등기가 완료된 때이므로 영업집조가 변경된 날로 한다.

그러나, 국가세무총국공고 2017년 제37호에서 환율 적용에 대해 다르게 규정함으로써 위 698호는 폐지되었다. 대체된 제37호 규정에 따르면, 재산양도소득 또는 순재산가치가 인민폐 이외의 통화로 된 경우, 먼저 非위안화 표시항목 금액을 원천징수의무 발생일의 인민폐 환율 중간가에 따라 인민폐 금액으로 환산한 후, 기업소득세법 제19조 제2항 및 관련 규정에 따라 비거주기업의 재산양도소득의 과세표준을 계산한다고 규정하고 있다.

다소 복잡해 보이지만, 사례를 가지고 풀어 보면 명확해진다. 아래 사례는 세무총국이 제37호 공고를 설명하면서 제시한 사례이다. 예를 들어, 한국의 A 기업이 중국의 C 기업에 2차에 걸쳐 투자하여 지분 40%를 보유하고 있다고 가정하자. 제1차 투자는 2008년 8월 1일에 100만 달러(이때 인민폐 환율 중간가 1달러=8.6)이다. 제2차 투자는 2010년 9월 1일에 50만 유로(이때 인민폐 환율 중간가 1유로=8.9)이다. 2016년 1월 10일에 A 기업은 인민폐 2000만 위안으로 보유지분을 B 기업에게 양도하는 계약을 체결하였다. 2016년 1월 15일에 B 기업은 A 기업에게 지분 대금 전액을 송금하였다(이때 인민폐 환율 중간가는 1달러= 6.6 및 1유로=7.2).

이 사례에서 지분의 양도금액은 2000만 위안이고, 지분의 취득원가는 1020만 위안(100 × 6.6 + 50 × 7.2)이 되어서 지분양도차익은 980만 위안(2000 − 1020)이 된다. 즉, 양도금액과 취득원가 중에서 인민폐 표시 금액은 그대로 두고, 외화 표시 금액은 원천징수일의 환율을 적용해서 인민폐로 환산한다.

## [4] 지분양도차익에 대한 소득세 납부 여부

### 1. 논란이 발생하게 된 배경

앞에서 설명한 지분양도차익에 대한 소득세는 중국의 국내세법 규정을 설명한 것이다. 그러나 한국 기업이 보유하고 있는 중국 현지법인에 대한 지분권을 양도하는 형태의 국제거래는 다소 복잡한 세금문제가 발생한다. 왜냐하면 매매대상이 되는 목적물은 중국에 있는 기업이고, 그 것을 양도하는 소유자는 한국기업이기 때문이다. 소득에 대한 세금은 일반적으로 소득이 발생한 곳에 납부한다. 따라서 한국 모회사가 중국 현지법인의 지분을 양도함으로써 양도차익(소득)이 발생하였다면 그 소득이 발생한 장소는 매매 목적물이 소재하는 곳이므로 중국이 세금의 징수권한을 가진다고 할 수 있다.

그러나 이것은 그렇게 간단하게 넘어갈 일은 아니다. 이런 국제적인 지분거래에서 각국 정부는 서로의 과세권을 주장할 것이기 때문에 한국 정부도 세금을 부과하려고 할 것이고 이렇게 되면 기업의 입장에서는 하나의 소득에 대해서 중국과 한국 두 곳에서 세금이 징수되는 이중과세의 문제가 발생하게 된다. 이러한 문제를 해결하기 위해서 각 국가 상호 간에 조세협정을 체결하여 과세권을 배분하고 있다. 즉, 납세자가 거주자인 국가에서 납부를 할 것인지(거주지국 과세) 아니면 소득이 발생한 국가에서 납부할 것인지(소득원천지국 과세)를 조세협정에 규정해 두고 있다.

그렇다면 한국 기업이 중국 현지법인의 지분을 양도하여 소득이 발생한 경우 어떠한 원칙으로 한국과 중국 정부가 서로 과세권을 배분하고 있는지 한국과 중국 사이의 조세협정을 통해서 알아본다. 조세협정은 국내세법에 대하여 특별법의 위치에 있으므로 특별법 우선의 원칙에 따라 조세협정이 국내세법에 우선하여 적용된다. 따라서 조세협정상 과세대상이 아니면 국내세법상 과세대상이더라도 국내에서 과세하지 않는다.

## 2. 중국의 기업소득세법상의 규정 분석

먼저, 한국 모회사가 중국 현지법인의 지분을 양도함에 따라 발생한 소득에 대해 중국 국내세법은 어떻게 규정하고 있는지 분석해 보자.

지분을 양도하는 한국 모회사는 중국 국내세법상 비거주자기업에 해당하고, 비거주자기업은 중국 내에서 발생한 소득에 대해서 기업소득세를 납부할 의무가 있다. 〈기업소득세법실시조례〉 제7조에 따라 지분형 투자자산의 양도소득의 발생지는 피양도기업의 소재지이므로 한국 모회사는 지분양도소득에 대하여 중국에서 납세의무가 있다. 결과적으로 중국 국내세법에 의하면 한국 모회사는 중국에서 기업소득세를 납부해야 한다. 그리고 그 세율은 〈기업소득세법〉 제27조[20]와 〈기업소득세법실시조례〉 제91조[21]에 따라 10%를 적용한다.

그러나 〈기업소득세법〉 제58조는 "중국 정부와 외국 정부 간에 체결한 조세협정에 본 법과 다른 규정이 있는 경우 협정의 규정을 따른다."고 규정하고 있다. 따라서 한국과 체결한 조세협정에 다른 규정이 있으면 조세협정의 규정을 따르므로 한·중 조세협정의 내용을 분석해 볼 필요가 있다.

## 3. 한·중조세협정의 규정 분석

〈한·중조세협정〉 제13조[22] 제4항은 "자본주식의 지분양도로부터 발

---

20) 〈기업소득세법〉
　　제27조 기업 다음에 제시하는 소득에 대해서는 기업 소득세의 징수를 면제하거나 줄일 수 있다.
　　(5) 제3조 제3항 소정의 소득.
21) 〈기업소득세법 실시조례〉
　　제91조 제1항 비거주자 기업이 기업 소득세 법 제27조(5)호 소정의 소득을 취득했을 때 경감된 10퍼센트의 세율에 따라 기업소득세를 징수한다.
22) 〈한국정부와 중국 정부간의 소득에 대한 조세의 이중과세회피와 탈세방지를 위한 협정〉
　　제13조(양도소득)
　　1. 제6조에 언급된 타방체약국에 소재하는 부동산의 양도로부터 일방체약국의 거주자에

생하는 이익은 피양도회사의 재산이 주로 중국에 소재하는 부동산으로 구성되는 경우에 중국에서 과세할 수 있고, 그 외의 재산양도소득에 대해서는 양도인이 거주자인 한국에서만 과세한다."라고 규정하고 있다.

따라서 '피양도회사의 재산이 주로 부동산으로 구성'에 대한 명확한 해석이 필요하다.

첫째, '부동산'이란 〈한·중조세협정〉 제6조에 따라 중국의 토지사용권과 건축물이라고 할 수 있다.

그다음 '주로'에 대한 명확한 설명이 〈한·중조세협정〉에는 없다. 그러나 〈중국·싱가폴조세협정〉 조문해석(국세발[2010]75호)의 규정에 의하면 중국이 대외적으로 체결한 조세협정의 관련 조항의 규정과 〈중국·싱가폴조세협정〉의 조항의 내용이 일치하는 경우 이 조문해석의 규정은 기타 다른 국가와 체결한 조세협정의 동일 조항을 해석하는 데 적용한다.

---

의하여 발생하는 이득에 대하여는 동 타방국에서 과세할 수 있다.
2. 일방체약국의 기업이 타방체약국안에 가지고 있는 고정사업장의 사업상 재산의 일부를 형성하는 동산 또는 일방체약국의 거주자가 독립적 인적용역을 수행하는 목적상 타방체약국에서 이용가능한 고정시설에 속하는 동산의 양도로부터 발생하는 이득 및 그러한 고정사업장(단독으로 또는 기업체와 함께) 또는 고정시설의 양도로부터 발생하는 이득에 대하여는 동 타방체약국에서 과세할 수 있다.
3. 국제운수에 운항되는 선박 또는 항공기 또는 그러한 선박 또는 항공기의 운행과 관련된는 동산의 양도로부터 발생하는 이득에 대하여는 당해 기업의 본점 또는 실질관리장소가 소재하는 체약국에서만 과세한다.
4. 회사의 재산이 주로 일방체약국에 소재하는 부동산으로 직간접적으로 구성되는 경우 동 회사의 자본주식의 지분양도로부터 발생하는 이득에 대하여는 동 체약국에서 과세할 수 있다.
5. 제1항 내지 제4항에 언급된 재산 이외 재산의 양도로부터 발생하는 이득에 대하여는 그 양도인이 거주자인 체약국에서만 과세한다.

〈중국·싱가폴 조세협정 조문해석〉[23]은 '주로'가 의미하는 바는 피양도회사 재산가치의 50% 이상이 직·간접적으로 중국에 소재하는 부동산으로 구성된 경우라고 규정하고 있으며, 재산가치의 50% 이상이 직접 또는 간접적으로 중국에 소재하는 부동산으로 구성된 경우라는 의미는 주식이 양도되기 전 3년 동안 임의의 시간대에 피양도회사가 보유하는 중국 내 부동산의 가치가 회사 전체 재산가치의 50% 이상을 차지하는 경우를 말한다.

한편, 부동산의 가치가 회사 전체 재산가치에서 차지하는 비율을 계산할 때 부동산의 가치와 전체재산의 가치가 회계 장부상의 금액인지 아니면 현재의 시장가치로 평가한 금액인지에 대해서는 〈중국·싱가폴 조세협정〉에는 명확한 규정이 없다. 이에 대해서는 〈세수협정집행가이드 [24](제편함[2007]154호)〉는 "장부자산의 50% 이상이 부동산인 경우"라고

---

23) 〈중국·싱가폴 조세협정 조문해석〉
　　1. 우리나라가 외국과 체결한 협정의 관련 조항과 중국-싱가폴 협정의 조항규정의 내용이 일치하는 경우 중국-싱가폴 조문해석규정을 다른 협정의 동일한 조항에 대한 해석과 집행에 동일하게 적용한다.
　　2. 중국-싱가폴 조세협정 조문해석과 이전에 발표된 관련 세수협정의 해석과 집행의 내용이 다른 경우 중국-싱가폴 조세협정 조문해석을 기준으로 한다.
　　제23조(재산수익)
　　회사재산가치의 50% 이상이 직접 또는 간접적으로 중국에 소재하는 부동산으로 구성된 경우라 함은 회사주식 양도 전의 일정한 기간(현재 이 협정은 구체적인 시간이 없지만 잠정적으로 3년으로 처리함) 내의 임의의 시간 동안 양도되는 주식의 회사가 직접 또는 간접적으로 보유하고 있는 중국에 있는 부동산가치가 회사 전체 재산가치에서 차지하는 비율이 50% 이상일 것을 말한다.
24) 〈세수협정집행가이드〉
　　3.3.1 부동산회사의 주식
　　협정의 일반규정으로서, 회사의 자본주식의 지분양도로부터 발생하는 이득은 당해 회사의 재산에 주로 일방체약국에 소재하는 부동산으로 직간접적으로 구성된 경우 동 체약국에서 과세할 수 있다.

규정하고 있다. 그러나 이 세수협정집행가이드의 '장부자산'에 대한 해석을 두고 논란이 있다. 문맥 그대로 해석한다면 부동산의 장부가액이 50% 이상이라고 해석할 수도 있으나 다른 한편으로는 장부에 등재되어 있는 부동산으로 해석해서 단순히 회계처리기준에 따라 취득원가로 표시되는 장부가액이 아니라는 주장도 있다. 한국의 국세청이 해석하는 방법이나 필자의 중국에서의 실무경험에 따르면 이것은 장부가액이 아니라 해당 시점에 시장가치로 재평가된 공정가치로 해석하는 것이 타당하다고 본다.

## 4. 결론

이상의 내용을 종합해 보면 한국 모회사가 중국 현지법인의 지분을 양도함에 따라 발생한 양도소득은 양도대상회사인 중국 현지법인의 재무상태표에 등재되어 있는 모든 자산 중에서 토지사용권과 건축물의 공정가치 합계가 전체 자산금액에서 차지하는 비율이 50% 이상이면 소득이 발생한 국가인 중국에서 세금을 납부하고, 그렇지 않은 경우 납세자가 거주자인 국가인 한국에서 소득세를 납부한다.

다음 사진은 필자가 직접 수행했던 지분양도소득에 대해서 한중 조세

---

이 규정의 목적은 부동산 양도의 과정에서 회사주식의 양도방식을 빌려서 부동산을 양도하여 세금을 회피하는 것을 저지하기 위한 것이다.
이 규정을 해석함에 있어 상술한 "당해 회사의 재산에 주로 일방체약국에 소재하는 부동산으로 직간접적으로 구성되는 경우"의 문장은 잠정적으로 다음과 같이 집행한다. 즉, 주식보유인이 주식을 보유하고 있는 기간 동안 회사 장부자산(帐面资产)의 50% 이상이 부동산인 경우를 말한다.

협정을 신청해서 세무국으로부터 면세 승낙을 받은 결과물이다. 내용을 보면 "면세를 허락한다." 이렇게 표현하는 것이 아니라, "납세자가 면세 신청을 위해 제출한 자료를 수령하였음."으로 표현되어 있다. 마지막 부분에 담당 세무국 부서의 도장이 찍혀 있는데, 이것이 면세를 받기 위한 최종 결과물이다.

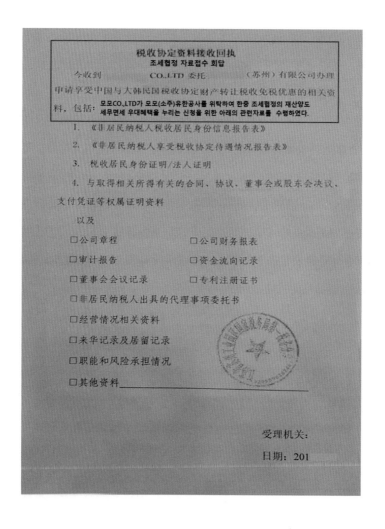

# [5] 지분의 간접양도에 대한 세금회피 방지

## 1. 규정이 탄생하게 된 배경

유럽과 미국 기업이 중국에 진출하는 경우 50% 이상이 홍콩을 경유한 다고 알려져 있고 또한 홍콩이 아니더라도 경외(offshore)에 설립한 회 사를 중간에 끼고 중국 현지법인을 보유하는 사례가 무수히 존재한다. 이렇게 중간에 낀 회사를 중국에서는 경외지주회사라고 부른다.

경외지주회사를 중간에 끼워 중국에 진출하는 이유는 크게 두 가지이 다. 첫째는 사업상의 목적이다. 직접 보유하는 중국 현지법인을 다른 사 람에게 양도하는 경우 스스로가 각종 관련 당국으로 명의변경 등의 절 차를 해야 하기 때문에 많은 노력과 시간이 필요하다. 이에 반해 직접 보 유하는 경외지주회사가 중국 현지법인을 보유하고 있는 경우라면 이 경 외지주회사의 지분을 양도함으로써 중국에서 필요한 여러 가지 절차는 필요가 없어지게 된다. 이것이 사업상의 목적이라고 할 수 있다.

또 하나는 조세상의 목적이다. 직접 보유하는 중국 현지법인의 지분 을 다른 사람에게 양도하는 경우 〈중국기업소득세법〉상 그 지분양도차 익에 대해서 10%의 원천과세를 하지만, 중국 현지법인을 보유하는 경외 지주회사의 지분을 양도하는 경우 중국에 소재하는 기업과 관련되는 지 분양도에 대해서만 중국이 과세권을 가지기 때문에 이 경외지주회사의 양도에 대해서는 비록 그 산하에 중국 현지법인이 있다고 하더라도 중국에 과세권은 없다. 이것이 조세상의 목적으로 경외지주회사를 이용하는 것이다.

그러나, 경외지주회사는 일반적으로 페이퍼 컴퍼니(Paper company)인 경우가 많아 그 자산의 대부분은 중국 현지법인의 가치로 구성되어 있음에도 불구하고 외국투자자가 이 경외지주회사의 지분을 계속 사고 파는데도 중국에서는 과세권이 전혀 발생하지 않으므로 중국 당국의 입장에서는 상당히 불합리하다고 할 수 있다. 이렇게 외국투자자가 부당하게 중국 기업을 간접적으로 계속 양도함으로써 중국에 과세권이 생기지 않는 것을 방지하기 위해 중국세무당국은 간접양도가 일정한 요건에 해당하면 중국 현지법인의 주주인 경외지주회사의 존재를 부정해서 마치 외국투자자가 중국 현지법인의 지분을 직접 양도한 것처럼 간주하는 내용의 규정을 국세함[2009]698호 통지를 통해 발표하였다. 만약 이 규정에 해당하는 경우 그 외국의 실질투자자는 중국 현지법인을 직접 양도한 것으로서 간주되기 때문에 중국 현지법인과 관련된 지분양도차익에 대해서 중국에서 10%의 원천과세가 이루어진다.

## 2. 조세회피방지규정의 주요 내용

〈중국기업소득세법〉상 지분양도차익과 관련된 소득의 원천은 피투자 기업의 소재지에 따라 확정되기 때문에 중국에 소재하는 기업과 관련된 지분양도차익은 중국 국내원천소득에 해당하게 된다. 거꾸로 말하면 중국에 소재하지 않는 기업과 관련된 지분양도차익에 대해서는 중국 국외

원천소득에 해당하므로 고정사업장을 갖지 않는 비거주자기업이 지분 양도차익을 얻었을 경우 중국이 과세권을 갖지 않는다. 이 내용을 아래 그림을 이용해서 설명해 보자.

**[홍콩법인의 지분양도계약에 대한 기존 규정]**

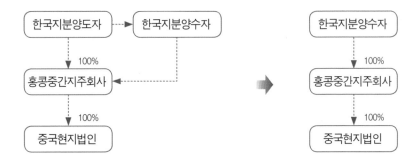

- 한국의 기존주주는 또 다른 한국의 신 주주에게 중국법인의 지분을 보유하고 있는 홍콩법인의 지분을 양도함.
- 중국의 기업소득세법 상 지분양도차익에 부과되는 세금은 중국에 소재하는 기업과 관련된 지분의 양도에 한정되기 때문에 홍콩법인의 지분양도에 대해서는 비록 피지 배회사에 중국기업이 있다고 하더라도 중국에는 과세권이 없음.

한국의 지분양도자는 산하에 중국 현지법인을 보유하는 홍콩 중간지주회사의 지분을 다른 사람에게 양도한다. 이 경우 비거주자기업인 한국지분양도자가 취득하는 지분양도차익이 중국 국내원천소득에 해당하면 중국에 과세권이 생기지만 지분양도자가 양도한 것은 어디까지나 경외지주회사이며, 중국에 소재하지 않는 기업과 관련되는 지분양도차익은 중국 국외원천소득에 해당하기 때문에 비록 이 경외지주회사의 산하에 중국 기업이 있다고 하더라도 한국 지분양도자에 대해서 중국은 과

　　　　　　　　　　　　　　　　　　　중국 철수 전략

세권을 가지지 않는다.

이러한 국제조세의 기본원칙에 따르면 비거주자기업이 이 사례에서 말하는 경외지주회사로 있는 한 중국에는 어떠한 과세권도 생기지 않는다. 이것은 지금까지의 국제조세상 매우 당연한 원칙이지만 중국은 전 세계에서 선두적으로 이러한 조세회피방법을 부당한 거래로 보아 타파할 목적으로 국제조세의 기본원칙을 뒤집는 698호 통지를 공표하였다. 698호 통지에는 이에 대해 다음 두 가지 내용을 규정하고 있다.

첫째는 세무기관에 등록할 것을 요구한다. 해외투자자(실질적 지배자)가 간접적으로 중국 기업의 지분을 양도하는 경우로서 외관상으로 지분양도의 대상이 되는 경외지주회사가 자본이득에 대한 실효세율이 12.5% 미만인 국가(지역)나 또는 거주자의 국외원천의 자본이득에 대해서 소득세를 과세하지 않는 국가(지역)에 소재하면 지분양도자인 해외투자자는 지분양도계약 체결일로부터 30일 이내에 지분이 간접적으로 양도되는 중국 거주자기업의 관할 세무기관에게 관련자료를 제출해야 한다.

관할 세무기관에 제출할 관련자료는 아래와 같은 서류들이다.

① 지분양도 계약서 또는 합의서
② 해외투자자와 경외지주회사와의 자금, 경영, 거래 등 방면에서의 관계

③ 경외지주회사의 생산경영, 인원, 재무, 재산 등의 상황

④ 경외지주회사와 그 중국 거주자기업과의 자금, 경영, 거래 등 방면에서의 관계

⑤ 해외투자자가 경외지주회사를 설립했던 것에 대해 합리적인 상업목적을 가지는 것에 관한 설명

일반적으로 조세피난처라고 불리는 국가나 지역은 상기의 요건에 해당하고 특히, 한국 기업이 중국 기업을 보유할 때 많이 사용되는 홍콩도 '거주자의 국외원천의 자본이득에 대해서 소득세를 과세하지 않는 지역'의 요건에 해당한다는 것에 유의해야 한다.

두 번째 내용은 이런 형태의 지분양도거래에서 경외지주회사의 존재를 부정한다. 해외투자자(실질적 지배자)가 조직의 지배구조를 남용해 중국 거주자기업 지분을 간접적으로 양도하면서 '합리적인 상업목적이 없이 기업소득세와 관련되는 납세의무의 회피를 목적으로 한 경우' 세무당국은 경제적 실질에 따라 그 조세회피목적으로 이용되는 경외지주회사의 존재를 부정할 수 있다. 이 내용을 그림을 이용해서 설명해 보자.

한국의 지분양도자는 산하에 중국 기업을 보유하는 경외지주회사인 홍콩 법인의 지분을 다른 사람에게 양도하고자 한다. 이 경우 비거주자기업인 지분양도자가 취득하는 지분양도차익은 앞서 설명한 바와 같이 비록 경외지주회사 산하에 중국 기업이 있다고 하더라도 한국 지분양도자에 대해 중국은 과세권을 가지지 못한다. 그러나 한국 지분양도자가

가 중국에서의 과세를 회피하는 것을 목적으로 경외지주회사를 양도하는 것으로 인정되었을 경우 그 경외지주회사의 양도에는 합리적인 상업목적이 존재하지 않는다고 지적될 가능성이 있다. 이 경우 중국 세무당국은 698호 통지에 근거해 한국 지분양도자가 얻은 지분양도차익에 대해 경외지주회사의 지분양도로 보지 않고 그 존재를 무시한 후 마치 중국 기업의 지분을 직접 양도를 한 것으로 보아 세금을 부과하게 된다.

**[홍콩법인의 지분양도계약에 대한 698호 통지에 따른 규정]**

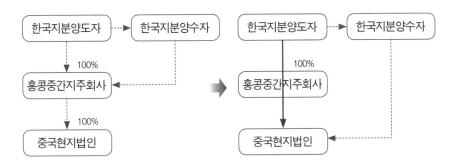

- 외국투자자가 부당하게 중국기업을 간접으로 양도함으로써 중국의 과세기회가 박탈당하는 것을 방지하는 것을 목적으로 함.
- 외국투자가가 중국법인과 관련되는 지분을 간접적으로 양도하는 경우 일정한 요건에 부합하는 경우 그 중국법인을 지배하는 중간지주회사의 존재를 부정하고 중국기업의 지분이 직접 양도된 것으로 간주해서 과세함.

이처럼 외국 주주(실제 지배 회사)가 중국 기업의 지분을 간접양도(표면상은 중국 기업의 주주에 변동은 없지만 주주의 배후에 있는 지분의 지배관계에 변화가 생기는 것을 말함) 때 양도를 하는 외국 지배 회사 소재국의 실제 세금부담이 12.5%보다 낮거나 또는 그 거주자의 해외소득에 대해 소득세를 징수하지 않는 경우(BVI 등 tax haven) 중국세무기관이 기업소득세의 납부를 요구하는 사례가 많이 발생한다.

## 3. 향후의 동향

과거에는 비록 정당한 현물출자, 즉 기업의 지배구조 재편의 일환으로서의 거주자기업 지분의 간접양도이었다고 하더라도 698호 통지의 적용에 의해 ① 세무기관에 등록을 해야 하고 ② 경외지주회사 지분양도가 중국 기업의 지분이 양도된 것으로 간주되어 지분양도차익에 대해 과세될 가능성이 있었다. 그러나 이에 대해서 중국세무당국은 보충규정을 마련해 거주자기업 지분의 간접양도가 발생한 경우라도 그 거래가 지배구조 재편의 일환이라고 인정될 경우 그 경제적 실질에 따라 지분양도의 간접지분양도를 인정하는 방향성을 나타내고 있다. 이 내용을 아래 그림을 이용해서 설명해 보자.

**[조직구조 재편을 목적으로 한 지분양도]**

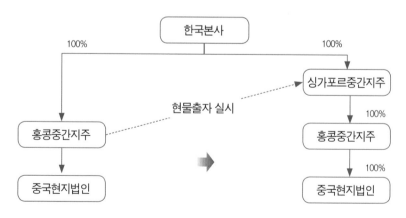

중국 철수 전략

한국 모회사는 홍콩 중간지주회사를 경유해 중국 현지법인을 보유하고 있다. 이번에 싱가포르에서 조직관리를 하고자 하는 목적으로 싱가포르 중간지주회사를 설립해서 홍콩 중간지주회사의 지분을 현물출자의 방식으로 싱가포르 회사의 산하로 이전하는 것을 계획하고 있다. 종전 규정대로라면 비록 이 거래가 한국에 있어서의 적법한 현물출자의 요건을 충족하고 있다고 하더라도 중국 세무당국은 홍콩 중간지주회사의 존재를 무시하고 마치 중국 현지법인이 양도된 것으로서 중국 현지법인과 관련된 지분양도차익에 대해서 한국 모회사에 과세를 할 가능성이 있었다. 그러나, 이 현물출자가 지배구조 재편의 일환으로서 합리적인 상업목적을 가지고 있다면 698호 통지의 적용을 하지 않는 방향성을 나타냈다.

이상과 같은 세법상의 규제를 '일반적 조세회피방지규정(General Anti Avoidance Rule, GAAR)'이라고 한다. 이것은 '실질과세 원칙'에 근거해서 조세부담을 회피할 목적으로 부당한 거래를 했을 경우 이 거래를 부정하고 정상적인 상황하에서 거래가 이루어졌다고 가정해서 과세하는 것을 말한다. 중국에서는 2008년 〈기업소득세〉가 개혁된 이후 단계적으로 도입되고 있는 개념으로서 외국인투자기업과 외국투자자에게 특히 엄격하게 적용하고 있다. 여기에서 중요한 개념이 '합리적인 상업목적 없이'라고 할 수 있다. 합리적인 상업목적이 있는지 여부는 숫자로 나타나는 것이 아니기 때문에 세무당국도 판단하기 어려운 사항이다. 따라서 결국은 계량적인 판단을 내리기 쉬운 '세금을 경감했는지 여부'에 의해서 판단되는 경우가 많아 각 지방 세무당국의 재정상황이 좋고 나쁨

이 판단 기준이 되는 경우가 있다. 이것이 현재 중국에서 지분양도를 포함한 기업지배구조 재편을 함에 있어 가장 큰 장벽이라고 할 수 있다.

# [6] 지분양도 시 토지증치세 문제

토지증치세는 토지사용권과 건물의 명의가 변경될 때 발생하는데, 지분양도에서도 이것을 고려해야 한다는 주장이 있고 그 주장의 근거는 세무총국의 예규와 법원판례이다. 토지증치세는 양도차익의 30~60%에 달하는 무시무시한 세금이기 때문에 쉽게 간과해서 넘어갈 사안이 아니다. 토지증치세에 대해서는 본서의 해산청산의 세무문제에서 자세히 다루고 있으니 참조 바란다.

토지증치세를 줄이기 위해서 지분양도의 형식을 빌어서 토지사용권의 양도를 진행하는 사례가 많다. 세무총국이 발급하는 하급 세무국의 업무지시요청에 대한 회답문서인 국세함[2000]687호, 국세함[2009]387호, 국세함[2011]415호에 따르면, 만약 지분양도방식으로 양도할 자산이 주로 토지사용권, 건물 및 부속시설이라면 실질적으로 부동산의 거래행위로 인정해야 하므로 토지증치세를 징수해야 한다는 입장이다. 위의 첫 번째 예규는 유전을 보유한 대상회사의 지분 100%를 양도하고 지분양도형식으로 표현한 자산이 주로 토지사용권, 지상건축물 및 부착물인 것을 고려하여 지분양도자에게 토지증치세를 과세해야 한다는 세무총국의 답변이다. 두 번째 예규는 매우 의도적인 탈세 사례로서 토지증치세를 부과한 충분한 이유가 있다. 거래 내용을 보면 회사가 보유하고 있는 토지사용권을 양도하기 위해서 토지사용권을 현물출자하여 새로운 회사를 만든 다음, 그 회사의 지분을 양도하는 방식으로 해서 토지증치세를 납부하지 않은 것이다.

그리고 법원판결 사례로 보자면, 2020년 6월 27일에 공시된 〈626 소주비취국제사구치업유한공사와 소주공업단지세무국, 소주공업단지 관리위원회의 재심행정재판서〉에서 2심 판결에도 비취회사(지분양도자)가 그가 보유한 성륭회사(대상회사)의 지분 20%를 양도하고 지분양도차익이 발행한 거래를 지분양도 명목이나 실질적으로 토지사용권을 양도한 것으로 인정하여 토지증치세를 납부해야 한다고 판결하였다.

그렇다면 중국 사업 철수 과정에서 어떻게 하면 조금이라도 토지증치세의 리스크를 피할 수 있을까? 우선, 상술한 법원 판결문을 분석해 보면 1심과 2심에서 모두 비취회사의 행위를 실질적인 토지사용권 양도행위로 인정하는 이유가 다음과 같이 세 가지가 있다고 판단된다.

첫째, 지분양도차익의 계산방법을 보면, 비취회사의 지분양도차익은 해당 토지의 면적과 용적률에 따라 계산된 것이다.

둘째, 비취회사가 지분을 양도하기 전에 대상회사는 실제적으로 경영활동을 하지 않았다.

셋째, 비록 비취회사가 사건 관련 토지의 토지사용증을 발급받지 않았지만 실질적으로 토지사용권을 점유하고 이를 처분하여 경제적인 이익을 취득하였다.

이를 바탕으로 사례를 가지고 토지증치세 리스크를 피할 수 있는 방법을 제시해 보고자 한다. 예를 들어, A 회사는 그가 보유하고 있는 B 회사의 100% 지분을 100으로 C 회사에게 양도하고자 하고, 지분의 취득원가는 35이다. B 회사의 주요 자산은 출양 받은 1만 평의 토지이고, 토지 취득원가는 30이며, 현재 자금문제로 개발이 중단된 상태이다. 만약 A 회사가 B 회사의 100% 지분을 바로 양도하면 B 회사의 지분양도차익(100 − 35= 65)은 주로 토지사용권에서 발생한 것이므로 A 회사는 지분양도 방식을 이용해서 토지사용권을 양도한 것으로 간주되기 때문에 토지증치세가 징수될 가능성이 매우 높다.

이런 경우에 A 회사가 토지증치세 리스크를 피하기 위해서는 상술한 법원 판결문 분석결과에 따라 다음과 같은 세 가지 방향으로 리스크를 방지할 수 있다.

첫째, A 회사가 B 회사를 양도하기 전에 B 회사는 공사도급계약 등을 체결하여 어느 정도의 실질적인 개발을 진행한다.

둘째, 지분양도가격을 책정하는 기준을 토지로 하지 않고, 시장법, 공정가치법 또는 수익법 등의 지분평가방법을 통해 지분양도가격을 합리적으로 결정한다.

셋째, 지분양도 시점은 C 회사(매수자)가 B 회사에 대한 증자를 하고 B 회사가 경영활동 실시한 이후로 한다. 구체적으로 설명하자면, C 회사는 사전에 5로 B 회사에 증자를 하여 B 회사의 지분 12.5%를 취득하고, 증자 완료 이후 B 회사는 정상적으로 경영활동을 진행한다. 어느 정도 시간이 지나면 A 회사는 합리적인 비즈니스 목적으로 다시 그가 보유한 87.5%의 B 회사 지분을 C 회사에게 양도한다.

부동산을 보유하고 있는 중국법인의 지분양도 과정에서 토지증치세 이슈는 전문가마다, 지역마다 논쟁이 많다. 필자의 경험상 수십 건의 지분양도 업무를 진행했지만, 단 한 번도 토지증치세를 납부한 적이 없다. 그 이유는 보통 공장을 보유한 제조업 회사의 경우에 지분양도를 할 때에 부동산뿐만 아니라 설비도 함께 매각하는 것이고, 매수자가 그 설비를 이용해서 계속 사업을 운영할 목적이므로 토지증치세가 발생하지 않았다고 추정하고 있다.

제3장

# 지분양도에서 주의 사항

지분양도방식을 통한 중국 철수를 실행함에 있어 아래와 같은 여러가지 주의사항이 있다. 향후 중국에서 외국인투자기업의 철수 사례가 증가하면서 철수와 관련한 행정절차가 변경되거나 중국인 매수자들의 인식이 높아지는 등 상황이 여느 국가들처럼 변화할 것이다. 그러나 현재 시점에서는 중국에서 지분양도는 중국인 매수자와의 협상방법과 행정기관의 자세 등 여러 요소들을 함께 고려해야 하는 중국의 특수성을 염두에 두고 추진할 필요가 있다.

## [1] 법적 신분 변경 시 우대혜택 반환

한국 모회사가 중국 기업에게 지분을 양도하면 대상회사의 법률적인 신분이 바뀌게 된다. 즉, 기존에 한국 기업이 주주였을 때에는 외국인투자기업이었지만 주주가 중국 기업으로 바뀌면 내자기업(내국인투자기업)으로 전환된다. 이때 주의해야 할 것이 대상회사가 외국인투자기업으로서 받았던 각종 우대혜택을 반환해야 할 상황이 발생하지 않는지 살펴봐야 한다.

예를 들어 외국인투자기업에게 부여했던 대표적인 세금혜택은 〈기업소득세 2면3감(2년간 100%면제, 그 후 3년간 50% 감면)〉 정책인데 이것은 외국인투자기업으로서 10년간 유지되어야 그 요건이 확정되는 것으로서 먼저 세제혜택을 받고 그 이후에 요건을 충족해 나가는 것이다. 따라서 10년 이내에 대상회사의 신분이 외국인투자기업에서 내자기업으로 바뀌면 2면3감의 요건을 충족하지 못하게 되므로 이미 받았던 세금혜택은 반환해야 한다. 그 외에도 세관의 관리감독을 받고 있는 면세설비, 토지사용권 취득에 대한 지방정부의 보조금 지급, 개인소득세·토지사용세·방산세와 같은 지방세 우대혜택의 반환 리스크가 있는지 확인해 봐야 한다.

또 다른 예로서 외국인투자기업이 수입한 설비가 ① 외상투자산업지도목록의 장려류나 제한류에 적합하고 기술이전형 외국인투자 프로젝트로서 ② 투자총액의 범위 내에서 수입하는 ③ 자가사용하는 설비에 해당하는 경우 수입관세를 면제할 수 있다(수입설비의 조세정책을 조정하는 것에 관한 통지 국발[1997]37호 제1조 1항). 그러나 지분양도로 인해 외국인투자기업의 신분이 내자기업으로 변경될 경우 상기 조건 중에서 첫번째인 '외국인투자기업' 요건을 충족하지 못하게 되므로 면제받은 관세를 납부해야 한다(수출입화물세금 감면관리방법 세관총서령 제179호).

위와 같은 이미 받았던 혜택을 반환하는 문제는 외국인투자기업의 자격으로서 받았기 때문에 그 자격이 변경될 때 발생하는 것이고, 지분양도가 일어나도 외국인투자기업의 자격이 변경되지 않으면 반환할 필요가 없다. 예를 들어 한국주주가 다른 한국인(또는 일본인)에게 지분을 양도하는 경우 그리고 중국인에게 지분을 양도하더라도 한국인의 지분을 25% 이상 유지하는 경우 통념상 대상회사의 신분이 계속 외국인투자기업으로 보게 되므로 10년을 채우기 위해 일정 기간 25%의 지분을 계속 유지하는 것도 반환리스크를 피할 수 있는 방법이다.

소위 '25% 유지전략'이라고 하는데, 한국 주주가 보유하고 있는 지분이 100%라면 이 중에서 75%만 중국인에게 양도하고 나머지 25%는 그대로 보유하고 있다가 반환리스크가 소멸되면 처분하는 것이다. 과거 중국에서 외국인투자기업의 정의는 외국인의 지분비율이 25% 이상인 경우를 말하며, 이때 각종 외국인투자기업으로서의 혜택을 받을 수 있다. 만약 지분양도를 통해서 외국인투자기업이었다가 내자기업으로 바뀌면 이미 받았던 각종 우대혜택을 반환해야 할 가능성이 있으므로 25%를 남겨서 통념상 대상회사의 신분을 외국인투자기업으로 유지하는 전략을 말한다.

## [2] 안전한 송금 위한 에스크로 계좌

앞에서 에스크로의 중요성에 대해서 언급한 적이 있는데 다시 한번 그 의미를 되새겨 보자.

중국 기업에게 지분을 양도하고 중국 사업을 철수하려고 할 때 가장 불안한 부분은 계약을 체결하였더라도 제대로 양도대금을 받아올 수 있을 것인가에 대한 의문이다. 만약 외국인들 상호 간(예를 들어 한국 기업과 한국 기업)의 중국 현지법인에 대한 지분양도는 계약체결과 동시에 계약금을 받고, 중도금, 그리고 양도종결일에 잔금을 받을 수 있다. 그리고 계약의 이행 과정에서 계약 불이행 사항이 발견되면 한국의 법원에 소를 제기해서 해결할 수 있기 때문에 거의 국내거래와 유사하다고 할 수 있다. 그러나 중국 기업에게 지분을 양도하는 경우는 상황이 다르다. 기본적으로 지분양도에 따른 지분의 소유권이 변경, 즉 영업집조의 주주명칭 변경이 이루어지지 않으면 외환관리국에서 지분양도대금의 해외송금을 허락하지 않기 때문이다. 따라서 계약을 체결하고 행정절차를 거쳐 소유권의 이전등기가 이루어지는 동안 양도자는 한 푼도 손에 쥘 수 없는 위험한 상황이 일정 기간 지속된다. 그렇다면 한국 모회사의 명의로 중국 내에 계좌를 개설해서 이 계좌에 계약금 등을 입금하게 하면 될 것 같으나 아직까지 지분양도대금을 받을 목적으로 외국기업 명의의 은행계좌를 개설해 주는 은행은 중국에 없다.

이러한 위험을 헷지하기 위해서 에스크로(ESCROW, 공동관리계좌) 개설이 필요하게 된다. 에스크로는 일반적으로 지분매수자 명의로 개설하고 매도자와 은행 모두 3자가 동시에 서명해야 인출할 수 있는 특수목적 계좌라고 할 수 있다. 지분의 양수도 당사자가 특수한 관계가 있어서 양도대금을 떼일 염려가 없는 경우 굳이 에스크로를 개설해서 계약금과 중도금을 안전하게 확보할 필요는 없지만 그렇지 않은 경우라면 반드시 이러한 안전장치를 마련해 둘 필요가 있다.

## [3] 대상회사의 특수한 부채 사전 정리

지분양도는 대상회사의 지분권을 양도하는 것이므로 지분매수자는 대상회사의 자산뿐만 아니라 부채도 함께 매입하게 된다. 이와 같이 부채가 포함된 대상회사의 지분을 매매할 경우 부채의 상환문제가 자주 대두된다. 부채에는 크게 차입금과 미지급금으로 나눌 수 있다. 차입금은 은행차입, 위탁대출, 관계사간 차입, 외채차입 등 다양하고 각 종류에 따라 상환 방법과 제한 내용도 다르다. 그리고 미지급금에는 외상매입금, 미지급급여, 미지급세금 등 발생 원인에 따라 다양한 채권자가 있다.

이 중에서 은행차입금은 대부분 부동산을 담보로 이루어지므로 매수자가 지분양도 전에 상환할 것을 요청하는 사례는 드물다. 그러나 Stand by L/C와 같은 한국 모회사의 보증서를 이용하여 빌린 차입금이라면 보증을 정리하고 해당 차입금을 상환한 후 지분양도를 진행하는 것이 타당하다.

외상매입금은 원재료 구입대금으로서 이 중에서 한국 모회사에 해당하는 부분(한국 모회사의 입장에서 수출채권)을 정리한 후 지분양도를 진행하는 것이 타당하다. 왜냐하면 지분양도대금을 회수하는 데도 벅찬데 지분양도가 종료된 후 상거래 채권을 다시 회수해야 하는 부담이 있다. 극단적인 예로서 지분양도계약의 이행이 중도에 중단된다면 한국 모회사의 상거래 채권도 회수할 수 없는 상황에 봉착한다. 이러한 리스크를 없애기 위해서 대상회사의 자산과 부채의 확정금액에 대해서 매매 당사자 간에 합의가 이루어졌다면 한국 모회사에 대한 채무는 이미 지분양도금액을 계산할 때 차감되었을 것이다. 그렇다면 계약을 체결해서 계약금을 받은 후 그다음 절차로 한국 모회사에 대한 외상매입금을 상환하도록 하면 된다. 이때 대상회사에 자금이 없을 것이므로 지분매수자가 대상회사에 자금을 빌려줘서 해결한다. 결과적으로 대상회사의 채권자가 기존에 한국 모회사에서 지분매수자로 전환되는 것이다.

그리고 대상회사의 협력업체에 대한 외상매입금은 협력업체들이 기존 경영진들과의 관계로 이루어졌기 때문에 대상회사의 주주와 경영진이 바뀌면 협력업체들은 돈을 받지 못하게 될까 봐 불안해할 것이다. 그래서 지분양도되기 전에 자신들의 채권을 먼저 상환해 줄 것을 요구하는 경우가 있다. 이때도 위의 한국 모회사 외상매입금처럼 정리하면 좋겠으나 아마 매수자가 동의하지 않을 것이다. 만약, 한국 모회사가 중국 지분을 양도한 후에도 그 협력업체와 계속 거래관계를 유지하는 상황이라면 여러 방법을 이용하여 지분양도 후에도 안전하게 채권을 회수할 수 있다는 안도감을 주어야 하겠다.

다른 관점이지만 반대로 대상회사가 한국 모회사로부터 받아야 할 채권이 있다면 어떻게 하는 것이 좋을까? 가장 좋은 것은 한국 모회사가 지분양도대금을 받아서 그 돈으로 대상회사에 갚으면 된다. 그러나 이 것은 순전히 매도자의 관점이고 매수자는 지분양도가 끝난 후에 해외로부터 채권을 안전하게 받을 수 있을까에 대한 불안함이 있을 것이므로 상대를 설득할 수 있는 협상 기술이 필요한 부분이다.

## [4] 주주가 둘 이상이면 다른 주주 동의 필요

만약, 대상회사의 주주가 한국 모회사 혼자가 아니라 다른 주주와 공동으로 투자한 경우라면 추가적으로 주의해야 할 사항이 있다. 많은 경우 중국기업과 같이 설립한 중외합자기업이 여기에 해당될 것이다.

〈회사법〉규정[25]에 의하면 이 경우 합작파트너의 동의가 필요하고 그리고 그 합작파트너가 지분의 우선인수권을 가진다. 따라서 다른 주주의 동의를 받았다 하더라도 제3자에게 지분을 양도할 경우 전체 주주에게 우선인수권을 행사할 것인지를 먼저 확인하여야 한다. 만약 이 규정에 의하여 지분을 양도하지 않았을 경우 다른 주주가 법원에 이의를 제기하여 제3자에 대한 지분양도가 무효로 될 수도 있다.

---

25) 〈회사법〉제72조(지분양도)
주주가 주주 이외의 제3자에 지분을 양도할 경우, 기타 주주의 과반수의 동의를 거쳐야 한다. 지분을 양도하고자 하는 주주는 서면 형식으로 기타 주주에 통보하여 동의를 구해야 하며 기타 주주가 서면통보를 받은 후 30일 내에 회답하지 않은 경우 양도에 동의하는 것으로 간주한다. 기타 주주 과반수가 양도에 동의하지 않을 경우, 동의하지 않는 주주는 해당 양도하려는 지분을 인수하여야 한다. 인수하지 않는 경우 양도에 동의하는 것으로 간주한다. 주주의 동의를 거쳐 양도하는 지분은 동일한 조건일 경우 기타 주주가 우선인수권을 가진다. 두 명 이상의 주주가 우선 인수권을 행사하는 경우, 협의를 통해 각자의 구매 비율을 정한다. 협상 결렬시 각자의 출자비율에 따라 우선인수권을 행사한다. 회사정관에 주권양도에 관한 별도의 규정이 있는 경우 이에 따른다.

## [5] 행정절차에서 자산평가보고서 제출 요구

지분양도는 기업을 사고 파는 것이므로 그 가치를 결정함에 있어서 매우 전문적인 기술이 필요하다. 따라서 매도자나 매수자나 자신에게 유리한 가격을 만들어 내기 위해서 비싼 돈을 주고 전문평가기관에 평가를 의뢰하기도 한다.

그러나 매매당사자의 오너들이 이미 지분양도금액을 확정한 상황이거나 지분을 무상으로 양도하는 경우 군이 돈을 들여 가며 전문평가기관의 평가보고서를 만들 이유는 없다. 다만, 지분양도와 관련한 행정절차를 진행하다 보면 관계당국, 특히 세무국에서는 일정한 요건에 해당하는 경우 합법적인 자격을 갖춘 자산평가기관이 작성한 평가보고서를 제출할 것을 요구하는 경우가 많다. 일정한 요건이란 지역마다 다르겠지만 산동성의 경우 아래의 요건 중에서 하나에 해당하면 평가보고서를 제출하라고 요구한다.

① 지분양도거래에 대한 특수한 세무처리방식의 적용을 신청하는 경우
② 지분양도자가 투자회사인 경우
③ 지분양수도 대상기업이 부동산 업종에 종사하는 경우
④ 지분양수도 대상기업이 토지사용권을 보유한 경우
⑤ 지분양수도 대상기업의 투자주식이 300만 위안 이상인 경우
⑥ 지분양수도 거래자가 특수관계자인 경우

그리고 지분매수자가 중국 국유기업인 경우 중국 법률 또는 해당 국유기업의 내부정관이나 규정에 따라 국유자산감독관리위원회의 승인을 받아야 하므로 이 경우도 자산평가보고서를 제출해야 한다.

## [6] 무상양도를 통한 법률 리스크 해소 방법

사업 철수 방법의 선택 전략에서도 말했지만 해외 사업을 정리하는 최선의 방법은 지분양도방식이다. 청산방식으로 진행하면 회사의 모든 행정등기를 말소해야 하므로 회사와 관련된 모든 관공서를 일일이 대응해야 하기 때문에 시간과 비용 측면에서 불리하다. 따라서 매수자에게 지분양도금액을 할인하여 줌으로써 지분양도방식으로 유도하는 것이 사업 철수의 전략이라고 할 수 있다. 경우에 따라서는 대상회사의 기업가치가 없거나 미미해서 청산을 함으로써 건질 것은 고사하고 오히려 추가적인 청산비용을 투입해야 하는 상황도 발생한다. 저렴한 인력을 이용하기 위해서 중국에 임가공 공장을 설립한 경우라면 대부분 이러한 상황일 것이다. 이럴 때는 억지로 청산을 진행해서 법인을 말소시키는 것보다는 회사의 지분을 중국 사람에게 무상으로 주는 것도 하나의 방법이다. 이때 한 가지 주의할 점은 지분의 양수도가격이 0이므로 한국이나 중국의 세무당국에 이것을 설명할 수 있는 자료를 준비해 둘 필요가 있다. 예를 들어 회계장부에 순자산을 0으로 만든다든지 감정평가회사에 부탁해서 순자산가액을 0으로 만든 자산평가보고서를 준비하는 것을 들 수 있다.

이것이 가능한 이유는 중국에서 외국인인 한국 사람은 풀지 못하는 사업상의 문제도 중국인이라면 대수롭지 않게 생각하거나 또는 자신의 꽌시를 이용해서 충분히 풀 수 있어서 매출이나 기술이전 등 일정한 보장만 해 준다면 회사를 무상으로 인수해 갈 중국인이 있을 수 있기 때문이다. 다음 설명하는 사례는 필자가 실제로 진행했던 프로젝트로서 지분의 무상양도를 통해서 한국 투자자가 해외투자와 관련된 한국과 중국에서의 법률적 리스크를 깔끔하게 정리한 좋은 예를 보여 주고 있다.

이 회사는 중국에 설립된 후 수년간 저렴한 인건비의 혜택을 누렸으나 2008년 베이징 올림픽 이후 급격한 인건비의 인상과 사회보험료 납부의 강제로 인하여 낮은 원가의 생산공장으로서의 기능을 잃게 됨으로써 철수를 결정하게 되었다. 그런데 회사 설립 후 6년 만에 중국 사업 철수를 결정했기 때문에 10년 경영기간을 충족하지 못하게 되어 이미 받았던 조세우대혜택을 반환해야 할 상황이었다. 그러던 중에 회사에 납품을 하던 중국인 사장에게 회사의 지분 70%를 무상으로 인수하고 나머지 30%는 10년의 경영기간을 충족한 후에 무상으로 이전해 갈 것을 제안하였다. 중국인 사장이 회사를 인수해가는 대가로 한국인 생산담당자가 상주해서 인수된 후에도 1년간 생산과 기술에 대한 지도를 해 주는 조건을 제시해서 거래를 성사시킬 수 있었다.

결자해지라고 했다. 자기가 설립해서 운영했던 회사가 철수를 결정하였다면 원칙적으로 회사의 정리 또한 스스로 해야 한다. 그러나 중국에서 스스로 회사를 정리를 하기에는 왠지 모를 불안함이 있고 또한 정면

돌파를 하자니 생각지도 못한 수많은 어려움이 따를 것이라고 예상이 된다. 그렇다고 방치를 해두거나 폭탄 돌리기 하듯이 다른 사람에게 몰래 떠넘길 수도 없다. 이런 상황의 해결 방법이 중국인에게 무상으로 회사를 넘기는 것이다. 매도자인 나는 해외투자와 관련된 법률리스크를 제거해서 좋고, 매수자인 중국인은 선진국 사람이 운영하는 공장을 공짜로 얻어서 좋고, 누이 좋고 매부 좋은 방법이 있다는 것을 기억해 두자.

## [7] 라이선스계약과 상표사용권의 해제

한국 모회사가 지분을 보유하고 있는 중국 현지법인과 라이선스 계약이나 상표사용권 계약을 체결하고 있는 경우 지분양도 후에도 계약을 계속할 것인지 아니면 지분양도와 함께 계약을 해제할 것인지에 대한 검토가 필요하다. 만약 계약을 해제하는 경우 라이선스와 상표권이 지분양도 후에는 사용되지 않음을 지분양도계약서 등 서면으로 확인을 받아 두어야 한다.

## [8] 외화차입금의 정리문제

외국인투자기업은 투자총액과 등록자본금의 차액(투주차)의 범위에서 외화차입이 가능하기 때문에 외국인투자기업의 신분이 내자기업으로 변경되면 외환관리국의 허가를 별도로 받을 필요가 있다(국내기구의 국제상업대출차입 관리방법 [97]회정발잘자6호 제4조).

외화차입의 형태는 한국 모회사가 직접 대여하는 것과 한국 모회사의 지급보증으로 금융기관으로부터 차입할 수 있다. 이러한 형태의 외화차입은 지분양도 전에 상환하는 것이 바람직하다. 그러나 자금사정으로 상환하지 못할 경우 차입을 계속할 수 있도록 외환관리국과 협의가 필요하다. 또한 한국 모회사가 중국자회사에게 대여한 경우 본사의 입장에서는 자회사이기 때문에 특별히 담보설정 없이 대출해 줬지만 지분을 제3자에게 매각하면 대출금 회수 가능성이 불분명하다. 따라서 대출금 회수를 위한 조치를 검토할 필요가 있다.

## [9] A/S와 유지보수계약의 정리

지분양도가 그때까지 판매한 제품의 A/S나 유지보수계약 또는 보증관계에 영향을 미치는지에 대한 검토가 필요하다. 영향을 미치는 경우뿐만 아니라 그렇지 않은 경우도 A/S나 유지보수계약의 처리에 대해 검토할 필요가 있다. 현재의 계약당사자는 양도의 대상이 되는 중국 현지법인이기 때문에 현지법인이 계속 A/S나 유지관리업무를 수행하고 그것이 고객의 만족에 문제가 없다면 좋겠지만 그것이 충분하지 않을 경우 한국 모회사가 수행할 것인지, 중국에 있는 관계회사에서 수행할 것인지 또는 아예 수행할 필요가 없는지 등을 검토해야 한다.

## [10] 대상회사의 명칭 변경 필요

지분양도에 있어서 회사 명칭의 변경이 필요한지 검토할 필요가 있다. 많은 경우 한국 모회사의 명칭이나 제품 브랜드 명칭과 유사한 회사명을 사용하는 경우가 많고 특히, 제3자에 지분을 양도할 때 그 회사 명칭을 그대로 사용하는 것이 향후 문제를 야기할 가능성도 배제할 수 없다. 따라서 지분양도 전에 회사 명칭을 변경해 버리든지 아니면 지분양도 후 일정 기간 내에 명칭 변경에 대한 서면확인을 받아 두거나 또는 지분양도금액의 협상조건으로 할 것인지에 대한 고려가 필요하다.

특히, 중국 전역에 여러 개의 현지법인을 두고 있는 대기업의 경우 특정 지역의 현지법인을 양도하면서 기존에 사용하고 있는 그룹명을 매수자가 그대로 사용하도록 두는 것은 위험할 수 있으므로 반드시 상호, 로고 등을 변경하도록 요구해야 한다.

## [11] 거래처에 미치는 영향 고려

지분을 양도함으로써 기존에 거래관계를 유지하고 있던 거래처에 영향을 미치는지 여부도 검토할 필요가 있다. 거래계약의 당사자는 양도 대상인 중국 현지법인이기 때문에 한국 모회사와는 직접적으로는 관계가 없다. 그러나 거래처의 입장에서는 중국 현지법인이 한국계 기업이고 한국 사람이 상담을 해 주기 때문에 거래관계를 유지하는 곳도 많다. 따라서 향후 한국 모회사의 브랜드 명성이나 신뢰도에 영향을 미치는 악영향을 피하기 위해서 기존에 구매나 판매관계를 유지하고 있던 거래처에게 어떻게 통지를 하고, 지분양도가 완료된 이후에 거래관계에 미치는 영향을 최소화할 수 있는 방법을 검토해야 한다.

## [12] 지분양도 시 발생하는 노동문제

종업원은 양도대상이 되는 중국 현지법인과 노동계약을 체결하고 있어 법적으로는 지분양도에 따라 주주가 변경된다고 해서 노동계약 자체에 변화가 있는 것은 아니다. 그러나 지분양도에 의해 주주가 변경되므로 경영방침의 변경이나 종업원 관리방식의 변경 가능성도 있고, 특히 외국인투자기업에서 내자기업으로 변경되는 경우 그 영향이 더 크다고 할 수 있다.

지분양도가 가끔 노동문제를 일으키는 경우가 있는데, 이는 법인격, 권리와 의무, 채권과 채무 및 각종 우대혜택이 포괄적으로 이전되는 지분양도의 특성상 정상적이지 않지만 실무적으로는 문제가 되고 있다. 실제로 발생했던 사례로서 한국의 어떤 회사가 중국 현지법인을 매각하기 위해서 매수희망자와 협상을 하고 있는 과정에서 종업원들이 파업을 일으켰다. 그들이 요구한 것은 한국 모회사의 지분양도를 반대하는 것이 아니라 지분양도하기 전에 먼저 일단 해고를 하고 새로운 주주가 들어오면 이전과 동일한 대우로 다시 고용해 달라는 것이었다. 그 이유는 경제보상금을 일시에 지급해 달라는 요구를 하기 위한 것이다. 당연히 회사에서 근무한 기간이 길수록 그 금액은 많아지기 때문에 일단 해고하고 새로 고용되면 종업원의 입장에서는 손해가 될 것이다. 그러나 중국인 직원들의 생각은 조금 다르다. 중국의 규정이 언제 불리한 방향으로 바뀔지 모르고 그리고 회사의 주인이 바뀜으로써 언제 경영이 나빠져서 경제보상금조차 받을 수 없게 될지도 모른다는 생각이 있어서 받을 수 있을 때 받아 두자는 의식이 팽배해 있다.

따라서 지분양도는 종업원의 입장에서는 그렇게 기뻐할 일은 아니다. 오히려 일단 회사가 해산하여 노동계약이 중도 해지됨으로써 경제보상금을 일시에 받고, 회사에서의 경력은 제로 베이스(zero base)에서 다시 시작되지만 급여 등 대우조건은 이전과 동일하게 유지한 채 신입사원으로서 다시 고용되기를 원하는 것이 대다수 종업원의 심정일 것이다.

## [13] 양해각서와 계약서 체결에서 유의점

양해각서(MOU) 체결에 관한 협상에서 가장 초점이 되는 것은 지분양도의 목표금액이다. 목표금액을 결정하기 위해서 기초가 되는 참고자료는 자산평가보고서, 최근 재무상태표, 회계사사무소의 감사보고서 등이 있으며, 때로는 독자적인 계산방법으로 산출한 금액을 제시해 오는 매수자도 있다. 매수자에게 목표금액의 계산방법을 조금이라도 납득시킬 수 있도록 시간을 두고 자세하게 설명하고 협상할 필요가 있다. 그러나 양해각서의 체결은 어디까지나 실사를 하기 위한 의사 타진의 일환으로 행해지는 것이므로 이때의 목표금액은 형식적으로 기재하는 것이 일반적이다.

그리고 지분양도계약서는 지분양도대금의 금액, 지불방법, 지불 조건, 지분권의 인계 등이 모두 담겨 있어 지분양도의 기준이 되며 그 이후 행정절차를 진행할 때에도 관련 정부기관에 제출해야 한다. 따라서 모든 조항을 신중히 검토해 협상할 필요가 있다. 지분양도계약서의 체결단계에서 주의해야 할 것은 중국 기업 오너에 의한 독단적인 판단으로 흐름이 일시에 바뀔 수 있다는 것이다. 협상 도중에 지금까지와 전혀 다른 금액이나 조건을 요구하는 경우도 있음을 끝까지 유의하면서 진행할 필요가 있다.

## 제4장

# 지분양도 사례 분석

여기의 사례들은 모두 필자가 직접 중개를 했거나 매매 협상에 참여한 실제 존재하는 사례들이다. 컨설팅을 제공했던 M&A거래는 수십 건이 되지만 그중에서 거래의 규모와는 상관없이 중국 사업 철수에 있어서 모범 사례만을 엄선해서 소개한다.

## [1] 매수자의 지불능력 확인은 필수

기업을 사고 파는 M&A에서 매도자가 매수자에 대해서 알고 싶어 하는 사항은 첫째가 "상대가 거래대금을 지불할 돈을 가지고 있는가?"이고, 둘째는 "정말 인수의향이 있는가?"이다. 먼저 두 번째 사항을 확인하는 방법으로는 회사를 인수하고 난 후에 어떻게 회사를 꾸려 나갈 계획인가에 대해서 물어보면 대충 인수의향이 많은지 적은지에 대해서 확인할 수 있다. 문제는 첫 번째를 초면의 상대방에게 확인하는 것이 어렵다는 것이다. 자칫 잘못 이야기했다가 자존심을 건드려서 거래를 망치는 경우도 있기 때문이다. 그러나 이 부분은 매우 중요한 부분이므로 여러 가지 방법으로 확인한 후 확신이 있을 경우 협상을 진행하는 것이 타당하다.

여기 이런 사항에 대한 확인 없이, 골치 아픈 중국 자회사를 빨리 팔아치우겠다는 생각으로 성급하게 협상에 뛰어들었다가 난처한 상황에 빠진 사례를 소개한다.

## 1. 컨설팅 계약 체결

P 회사의 사장이 우리를 처음 찾아온 것은 춘삼월이었다. 선친으로부터 물려받은 회사에 중국 자회사가 딸려 있는데 이 회사를 직접 운영할 자신이 없어 매각하고자 여러 방면으로 알아보던 중, 현지 법인장이 매수자를 찾았으니 이후 어떻게 해야 하는지에 대해 도와 달라는 것이 주된 요구 사항이었다.

우리는 주의사항 2가지를 당부를 하고 컨설팅 계약을 체결하였다. 첫째는 매수의향자가 자금이 준비되어 있는지를 확인해야 하고, 그 다음은 대상회사의 지분양도에 대한 중국에서의 등기변경이 완료된 후에야 한국에서 매각대금을 받을 수 있기 때문에 그에 대한 대책을 마련해야 한다는 것이었다.

## 2. 자금능력이 없음을 확인

매수자를 중개해 준 대상회사 법인장에 따르면, 매수의향자는 1년 전쯤 이미 다른 한국계 회사를 인수해 본 경험이 있고, 여러 루트를 통해서 알아본 바로는 충분히 그 정도의 자금은 준비가 되어 있고 과거 다른 한국계 회사를 인수해 봤기 때문에 절차에 대해서도 충분히 잘 알고 있다는 것이다.

P 회사 사장은 여러 차례 협상을 통해서 매수자와 최종 거래금액을 확정했고, 우리는 계약서를 만들고 한국으로 안전하게 송금 받기 위한 에스크로 계좌 등 여러 안전장치를 점검하였다. 계약서의 핵심은 계약체결과 동시에 전체 거래금액을 중국 내 에스크로 계좌에 입금하고, 지분양도 관련 등기변경이 완료된 날에 전부를 한국으로 송금하는 것이다.

그런데 매수자는 계약 체결일에 거래금액 전부를 입금할 수 없고, 일단 양도계약서에 사인한 후 일부만 입금하고 사인된 계약서를 가지고 지인들을 통해서 매수자금을 빌려야 하며, 대상회사에 부동산이 있으니 그것을 담보로 한다면 자금조달은 가능하리라 생각한다는 것이다. 그러나 매수자가 자금조달을 완료할 때까지 매도 측에서는 하염없이 기다려야 하는 문제가 있어 리스크가 너무 커지게 된다.

## 3. 새로운 매수자 등장

첫 번째 매수자가 지불능력이 없다는 것을 알고 난 후 그와 계속 진행할지 고민하고 있을 때, 현지법인 법인장이 또 다른 매수자가 있다고 소개를 했다. 이미 첫 번째 매수자 때문에 지불능력을 확인하는 것이 중요하다는 것을 알고 있던 터에 두 번째 소개한 매수자는 그 지역에서 여러 사업장을 운영하는 유지이며, 매도 측의 요구조건을 모두 수용하고 적극적으로 인수의향을 보이고 있었다.

## 4. 새로운 매수자와의 계약 체결과 사달의 시작

아주 우호적인 두 번째 매수자와의 협상은 일사천리로 진행되었고, 정식 계약을 체결하게 되었다. 그런데 바로 다음 날에 우리는 P 회사 사장으로부터 황급한 전화를 받게 된다. 갑자기 첫 번째 매수자가 나타나 자기들도 매수자금을 준비했으니 자기들과 계약해야 한다는 것이다.

그때부터 현지 법인장과 P 회사 사장은 물론 컨설팅을 하는 나까지 엄청난 협박에 시달려야 했다. 알고 보니 그는 겉으로는 회사를 운영하며 사업을 한다고 떠벌리면서 실제로는 건물 철거를 주된 사업으로 하는 건달이었다.

그의 주장은 이러했다. 지분양도를 위해서 매도 측이 요구한 거래금액 전부를 에스크로 계좌에 입금하기 위해서 고율의 사채를 빌려서 마런해 두었는데, 그에 대한 손해를 배상하라는 것이다.

## 5. 떨떠름한 끝맺음

첫 번째 매수자와 협박과 동시에 협상이 진행되는 중에도, 두 번째 매수자와는 정식 계약이 체결되었기 때문에 계약 내용에 따라 차근차근 업무가 진행되어 최종적으로 한국으로 매각대금이 입금되었다.

과정에 우여곡절이 있었지만 지분양도를 통한 매각대금을 수령함으로써 우리의 컨설팅 서비스는 완료되었다. 그러나 남아 있는 문제는 첫 번째 매수자와의 협상은 여전히 진행 중이고, 우리의 컨설팅 수수료는 이 사건이 종결되어야 지급하겠다는 P사 사장의 통보로 컨설팅 잔금을 일부 받지 못하고 종료한 프로젝트가 되었다.

## [2] 매수희망자를 직접 중개한 사례

기업이 존재하는 이유는 여러 사람이 함께해야만 성취할 수 있는 과제가 있기 때문이다. 우리 회사는 법률, 세무회계, 인사노무 등 분야에 전문 지식이 있는 사람들로 구성되어 있다. 그래서 우리가 제일 잘하는 컨설팅 서비스도 이러한 부분에 대한 전문 지식의 제공이다. 그러나 중국 진출 기업의 EXIT 컨설팅에서 전문 지식의 제공은 전체 중에서 극히 일부에 지나지 않는다. 전문 지식보다 중요한 것은 알고 있는 지식을 중국 현장에서 부딪히며 실행하는 것이고, 그보다 더 중요한 것은 거래를 성사시키기 위한 매수자를 찾는 것이다.

우리가 직접 매수자를 찾아서 중개해 준 사례를 통해서 우리가 어떻게 매수자를 찾는지 소개하고자 한다. 이 방법은 회사들이 스스로 잠재매수자를 Tapping할 때 참고로 사용할 수 있을 것이다.

## 1. 잠재매수자 발굴방법

우리가 M&A 중개를 위해서 잠재매수자를 찾는 방법은 다음과 같은 순서대로 진행한다. 낮은 단계부터 차례로 시도해 보고 찾지 못하면 다음 단계를 진행하는 것이지, 모든 단계를 동시에 진행하는 것이 아니다.

1단계: 협력파트너와 알고 있는 기존 투자자를 개별적으로 접촉
2단계: 대상회사의 경쟁기업이나 전후방기업의 연락처를 입수해서 접촉
3단계: 지역별 사설 중개 플랫폼에 등재
4단계: 정부가 운영하는 중개 플랫폼에 등재

이렇게 단계적으로 진행하는 이유는 고객의 요구 때문인데, 중국 자회사를 매각한다는 소문이 다른 사람들에게 알려지기를 꺼려 하기 때문이다. 또 다른 이유는 우리 회사 때문이기도 하다. 1단계부터 상위단계로 올라갈수록 정보공개 수준이 광범위해져서 잠재매수자를 찾는 것은 쉬워지지만 그만큼 관여하는 사람이 많아서 중개수수료를 1/n로 나누어야 하기 때문에 배분되는 수수료가 줄어들게 된다.

예를 들어 정부가 운영하는 중개 플랫폼에 매물정보를 올리기 위해서는 매도 측의 이사회 의사록을 요구하는데 이러한 요구는 상장회사일 경우에는 수용하기 상당히 어렵다. Tapping 단계인데 공시를 해야 하는 부담이 있기 때문이다. 그리고 수수료도 만만치가 않다. 착수금으로 1만 위안을 받고 거래금액의 2~3%를 성공보수로 달라고 하는데 이렇게 되면 우리에게 떨어지는 수수료는 매우 미미해진다.

이러한 절차와 상황에 대해서 긴 시간 동안 화이트보드에 그려 가며 설명을 한 후, S 회사 임원의 동의를 얻어 잠재매수자를 찾는 작업에 착수하게 되었다. 보통 6개월 독점대리 mandate를 받는데, 우리 입장에서는 독점대리가 길면 길수록 좋지만 고객의 입장에서는 전적으로 우리만을 의지할 수 없다는 것을 알고 있기 때문에 다소 짧은 mandate를 받는다. 6개월 찾아보고 없으면 포기한다는 것은 우리의 내부 방침이기도 하다.

## 2. 우선협상대상자의 확정

우리는 이미 오랜 기간 잠재매수자 발굴업무를 해 왔기 때문에 협력파트너의 층도 두껍고 거래 경험이 있는 투자자들도 많이 알아서 대부분 1단계 늦어도 2단계에서 성공 여부가 판가름이 난다.

매물은 공장이지만 이미 주변이 상업용으로 개발되어서 도시 속의 섬처럼 갇혀 있다. 이런 형태의 공장은 주택이나 상업용 건물을 올릴 수 있는 부동산 개발회사나 투자회사가 적격이다. 공장 소재 지역의 협력파트너에게 티저를 보낸 후 얼마 있지 않아 몇 개의 잠재매수자 목록을 보내 왔다. 그 지역은 이미 10년 전부터 한국계 임가공 공장들이 베트남으로 빠져나감에 따라 남아 있는 공장의 매물과 그것에 투자하려고 하는 매수자 pool이 시장을 형성하고 있어 잠재매수자를 찾는 것은 그리 어려운 작업이 아니었다.

이런 시장에서 조심해야 할 것은 자금 없이 덤비는 매수자들이 있다는 것이다. 그들은 LBO를 생각하고 있다. 즉 매수자가 매매 대상회사의 부동산을 담보로 돈을 빌리고 그 돈으로 매수대금을 지급하는 것을 말하는데, 내 돈 없이 기업을 살 수 있는 방법이다. 부동산 활황기에는 매우 유용한 M&A 기법인데, 아쉬운 것은 우리나라에서는 금지되어 있다.

## 3. MOU와 본 계약의 체결

우선협상대상지기 선정되고 나면 그 이후부터는 전문가들이 두입된다. 계약서 초안을 만드는 변호사가 필요하고, 기업가치평가를 위한 감정평가사가 필요하며, 매수자의 재무실사에 대비해서 회계사도 필요하다.

지분양도 계약서에는 각 당사자의 의무사항이니, 보증이니 또는 위약에 따른 배상이니 하는 복잡한 내용이 많기 때문에 매도 측과 매수 측을 대리하는 변호사들끼리 계약서의 문구를 조정하게 된다. 계약서는 뭐니 뭐니 해도 한국으로의 안전한 송금이 핵심 내용이라고 할 수 있다.

## [3] 내재된 리스크를 안고 매각

M&A의 대상이 되는 기업을 보는 시각에 따라 그것을 평가하는 가치는 크게 다르다. 기업의 어떤 부분이 매도자에게 가치가 없는 것이 매수자에게는 가치가 있을 수 있고, 또는 매도자는 위험이 높다고 생각해서 가치를 깎아야 하나 매수자는 별거 아니라고 생각할 수 있다. 중국에 진출한 한국계 기업을 매각하는 작업을 하다 보면 후자의 경우가 더 자주 발견된다. 여기서는 이런 형태에 속하는 사례를 소개한다. 그리고 이러한 형태의 매매가격에 합의가 이루어진 경우 주의해야 할 사항에 대해서도 우리의 시행착오를 통해서 교훈을 얻을 수 있을 것이다.

### 1. L 사장의 고민

중국에는 수책(手冊)이라는 특수한 세관의 거래 시스템이 있다. 대기업과 동반해서 중국에 진출하거나 또는 단순 임가공용 공장을 설립해서 가공된 물건을 되가져오는 사업을 해 본 사람이라면 대부분은 알 테지만 그 외의 회사에서 일하는 사람에게는 매우 생소한 단어일 것이다. 수책은 중국 세관이 보세화물을 관리하는 시스템이다. 해외에서 중국으로 화물을 들여오기 위해서는 세관의 통관절차를 거치고 통관과정에서 관세와 증치세를 납부해야 한다. 그러나 보세화물은 세금부과를 보류했다가 과세요건이 확정될 때 징수하는 특수화물이다. 그래서 보통은 보세 창고에 보관하지만 중국의 개방 초기에 단순노동자의 고용을 창출하는 목적으로 일반 기업에서도 수책이라는 시스템을 이용하면 보세화물로 인정되어 수입 관련 세금을 면제받을 수 있다.

그래서 수책에는 수입할 원재료의 품목과 수량 그리고 수출할 완제품의 품목과 수량을 각각 신청하고, 실제로 수입과 수출이 일어나면 계속 기재해 나가다가 당초 신고했던 수입과 수출의 품목과 수량에 도달하면 종료하는 방식이다. 그리고 또 필요하면 추가로 수책을 신청해서 수출입을 반복하게 된다. 세관의 입장에서는 수입할 때 관세와 증치세를 징수했다가 수출할 때 환급해 주는 번거로움이 없어졌다.

이렇게 설명하면 매우 유용하고 편리한 시스템으로 보이지만, 공장 안에서의 생산상황이 이론적으로 돌아가지 않는다는 데에 함정이 있다. 생산 초기에는 직원들이 숙달이 덜 되어 불량이 많이 발생하거나 또는 고가 원재료 같은 경우에는 도난되는 경우도 생긴다. 이렇게 되어 수입은 했으나 수출을 할 수 없게 된 부분에 대해서는 보류해 주었던 관세와 증치세를 추징하게 된다. 보통 전자부품의 경우에 관세가 7%이고 증치세가 17%(현재는 13%)이기 때문에 합치면 수입가격의 24%의 어마어마한 세금폭탄이 투하된다.

중국 현지법인을 10년간 유지해 온 L 사장의 말 못 하는 고민이 이 수책에 있었다. 매우 민감한 휴대폰 부품의 일부이기 때문에 미세한 흠이 있어도 불량으로 처리되는 사업이다 보니 설립 초기에 많은 불량품이 발생했다. 그런 상황이 10년간 누적되어 만약 수책 활용을 중단하게 되면 세금폭탄이 일시에 돌출될 것이라는 것을 알고 있었다.

## 2. 지분가치에 대한 협상타결

감정평가법인에 의뢰해서 받은 회사의 가치는 6,000만 위안이나, L사 사장의 고민을 알고 있는 매수자는 가격을 후려쳤고, 쌍방은 4,000만 위안에 지분 100%를 매각하는 것에 합의를 하였다. 이 상황을 보고 주위에서는 말들이 많았다. 그렇게 싸게 팔 거면 나한테 넘기라는 등 또는 둘이서 짜고 이면계약을 했다는 등 등등. 그러나 L 사장은 그렇게 해서라도 수책의 고민으로부터 빠져나오고 싶었다. 나름대로 계산한 수책의 추징세금은 할인해 준 금액보다 컸기 때문이다.

그렇다면 매수자는 이러한 사실을 알고도 왜 그 가격에 합의를 한 것일까? 이 부분이 사람에 따라 위험을 보는 시각에 차이가 난다는 것을 보여 준다. L 사장 입장에서는 본인 스스로 세관 문제를 해결할 수 없고 FM대로 세금폭탄을 맞을 것이라고 생각했고, 매수자는 당지에서 상당한 영향력을 가진 권력가라서 세관의 위험은 어느 정도 본인의 역량으로 해결할 수 있다고 믿었기 때문이다.

## 3. 은행에서 문제를 제기

문제는 한국에서 발생했다. 해외로부터 지분매각대금이 한국회사의 거래은행 계좌에 입금되면 은행은 관련 증빙을 제출하라고 요청한다. 지분매각대금이라는 것을 증명할 핵심서류는 '지분양수도계약서'와 '기업가치평가보고서'이다.

6,000만 위안으로 기재된 기업가치평가보서를 본 은행에서는 차이에 대해서 소명을 하라고 하고, 소명이 합리적일 때까지 입금처리를 연기하겠다고 통보해 왔다. 돈을 받아 놓고도 쓸 수 없는 해괴한 상황이 벌어진 것이다. L 사장은 컨설팅을 담당한 우리한테 화살을 돌리기 시작했다. 이런 상황을 예측해서 대비하지 못했느냐는 불만을 계속 토로했다.

가격협상에 신경 쓰고 또 그 대금을 중국에서 한국으로 안전하게 송금받는 데에 집중을 하다 보니 사실 은행에서 이런 상황이 벌어질 것이라고 예상하지는 못했다. 금액의 차이를 줄이는 것이 안전할 것이라는 생각을 해 보았다. 그래서 감정평가법인에게 평가금액을 낮추기 위해서 기계장치나 재고자산을 줄여 줄 것을 요청했지만 누구 밥줄 끊을 일 있냐면서 일언지하에 거절당했다. 본인들의 평가보고서는 정부기관에 매우 신뢰도가 쌓여 있는 브랜드이므로 고객의 입맛에 맞게 줄였다 늘렸다 할 수 없다고 했다.

방법은 은행을 설득할 수밖에 없다. L 사장이 느끼고 있던 수책의 위험에 대해서 여러 자료들을 제출해서 설득했고, 당근도 제시하면서 해결할 수 있었다.

## 4. 끊임없이 발생하는 문제

일이 끝난 줄 알았는데 그다음 해 6월경 L 사장한테 연락이 또 왔다. 이번에는 세무서에서 난리를 친다는 것이다. 내용은 또 그 문제였다. 시가 6,000만 짜리를 왜 4,000만에 팔았느냐? 그 가격으로 판 거는 판 거고 세금은 6,000만으로 판 것으로 간주해서 내라. 뭐 이런 주장이었다.

세무서에는 은행처럼 당근으로 줄 것은 없고 어쨌거나 객관적인 자료로 증명을 하는 수밖에 없었다. 급기야 컨설팅을 하고 수책의 위험 상황을 파악하고 있는 우리한테 보증을 요구하기에 이르렀다. 대상회사의 수책 위험이 2,000만이 넘는다는 것을 서류로 보증해 달라는 것이다. 이 보증서로 세무서를 설득해 보겠다는 것이다. 중국 회사에 대한 컨설팅 경험이 오래되었기 때문에 수책의 위험은 누구보다도 잘 알고 있다. 그래도 보증은 좀 그렇고 확인서 정도로 해서 끝내자고 요청해서 그렇게 우리 회사 명의로 확인서를 만들어 주었고 그것이 주효했는지는 모르겠지만 세무서에서 잠잠해졌다고 한다.

## [4] 특수허가 같은 무형자산 매각

이 사례는 회사가 가지고 있는 무형의 자산을 제값을 받고 매각한 경우로서 가장 바람직한 형태의 지분양도 사례라고 할 수 있다.

### 1. 중국 진출 배경과 사업 철수 이유

중국에서 건설 붐이 한창이던 2006년, 한국에서 페인트의 원료를 생산하던 김 사장은 중국 시장을 뚫어 보겠다는 야심 찬 포부를 안고 산동성 모시에 화학공장을 설립하였다. 당시에는 해당 지자체가 외국인투자기업 유치에 혈안이 되어 있어 많은 우대혜택을 주었고 토지를 매우 저렴한 비용으로 취득할 수 있었다. 그리고 제품이 위험화학물에 속했기 때문에 '안전생산허가증'이라는 특수허가를 받아야 공장가동을 할 수 있었지만 제도가 제대로 정비되어 있지 않아 심사가 그렇게 까다롭지 않아서 쉽게 취득해서 양산체제로 돌입할 수 있었다. 또한 예측한 대로 활발한 건설경기 탓에 페인트 수요가 많아서 김 사장의 중국 공장도 활기를 띠었다.

그러나 점차 건설경기가 하향곡선을 긋고, 중국 내 경쟁업체들의 등장으로 매출이 쇠락의 길을 걷고 있던 중에 천진항에서 대규모 화학공장의 폭발로 인해서 많은 인명 피해를 가져온 사고가 발생하였다. 그 사고를 계기로 중국 당국이 화학품생산기업에 대한 전국적인 실태조사에 들어갔고, 그로 인해서 하루가 멀다 하고 안전국의 공무원들이 회사에 들어와서 이것저것 꼬투리를 잡는 바람에 제대로 된 생산을 할 수 없었다. 이러한 악재들이 겹치는 가운데 김 사장은 이 기회에 공장을 팔고 한국으로 돌아가야겠다는 결심을 하게 되었다.

## 2. 철수 진행에 따른 문제점과 해결방안

한국으로 철수하기 위해서는 먼저 공장을 팔아서 현금화해야 하는데, 공장을 매각하는 것이 관건이었다. 그러나 불행 중 다행으로 천진항에서의 폭발사고 이후 중국 정부가 더 이상 '안전생산허가증'을 발급해 주지 않았기 때문에 기존에 이 허가증을 가지고 있는 기업은 그 가격이 천

정부지로 오르고 있었다. 그래서 김 사장은 이 허가증이 살아 있는 상태로 공장을 파는 방법으로서 지분양도를 생각해 내었다.

허가증 품귀현상으로 인하여 매수자는 어렵지 않게 찾을 수 있었지만 협상 과정에서 몇 가지 문제에 봉착하게 되었다. 첫째는 매수자가 중국기업이다 보니 그 회사에 회사를 매각하게 되면 대상회사의 신분이 외국인투자기업에서 내자기업으로 변경되어 과거의 각종 세제혜택을 반환해야 했다. 둘째는 기존의 고객이 유지되도록 협조를 해 주고 1년간 매출액을 보증해 달라는 요구를 하였다.

첫째의 문제는 반환해야 할 세금이 너무 많아서 매수자로 하여금 홍콩에 페이퍼 컴퍼니를 만들어서 그 회사의 명의로 인수하도록 요구함으로써 해결될 수 있었다. 둘째 매출보증에 대한 문제는 쉽게 결정할 사항이 아니었다. 기존의 모든 고객은 김 사장의 개인 친분으로 형성된 거래처이므로 김 사장이 떠나면 고객도 함께 떠날 것은 불을 보듯 뻔한 일이다. 한국에 돌아가서 당장 무슨 할 일이 있는 상황이 아니었기 때문에 일단 1년 동안 고객관리를 해 주고 그에 대한 대가로 월급을 달라고 해서 상호합의에 이르렀다. 그러나 기존의 매출액 수준을 유지해야 한다는 매출액 보증은 결코 동의해 주지 않았다.

## 3. 시사점

'일소'와 '고기소'의 차이는 육체 안에 무형의 재산적 가치가 있고 없고의 차이이다. 다시 말하면 일하는 일소는 죽으면 고기로 사용할 수도 있지만 그 전에 밭을 갈고 수레를 끄는 노동력을 이용할 수 있다. 그래서 단순하게 비교하자면 일소는 그가 제공하는 노동력만큼 고기소에 비해서 가격이 비싸다. 그 노동력은 소가 살아 있을 때만 활용 가능한 것이지 죽어서는 고기밖에 없다.

기업도 마찬가지이다. 기업의 등기가 말소되어서 죽으면 기업 안에 있는 땅, 건물, 기계 등 눈에 보이는 자산만이 가치가 있다. 그러나 영업활동을 하고 있는 살아 있는 회사에는 위에서 말한 특수한 허가증, 상표권, 안정된 고객, 숙달된 종업원 등 무형의 자산이 추가되어 있다. 때때로 기업가치를 평가할 때 유형자산보다 무형자산의 가치가 더 큰 경우도 있으며, 심지어 유형자산의 가치는 제로이지만 돈을 받고 회사를 파는 경우도 있다.

이처럼 중국 사업 철수를 계획할 때는 철수 방법이 쉽고 비용이 저게 들기 때문에 지분양도방식을 택하기도 하지만 회사 안에 녹아 있는 무형자산을 제값을 받고 팔기 위해서도 선택할 수 있다.

## [5] 대기업과 동반 진출 후 철수

대기업과 동반해서 중국에 진출한 기업의 특징은 매출이 해당 대기업 한 곳에 집중된다는 것이다. 이렇다 보니 추가적인 고객 확보를 위한 영업활동을 등한시하게 되어 다양한 고객 확보가 되어 있지 않아서 그 대기업이 철수를 결정하면 철수 또한 동반해서 진행할 수밖에 없다. 현재 중국에 진출한 조선업, 건설기계, 휴대폰 관련 부품업체들이 이런 상황에 놓여 있다.

## 1. 중국 진출 배경과 사업 철수 이유

이 회사는 국내 굴지 가전회사의 1차 공급업체로서 그 대기업의 중국 투자에 동반해서 진출하게 되었다. 이 대기업이 진출한 지역은 대규모 전자회사들의 클러스터가 형성되기 때문에 해당 지자체는 회사의 설립부터 양산체제로 돌입할 때까지의 모든 행정서비스를 원 스톱으로 처리해 주는 태스크포스팀을 만들어서 보조해 주었다. 그래서 큰 어려움이 없이 중국 회사를 설립하고 운영할 수 있었다.

그러나 중국의 여러 외부 환경들이 제조공장을 운영하기에 적합하지 않은 상황으로 들어감에 따라 해당 대기업이 중국 내 생산물량을 줄이고 베트남으로 주요 생산기지를 옮기는 결정을 하였다. 그래서 이 회사도 중국 내 생산물량이 줄어들어 계속적인 손실이 발생하는 상황에 처해서 중국 공장의 철수를 결정하게 되었다.

## 2. 철수 진행에 따른 문제점과 해결방안

중국인 매수자와 지분양도 협상을 진행하는 과정에서 직원들의 파업이 발생하였다. 직원들의 요구는 지분매매협상에 직원들의 지위보장을 해 달라는 것이었다. 왜냐하면 그동안 외국인투자기업의 느슨한 관리체계 아래서 사회보험가입 등 여러 가지 혜택을 누리고 있다가 중국인 오너가 들어오면 많은 것이 바뀌게 될 것이기 때문이다.

특히, 중국인 중소기업 사장들 중에서 직원들의 사회보험을 100% 들어 주는 오너는 거의 없다. 회사의 주인이 중국인 사장으로 바뀌면 직원들의 사회보험가입은 중단될 것이 뻔하다. 그리고 중국인 사장 특유의 노무관리 방식인 성과보수체계로 바뀔 것이기 때문에 업무강도와 스트레스가 많이 쌓이게 될 것이다. 그래서 이참에 사직을 하려고 하는 직원이 많아졌다. 그런데 직원 본인의 자발적인 의사로 사직을 하게 되면 경제보상금을 받을 수가 없기 때문에 지분양도 협상을 하는 중에 그런 뜻을 같이 하는 사람들이 주동이 되어 파업을 일으킨 것이다. 회사의 주인이 새로 바뀌는 시점을 기준으로 과거의 근속연수 동안의 경제보상금을 일시에 지불해 달라는 요구이다.

대기업의 1차 벤더는 납기가 생명이다. 파업으로 인하여 부품공급이 중단되면 그 대기업의 라인이 멈추게 되므로 고객관리에 매우 심각한 문제가 발생한다. 그것은 중국뿐만 아니라 한국의 모회사의 신뢰도에도 영향을 미치는 사안이므로 긴급하게 처리해야 할 문제이다. 그래서 양도자의 부담으로 모든 직원들에게 경제보상금을 지급하기로 합의를 했다. 그런데 문제는 경제보상금을 직원들에게 지급해 버리면 모두 회사를 떠나기 때문에 일할 사람이 없어서 다시 고객의 생산라인이 중단될 위기에 처하게 된다. 그래서 직원대표와 합의해서 지분양도가 이루어진

후에도 전 직원의 고용승계를 보장하고 경제보상금은 양도자가 부담해서 그 금액만큼 노동조합(공회) 계좌에 보관해서 노사가 공동으로 관리하고 있다가 해당 직원이 실제 퇴직을 할 때 그때그때 인출해서 주는 것으로 하자고 합의에 이르렀다.

위의 내용이 글로 표현되어 있어서 매우 순조롭게 이루어진 것처럼 보이지만, 당시 이 협상에 참석한 필자는 현장 직원들로부터 오전 10시부터 회의실에 감금되어 저녁 5시가 되어서야 풀려날 수 있을 정도로 불안과 두려움의 긴 하루였다. 이러한 힘든 시기를 같이 보낸 지분인수자인 중국 사장은 그때의 추억으로 아직도 필자와 호형호제하면서 서로 왕래를 하고 있는 친한 사이가 되었다.

## 3. 시사점

누차 이야기하지만 사업 철수에서 가장 중요한 부분은 직원의 정리이다. 지분양도는 기존 주주와 새로운 주주와의 거래이므로 대상회사와 직원과 체결된 노동계약은 전혀 영향을 받지 않는 것이 법률규정이고 원칙이다. 그러나 실직처럼 직원의 생존권이 달려 있는 문제는 법과 원칙대로만 따져서 진행되지 않는 것이 현실이다. 소위 떼법이라고 하는 집단행동으로 무리한 보상요구가 발생할 수 있다는 것을 항상 염두에 두어야 한다.

# [6] 합자기업 무상양도로 합법적 철수

이 사례는 규모는 아주 작지만 사업 철수 방법을 선택함에 있어서 우리 기업에게 많은 시사점을 주는 사례이므로 특별히 소개한다.

## 1. 중국 진출 배경과 사업 철수 이유

이 회사는 2007년 8월 중국 로컬기업과 한국의 상장회사가 공동으로 투자하여 설립한 중외합자기업으로서 광고설계를 주된 사업으로 하는 기업이다. 등록자본금은 RMB 180만 위안의 매우 소규모 회사로서 중국 투자자와 한국 투자자가 각각 50%의 지분을 보유하였다. 이 회사의 법정 대표는 중국 투자자가 지정한 사람이고, 경영기한은 8년, 회사의 소재지는 중국 투자자의 주소지 내에 있는 사무 공간을 임차하여 사용하였다.

회사는 북경올림픽을 겨냥하여 광고사업을 영위할 목적으로 설립되었으나, 당초 예측과 달리 광고입찰 참여 기회가 마련되지 않았고, 이에 사실상 회사설립 이후 어떠한 경영활동도 전개하지 못하였다. 광고매출이 전혀 발생하지 않는 상황에서 비용지출만 계속되자 회사는 심각한 자금압박 상황에 처하게 되었고, 또한 경영목적 달성이 불가능하다는 것이 확실한 상황에서 더 이상의 사업유지는 무의미하다는 판단에 따라 한국 투자자는 사업 철수를 결정하게 되었고 이를 중국 파트너와 협상하기 시작하였다.

## 2. 철수 진행에 따른 문제점과 해결방안

중국 투자자는 한국 투자자의 해산청산 제의를 받고 원칙적으로는 청산에 동의하면서도 청산실무 진행을 위한 서류작성과 서명날인, 관련 서류 준비를 고의적으로 지연시켜 실질적으로는 청산진행을 어렵게 하였다.

그리고 중국 파트너가 분담하던 회사의 자금사용과 기록, 회계처리와 관련하여 50만 위안이 넘는 금액의 불투명한 사용과 회계증빙 부재로 인해 쌍방 간 이견이 발생하였다. 이에 대하여 한국 투자자의 설명 및 자료제공 요구가 있었으나, 중국 투자자는 "담당자가 출장 중이라 잘 모르겠다.", "회계증빙이 없어서 그렇다. 증빙 구해서 처리하겠다."는 식의 무책임한 자세로 계속 대응하였다. 또한, 중국 투자자의 관리 소홀로 인해 합자기업에 대한 일부 중요한 행정 등기문건이 분실되었고, 중국 투자자가 이를 해결하고자 하는 의지를 보이지 않아, 청산업무 진행과정에서의 불가피한 어려움의 발생이 예측되었다.

결과적으로 한국 투자자는 상술한 문제점에 직면하여 청산진행이 사실상 매우 어렵게 되자 합자기업의 청산에 따른 이해득실을 다시 점검하였다. 결과적으로 청산을 진행한다 하더라도 한국으로 회수할 청산 잔여재산이 거의 없음이 확인되었고, 이에 보다 추가적인 비용 발생을 최소화하고 신속하게 중국 사업에서 철수하는 것이 가장 바람직하다는 결론에 도달하였다. 그러나 해산청산을 진행하는 경우 청산과 관련한 비용이 상당 금액 발생하고, 청산완료까지 약 1년여의 기간이 소요된다는 문제점을 알게 되었다. 이에 한국 투자자는 사실상 존속의 의미가 없는 합자기업을 중국 투자자가 인수하도록 유도했으며, 이에 중국 투자자의 관리 소홀로 발생한 50만 위안에 대한 책임을 면제하겠다는 서약과 함께 한국 투자자의 지분을 전부 인수하여 합자기업을 중국 로컬기업으로 전환한 후 광고사업을 영위하도록 유도하는 공문을 발송하였다. 중국 투자자는 해당 공문을 수령하고 최종적으로 한국 투자자 보유지분의 전체 양수에 동의하게 되었다.

## 3. 시사점

이 사례는 사업 철수에서 그 목적을 분명하게 확인하고 이에 맞는 가장 효과적인 대안을 마련해야 한다는 점을 보여 준다. 사례에서 한국 투자자의 사업 철수 목적은 청산 잔여재산의 회수가 아니라 중국 사업을 가능한 한 빠른 시간 내에 정리해서 추가적인 사금의 유출을 방지하는 것이다. 그리고 투자자는 한국에서 상장회사이기 때문에 중국 사업에 대한 소문이 언론에 떠도는 것을 극도로 기피하였다. 이러한 목적을 달성하기 위해서 중국 투자자를 설득하여 해산청산이 아닌 지분양도의 방식으로 방향을 전환하였고, 결과적으로 한국 투자자의 손실을 최소화하고 빠른 시간 내에 주식시장에서 별다른 소문도 일으키지 않으면서 철수 목적을 달성할 수 있었다.

# [7] 임가공 공장의 무상양도

우리 기업의 중국 진출 초기에는 저렴한 중국의 인건비를 이용하기 위한 현지 공장 형태가 대부분이었다. 원자재는 모두 한국에서 가져가서 현지 노동력을 이용해서 가공한 후 다시 한국으로 되가져오는 임가공 공장의 형태이다. 이러한 임가공 공장의 특징은 공장을 빌려서 사용한다는 것, 매출의 대부분은 한국 본사로부터 받은 가공비라는 것, 중고 설비를 한국에서 가져왔기 때문에 회사를 정리한 후에 잔여재산이 거의 없다는 것 등의 특징이 있다. 이런 임가공 공장을 어떻게 비용을 적게 들이고 합법적으로 정리할 것인가에 대한 아이디어를 제공하는 사례를 소개하고자 한다.

## 1. 중국 진출 배경과 사업 철수 이유

이 회사는 목재소품을 생산하는 한국 본사가 100% 투자해서 설립한 중국 현지의 임가공 공장이다. 중국 진출 전에는 한국에서 생산했으나 한국에서 인건비 상승과 현장 노동자를 구하기 어려워 당시에 인건비가 한국의 1/3 수준인 산동성 연태시에 외국인투자기업을 설립하게 되었다. 자본금은 200만 달러이고, 노동 집약적인 업종의 특성상 250여 명의 직원을 채용하고 있었다. 회사 설립 후 6년 동안 저렴한 인건비의 혜택을 누렸으나 중국에서도 인건비와 원재료인 목재의 가격이 급격히 상승함으로 인하여 채산성이 떨어져 사업 철수를 결정하게 되었다.

## 2. 철수 진행에 따른 문제점과 해결방안

설립 후 6년 만에 중국 사업 철수를 결정하였으나 10년 경영기간 미충족으로 과거에 받았던 세금 우대혜택을 반환해야 할 상황에 처했다. 투자자는 약 6개월의 준비 끝에 협력업체 중 성실하게 납품을 하고 있는 중국인 왕사장에게 기업인수를 제안하여 한국인 생산담당자가 상주하여 인수 후에도 1년간 생산 및 기술지도를 한다는 조건으로 성사시켰다. 단, 투자자는 한국인 명의로 지속하고 법인대표는 중국인 왕 사장으로 변경하여 동일한 업종을 경영하므로 4년의 잔여기간 충족 문제를 해결하였다.

하청기업 왕 사장이 그동안 수년간의 거래과정에서 보여 준 성실한 자세로 볼 때 인수자로서 적격하다는 판단을 한 후 왕 사장이 인수 후에도 어려움이 없도록 몇 가지 정리를 해 주었다. 첫째는 회사의 미지급금을 없애 주었다. 경비와 불필요한 지출을 억제하여 왕 사장이 인수하는 시점까지 대상회사의 미지급금이 거의 없도록 조정하였다. 그리고 왕 사장은 본인의 공장을 소유하고 있으므로 임차료의 부담을 줄이고자 임대인인 촌서기에게 협조를 부탁하였다. 촌서기는 난색을 표하였으나 초상국 전직 관리의 도움을 받아 1개월치의 임대료와 회사가 자비로 신축한 종업원 기숙사 동을 기증하는 조건으로 합의를 이끌어 냈다.

## 3. 시사점

이 사례의 경우 한국인 투자자가 회사 인수자인 왕 사장의 입장에서 인수 후에도 기업경영에 어려움이 없도록 미지급금을 최소한으로 줄이고 기술이전에 대하여 적극 협조하는 등 최선의 노력을 하여 성사될 수 있었다. 즉, 양도자와 인수자 모두 공동의 이익을 추구하여 좋은 결과를 얻을 수 있었던 사례이다.

해외사업의 철수 방법으로서 최선의 방법은 지분양도 방식이다. 왜냐하면 청산은 회사의 모든 법률 및 행정등기 관계를 말소해야 하므로 회사와 관련된 모든 행정기관을 일일이 대응해야 하는 반면, 지분양도는 존속하는 기업을 그대로 승계하는 것이므로 행정절차나 비용면에서 훨씬 용이하다. 따라서 양도금액을 할인하여 줌으로써 지분양도방식으로 진행하는 것이 철수업무에 따른 스트레스를 줄이고, 청산과정에서 혹시나 발생할 수 있는 우발부채의 가능성을 피할 수 있다.

제5편

# 해산청산

청산에는 해산청산과 파산청산이 있는데, 여기서는 중국에 진출한 우리 기업들이 일반적으로 직면하게 되는 해산청산에 대해서 살펴본다.

## 제1장

# 해산청산의 업무 흐름

## [1] 해산청산의 실무적인 업무 흐름

실무상 해산청산은 '실물의 정리'와 '등기의 말소'라는 두 흐름으로 진행된다. 여기서 실물의 정리라는 것은 생산과 영업활동을 중단하여 종업원과의 노동계약관계를 해제하고, 보유하고 있는 재산을 처분하여 그 자금으로 부채를 상환한 후 잔여재산을 출자자에게 돌려주는 물리적인 청산활동을 말한다. 실물을 정리하는 과정은 생산중단, 종업원 정리, 재고자산과 기계설비의 처분, 부동산의 처분 또는 임대차계약의 해지, 현금과 서류의 안전한 보관으로 이루어진다. 실물을 정리하면서 주로 문제가 되는 것은 종업원과의 노동계약을 해지하면서 발생하는 경제보상금의 처리문제, 실물이 없는 가공의 재고자산으로 인한 증치세 문제, 면세수입설비의 처리문제, 임대차 계약의 중도해지로 인한 위약금 문제를 예로 들 수 있다. 그리고 등기의 말소는 회사의 법인격을 탄생시키기 위해서 정부기관에 등기한 사항들을 말소하기 위한 행정절차로서 서류적인 청산활동을 말한다.

　이론적으로는 이 두 가지가 별개의 업무이므로 같은 시간대에 함께 진행될 것처럼 보이지만 실무적으로는 먼저 실물정리가 어느 정도 끝난 다음 등기말소를 진행하는 것이 효율적이다. 왜냐하면 등기말소는 순차적으로 이루어지고 특정 정부기관의 말소는 일정한 기간 내에 종료되어야 하므로 실물을 정리함에 있어서 예측 불가능한 소요시간으로 인하여 등기말소 시기를 놓칠 수 있기 때문이다. 그리고 실물을 정리하는 과정에서 등기말소가 필요한 청산이 아니라 등기를 그대로 살려 두는 지분양도의 형태로도 진행될 여지가 있기 때문이다.

**[해산청산의 실무흐름]**

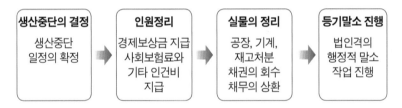

## [2] 해산청산의 행정적인 흐름

　다음 그림은 해산사유의 발생으로부터 최종 영업집조가 말소되어 청산이 종료되는 행정절차의 전체 흐름도를 나타내고 있다.

## [해산청산의 흐름도]

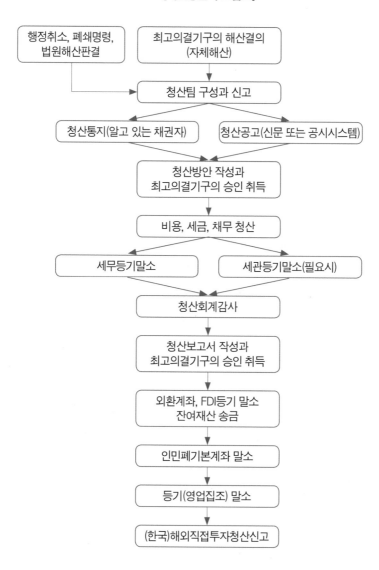

**[청산절차 요약]**

| No. | 수행 내용 | 세부 내용 | 진행 주체 | 기간 | 결과물 |
|---|---|---|---|---|---|
| 1 | 해산결의 | 최고의결기관의 사전해산결의 | 최고의결기관 | - | 최고의결기관 결의서 |
| 2 | 청산팀 구성 | 청산팀 구성원 지정 | 최고의결기관 | - | 최고의결기관 지정서 |
| 3 | 청산팀 신고 | 공시시스템에서 신고 | 청산팀 | 당일 | |
| 4 | 채권자 통지와 공고 | 채권신고 통지, 공시 시스템 또는 성급이상 신문에 청산공고 | 청산팀 | 당일 | 통지서, 신문 공고견본 |
| 5 | 청산방안 | 청산방안 작성 및 최고의결기관의 승인 취득 | 청산팀 | - | 청산방안서, 승인문건 |
| 6 | 채무정산 | 청산비용, 직원임금, 사회보험료, 세금 등 지불 및 채무 상환 | 청산팀 | - | 지불증빙, 채무상환증명 |
| 7 | 세무·세관 등기 말소 | 세무국과 세관의 등기말소 | 청산팀 | 90일 | 세무·세관 등기 말소증명 |
| 8 | 청산회계 감사 | 청산회계감사 | CPA | 15일 | 청산회계 감사보고서 |
| 9 | 청산보고서 | 청산보고서 작성 및 최고의결기관의 승인 취득 | 청산팀 | - | 청산보고서, 승인문건 |
| 10 | 잔여재산 송금 | 청산 잔여재산 송금 허가 취득, 청산 잔여재산 송금, FDI등기 말소, 외환계좌말소 | 청산팀 | 5일 | FDI등기 말소 증명, 외환 업무처리필증, 송금증빙 |
| 11 | 인민폐 계좌 말소 | 인민폐 기본계좌, 일반계좌 말소 | 청산팀 | 당일 | |
| 12 | 등기(영업 집조) 말소 | 등기말소 및 영업집조 반납 | 청산팀 | 3일 | 등기말소증명 |
| 13 | (한국)해외직접 투자 청산신고 | 잔여자산 입금확인, 해외직접투자 청산신고 | 주주 | 당일 | 해외직접투자 청산신고서 |

여기에서는 해산청산 중에서 회사 스스로 청산팀을 구성하여 진행하

중국 철수 전략

는 자체청산을 중심으로 청산절차를 구체적으로 살펴보도록 하겠다. 이러한 청산절차는 실무적으로 짧게는 6개월, 길게는 1년 이상의 시간이 소요된다. 그렇다면 위와 같은 청산업무가 언제까지 끝나야 하며, 언제까지 무엇을 해야 할 것인가? 먼저 2008년에 폐지된 〈외국인투자기업 청산방법〉 제6조[26]에 의하면 원칙적으로 180일 이내에 완료하라고 규정하고 있다. 그러나 이것은 폐지된 법률이기 때문에 무시해도 좋으며, 현재는 청산을 언제까지 끝내야 한다는 규정은 없다.

그다음 〈회사법〉 제183조[27]에 따르면, 회사정관에서 규정한 영업기한의 만기 또는 기타 해산사유의 발생, 최고의결기관의 해산결의, 영업집조의 직권말소, 행정기관의 폐쇄, 취소 명령 또는 법원의 해산판결 등 해산사유가 발생한 날로부터 15일 이내에 청산팀을 구성해야 한다.

한편 중국 최고인민법원의 관련 사법해석 제16조[28]에는 법원이 강제

---

26) 〈외국인투자기업 청산방법〉(2008년 1월 15일 폐지)
　　제6조 기업청산기한은 청산개시일로부터 기업 심사비준기관에 청산보고서를 회부한 날까지이며 최고 180일을 넘지 못한다. 특수한 상황이 있어 청산기한을 연기하여야 할 경우 청산위원회가 청산기한 만료 15일 전에 기업심사비준기관에 청산기한연기를 신청하여야 한다. 연장기한은 최고 90일이다.

27) 〈회사법〉 제183조 회사가 본 법 제180조 제1, 2, 4, 5호 규정에 의하여 해산하는 경우, 해산사유가 발생한 날로부터 15일 이내에 청산팀을 구성하여 청산을 시작하여야 한다. 유한책임회사의 청산팀은 주주로 구성되며, 주식유한회사의 청산팀은 동사 또는 주주총회에서 확정한 인원으로 구성된다. 기한을 초과하고도 청산팀을 구성하여 청산을 진행하지 않을 경우, 채권자는 인민법원에 관련인원을 지정하여 청산팀을 구성, 청산을 진행하도록 청구할 수 있다. 인민법원은 해당 신청을 수리하여 적시에 청산팀을 구성하여 청산을 진행하여야 한다.

28) 중국 최고인민법원의 〈회사법 적용 문제에 관한 규정(2)〉
　　제16조 인민법원이 청산팀을 조직하는 경우 청산팀은 성립일로부터 6개월 이내에 청산을 완료해야 한다
　　특수한 상황으로 인하여 6개월 이내에 청산완료가 어려운 경우, 청산팀은 인민법원에 기간 연장을 신청해야 한다.

청산을 명한 경우 청산팀 성립일로부터 6개월 이내에 청산을 완료해야 한다는 규정이 있다. 그러나 임의청산인 경우 제한시간이 없다. 즉, 기업이 스스로 청산을 시작한 경우는 청산기한에 대한 규정이 없는 것이다.

## [3] 해산사유 발생

심각한 경영손실로 인한 해산결정, 불가항력으로 인한 심각한 손실로 인한 경영불가, 정관에서 정한 해산사유 발생 등 해산사유가 발생하면 회사의 최고의결기관(독자기업의 경우 주주 또는 주주회, 합자·합작기업의 경우 동사회)는 해산을 결정할 수 있다.

> **[사례 1]**
>
> 심양시에 100% 한국인 자본의 사료제조회사로 설립된 외상독자기업 A사는 경영활동을 제대로 전개해 보지도 못한 상황에서 중국시장의 급격한 변화로 사업을 더 이상 지속할 수 없는 환경에 처하게 된다. A사의 법정대표인 한국인 손 사장은 "이 회사를 접어야 하는가? 내가 결정만 내리면 회사를 접을 수는 있는 건가? 회사를 정리하려면 어떻게 해야 하는가?"의 고민에 처하게 된다.
>
> **[분석]**
>
> A사는 중국 법률에 따라 사업을 지속할 수 없는 처지에 놓여 회사를 청산할 수 있는 것일까? 그 답은 중국의 회사법과 A사의 정관에서 찾을 수 있다. A사의 경우 정관(과거 외자기업법 및 실시세칙에 따라 제정)에서 정한 경영부실 및 심각한 손실로 인한 투자자의 해산결정에 해당하여 청산을 진행할 수 있는 상황이다.

[사례 2]

청도에 소재하는 B사는 연속 3년간 결손이 발생하였고, 동종업종의 시장 전망도 밝지 않아 동 회사의 경영진은 향후 결손상황이 계속될 것으로 예측하였다. 이에 회사 주주는 B사의 사전해산 및 청산을 진행하고자 하였다. 그런데, 청산예정일 기준 재무상태표를 확인한 결과, B사의 장부가액 기준으로는 채무를 상환할 수 있는 자산규모를 가진 것으로 보이나, 실질적으로는 회수불가 매출채권과 현금화될 가치가 거의 없는 고정설비로 인해 청산진행 시 B사의 자산으로 채무를 완전히 상환할 수 없는 것으로 추정되었다. 이러한 상황에서 B사는 사전해산을 진행할 수 있는가?

[분석]

B사가 채무를 완전히 상환할 능력이 있다면 당연히 지속적인 경영활동 불가 또는 최고의결기관의 사전해산 결의를 사유로 회사 청산을 진행하면 된다. 그러나 B사는 실질적인 채무상환 능력이 없는 상태이므로, 법원에 신청하여 채무상환능력 없음을 인정받고, 기업파산법에 따른 파산청산절차를 진행해야 할 것으로 판단된다.

중국 최고인민법원의 〈파산법 적용 문제에 관한 규정(1)〉 제4조에서는 채무인의 장부상 자산가액이 채무보다 많아도, 다음에서 열거하는 상황 중 하나에 해당하면 해당 채무인의 채무상환능력이 분명하게 결여되어 있음을 인정해야 한다고 규정하고 있다.

첫째, 자금의 심각한 부족 또는 재산의 현금화 능력 부족 등으로 인해 채무상환이 불가능한 경우
둘째, 법정대표인의 소재가 불분명하고 기타 인원이 재산관리 책임이 없어 채무상환할 수 없는 경우
셋째, 인민법원이 강제집행하여 채무상환이 불가능한 경우
넷째, 장기결손과 경영상 결손보전 어려움으로 인해 채무상환이 불가능한 경우
다섯째, 채무인이 채무상환능력을 상실한 기타 정황의 경우

## [4] 최고의결기관의 해산결의

해산사유가 발생하면 회사는 최고의결기관을 통하여 회사의 사전해산과 청산진행을 결정하게 되고, 그 결과물로 '회사의 사전해산에 관한 의결' 문건을 작성하게 된다. 최고의결기관은 회사의 정관에서 정한 사항에 따라 확정되며, 일반적으로 독자기업의 주주, 주주회 그리고 합자기업의 동사회가 최고의결기관이다.[29]

**[회사 유형별 최고의결기관]**

| 구분 | 최고의결기관 | 비고 |
|---|---|---|
| 외상독자기업 | 주주 또는 주주회 | 정관 규정에 따라 확정 |
| 중외합자기업 | 동사회 | - |
| 중외합작기업 | 동사회 또는 연합관리위원회 | 정관 규정에 따라 확정 |

회사의 사전해산을 위한 의결을 진행하는 과정에서 의결정족수를 준수해야 한다. 의결정족수는 회사유형에 따라 상이하다.

외자기업의 경우 과거 외자기업법 실시세칙에 명확한 의결 관련 조항이 없었다. 이에 〈회사법[30]〉에서 정한 사항에 따라 2/3 이상 의결권을 대

---

29) 2020년 1월 1일부로 〈외상투자법〉이 시행되면서 '외자3법'은 폐지되었다. 과거 '외자3법'에 따라 설립되어 현재까지 존속하는 외국인투자기업의 경우, 외상투자법 시행 후 5년 내에 계속하여 기존의 기업 조직형식, 조직기구 등을 유지할 수 있다. 과거 '외자3법' 효력을 상실하였기 때문에 이 '5년' 과도기는 '유예기간'이 아니며, 외상투자법하에서 회사법의 강제성 규정에 부합하는 기업유형과 회사기관으로 변경함에 필요한 '완충기간'이다. 따라서, 기존의 기업유형이나 회사기관을 유지할 수 있는 것은 '외자3법'의 규정에 근거하는 것이 아니라 외상투자법 및 그 실시조례의 '특별허가'에 따른 것이다.

30) 〈회사법〉

표하는 주주의 동의를 거쳐 회사의 해산을 의결해야 한다. 다만, 정관에서 이러한 요건보다 강화된 의결원칙을 명시하였다면 정관 규정에 근거하여 의결을 진행해야 한다.

중외합자기업의 경우 과거 〈중외합자기업법 실시조례〉 제33조[31]에 의거하여 동사회 회의에 출석한 동사의 만장일치에 의해 결의하도록 되어 있었다. 또한 동사회 회의는 2/3 이상의 동사가 출석하여야 개최할 수 있다. 다만, 회사정관에서 동사회 회의의 출석정족수와 의결정족수를 상기 법률요건보다 강화하여 규정한 경우 회사정관 규정에 따라야 한다.

중외합작기업의 경우 과거 〈중외합작기업법 실시세칙〉 제29조[32]에 의거하여 동사회 또는 연합관리위원회 회의에 출석한 동사 또는 위원의 만장일치에 의해 결의하도록 되어 있었다. 또한, 동사회 또는 연합관리위원회는 동사 또는 연합관리위원회 위원의 2/3 이상이 출석해야 개최할 수 있다. 중외합자기업과 마찬가지로 회사정관에서 동사회 회의의 출석정족수와 의결정족수를 상기 법률요건보다 강화하여 규정한 경우

---

제43조 제2항 주주회 회의에서 회사정관 개정, 등록자본금 증가 또는 감소, 회사의 합병·분리·해산 또는 회사형식의 변경을 의결할 때에는 반드시 2/3이상 의결권을 보유한 주주의 동의로 통과해야 한다.

31) 〈중외합자경영기업법 실시조례〉(2020년 1월 1일 폐지)
   제33조 아래에서 열거하는 사항은 동사회 회의에 출석한 동사의 만장일치 의결로 통과되어야 비로소 의결할 수 있다.
   (2) 합영기업의 중지와 해산

32) 〈중외합작경영기업법 실시세칙〉(2020년 1월 1일 폐지)
   제29조 아래에서 열거하는 사항은 동사회 회의 또는 연합관리위원회 회의에 출석하는 동사 또는 위원의 만장일치 의결로 통과되어야 비로소 의결할 수 있다.
   (3) 합작기업의 해산

반드시 정관 규정 내용을 따라야 한다.

**[회사유형별 최고의결기관의 의결정족수]**

| 구분 | 출석정족수 | 의결정족수 | 비고 |
|---|---|---|---|
| 외자기업 | - | 2/3이상 의결권 가진 주주 동의 | 법률요건보다 정관규정 우선 준수 |
| 중외합자기업 | 2/3 이상 | 출석자 만장일치 | |
| 중외합작기업 | 2/3 이상 | 출석자 만장일치 | |

[사례]

단일 주주가 투자하여 설립하고 의류유통업에 종사하는 외자기업 A사의 정관에는 최고의결기관에 관한 규정이 없고, 집행동사가 법정대표라고 명시되어 있다. 즉, 주주회나 동사회가 구성되어 있지 않은 것이다. A사는 장기간 누적된 결손으로 인한 경영부실과 사업전망 불량을 사유로 해산을 결의하고자 한다. 이러한 경우 회사 해산을 결의하는 주체는 누구인가?

[분석]

외자기업인 A사는 단일 주주가 투자하여 설립한 회사이고, 회사 내에 동사회가 구성되어 있지도 않다. 이러한 경우 회사법에 의거하여 2/3 이상 의결권을 가진 주주, 즉 A사의 단일 주주가 회사의 해산을 결의하면 된다.

최고의결기관을 통해 회사의 해산이 결의되면 이를 중국어 문서로 작성하여 의결에 찬성한 주체의 서명날인을 진행한다. 회사 청산 실무를 전개하는 과정에서 해산 결의문건이 최소 3부 이상 행정당국에 제출되므로 약 5부 정도의 의결문건을 작성하여 원본으로 구비하는 것이 바람직하다. 그리고 의결문건은 관할 등기기관(시장감독관리국)에서 요구하는 양식의 존재 유무를 확인하여 당국의 안내에 따라 작성해야 한다. 특히 관할 등기기관은 해당 국가의 양식과 다르게 단어를 사용하거나 내용을 가감하는 경우, 해산 관련 신청 자체를 접수하지 않는 사례가 많으므로 반드시 주의를 기울여야 한다.

참고로 회사 스스로 해산을 결정한 자체청산 외에 법원판결에 의한 해산은 다음과 같은 절차로 진행된다.

**[법원 판결에 의한 강제청산]**

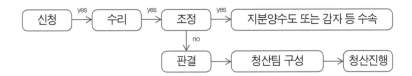

회사 전체 주주 의결권의 10% 이상을 보유한 주주가 중국 최고인민법원의 관련 사법해석[33]에서 규정하는 요건을 갖추어 법원에 회사해산에

---

33)  중국 최고인민법원의 〈회사법 적용 문제에 관한 규정(2)〉
제1조 제1항 단독 또는 공동으로 회사 전체 주주 의결권의 10% 이상을 보유한 주주가 아래에서 열거하는 사유 중 하나로 회사 해산 소송을 제기하고 또한 회사법 제182조의 규정에 부합하는 경우, 인민법원은 이를 수리해야 한다.
(1) 회사가 2년 이상 계속하여 주주회 또는 주주총회를 개최할 수 없어 경영관리에 심각한 어려움이 발생한 경우
(2) 주주 표결 시점에서 법정 또는 정관이 정한 비율에 도달하지 못해 2년 이상 계속하여 유효한 주주회 또는 주주총회 결의를 할 수 없어 회사 경영관리에 심각한 어려움이 발생한 경우
(3) 회사 동사가 장기간 충돌하고 주주회 또는 주주총회를 통해 해결할 수 없어 회사 경영관리에 심각한 어려움이 발생한 경우
(4) 기타 경영관리에 심각한 어려움이 발생하여 회사의 계속 존속이 주주의 이익에 중대한 손실을 입히는 상황이 초래되는 경우

관한 소를 제기한 경우 법원은 해당 사건을 수리하여 해산판결을 내릴 수 있다. 만약 주주가 해산소송을 신청하는 시점에서 법원에 재산보전 또는 증거보전을 신청하는 경우 주주가 담보를 제공하고 회사의 정상적인 경영에 영향을 주지 않는 상황에서 법원은 보전을 허가할 수 있다. 법원이 해산판결을 내린 경우, 판결서를 바탕으로 청산업무를 진행하게 된다.

[사례]
중국기업과 공동으로 투자하여 49%의 지분을 보유하고 북경에서 광고회사를 운영하고 있다. 중외합자기업으로 광고회사를 설립하기는 하였으나, 실제 어떠한 사업도 전개하지 못하였고 납입된 자본금을 이미 모두 소진하였다. 이러한 상황에서 중외합자기업의 존속은 주주에게 경제적 손실만 추가할 뿐이라는 판단하에 중국 기업에게 사전 해산을 요구하였으나, 중국 기업이 이를 거부하였다.

[분석]
중외합자·합작기업은 회사의 사전해산이 동사회 만장일치 결의사항이므로 한국 측 투자자의 해산의지만으로는 청산이 불가능하다. 이러한 상황에서 회사가 청산을 강행하고자 하는 때에는 법원에 제소하여 판결서 또는 판정서를 받은 후 기타 서류와 함께 제출하여 청산절차를 진행할 수 있다. 그러나 상당한 시간과 비용이 수반되는 절차임이 분명하다.

회사 해산소송 사건을 관할하는 법원은 회사 주소지, 즉 주요 사무기구의 소재지 법원이다. 회사 사무기구 소재지가 명확하지 않은 경우 회사 등록지 법원이 관할법원이 된다.

**[법원의 소송 수리 범위]**

| 구분 | 소송 수리 범위 |
|------|----------------|
| 기층법원 | 관할 현, 현급시 및 구의 등기기관에서 회사 등기를 한 경우 |
| 중급법원 | 지급 구 또는 지급 시 이상 등기기관에서 회사 등기를 한 경우 |

한편, 법원은 다음과 같은 상황에서는 회사 해산 소송에 관한 제소를 수리하지 않는다.

① 주주가 다음의 사유로 회사의 해산소송을 제기하는 경우
   - 알 권리, 이윤분배 청구권 등 권익에 피해를 입은 경우
   - 결손 및 전체 채무를 상환할 수 있는 재산이 부족한 경우
   - 영업집조가 직권말소되었으나 청산을 진행하지 않는 경우
② 해산소송과 청산진행을 동시에 신청하는 경우(청산 신청을 수리하지 아니함)
③ 주주가 회사와 다른 주주도 피고로 하여 일괄 제소하고, 법원의 다른 주주를 제3자로 변경하라는 고지에 따르지 않는 경우(다른 주주에 대한 제소를 각하함)
④ 법원이 해산소송 청구를 기각한 후 해당 주주 또는 다른 주주가 동일한 사실과 이유로 회사의 해산소송을 다시 제기하는 경우

법원은 해산소송을 심리하는 과정에서 조정을 진행하게 된다. 당사자 간 협상을 통해 주주의 지분 매수 또는 감자 등 방법으로 회사 존속에 동의하는 경우, 이러한 결성이 법률 및 행정법규가 정한 강제규정을 위반

하지 않으면 법원이 이를 지지하게 된다. 그러나 당사자 간에 조정 합의에 도달하지 못하는 경우 법원은 즉시 해산소송에 대한 판결을 내린다.

법원의 회사 해산소송에 대한 판결은 회사 전체 주주에 대하여 법적 구속력을 갖는다. 따라서 법원에서 해산판결을 내린 경우 회사는 해산판결이 확정되는 날로부터 15일 이내에 청산팀을 구성하여 청산을 진행해야 한다.

## [5] 청산팀의 구성과 신고

회사정관에서 규정한 영업기한의 만기 또는 기타 해산사유의 발생, 최고의결기관의 해산결의, 영업집조의 직권말소, 행정기관의 폐쇄, 취소명령 또는 법원의 해산판결 등 해산사유가 발생한 날로부터 15일 이내에 청산업무를 담당할 청산팀을 구성해야 하고 청산팀이 구성된 날로부터 10일 이내에 국가기업신용정보공시시스템을 통하여 청산팀 구성원과 책임자를 신고하여 일반에 공시해야 한다.

청산팀의 구성과 관련하여 과거 외국인투자기업 청산방법에는 최소 3명으로 구성해야 한다는 규정이 있었다. [34] 다만, 현재는 〈회사법〉 제183

---

34) 〈외국인투자기업 청산방법〉(2008년 1월 15일 폐지)
제9조 청산위원회의 구성
청산위원회는 최소 3명으로 구성하며 그 구성원은 해당기업의 의결기관이 기업 의결기관의 구성원 중에서 선정하거나 관련 전문요원을 초빙하여 담당하게 한다.
청산위원회는 주임 1명을 두며 의결기관에서 임명한다. 청산위원회는 의결기관의 동의를 얻고 작업요원을 초빙하여 청산의 구체적인 업무를 처리할 수 있다.

조의 규정에 따라 유한책임회사의 경우 청산팀은 주주로 구성하고 주식유한회사의 경우 동사 또는 주주총회에서 확정한 인원으로 구성한다.

한편, 회사가 해산된 후 주주가 청산을 하지 않거나 위법청산을 하는 경우 채권자, 주주, 동사 또는 기타 이해관계자가 법원에 청산신청을 하여 법원에서 청산팀을 지정하여 진행하는 청산, 즉 강제청산의 경우 법원은 아래의 인원 또는 기구 가운데서 청산팀 구성원을 지정한다.

① 회사의 주주, 동사, 감사, 고급관리인원
② 변호사사무소, 회계사사무소, 파산청산사무소 등 전문기구
③ 상기 전문기구에서 관련 전문 지식을 보유하고 면허를 취득한 인원 (변호사, 회계사 등)

청산팀이 하는 일은 기본적으로 채권자회의 소집, 재산정리, 대차대조표 및 재산명세서 작성, 각종 세금납부, 청산방안과 청산보고서 작성 및 제출 등과 같은 역할을 수행하는데, 〈회사법〉 제184조에 따른 청산팀의 구체적인 역할은 다음과 같다.

① 회사 재산 정리, 대차대조표와 재산명세서 작성
② 채권자 통지 및 공고
③ 청산 관련 미완료 업무의 처리
④ 체납세금 및 청산과정에서 발생한 세금 납부
⑤ 채권·채무 정리

⑥ 채무상환 이후의 잔여재산 처리

⑦ 회사를 대표하여 민사소송에 참여

다음 그림은 기업신용정보공시시스템에 청산팀 비안을 하고 청산팀의 구성원 중에서 한 명으로 필자의 영문 이름(LEE TAEK GON)이 들어가 있는 것을 볼 수 있다.

## [6] 채권자 통지와 공고

청산에 따른 채권자 통지는 서신(통지서)으로, 공고는 성급 이상신문 공고 또는 국가기업신용정보공시시스템을 통한 공시로 실시한다. 우선

이와 관련한 법률규정을 소개해 보면 다음과 같다.

〈회사법〉제185조(채권자 통지)
청산팀은 설립된 날로부터 10일 내에 채권자에게 통지해야 하는 동시에 60일 내에 신문에 공고해야 한다. 채권자는 통지서를 받은 날로부터 30일 내에, 통지서를 받지 못하였을 경우 공고일로부터 45일 내에 청산팀에 그 채권을 신고해야 한다.
채권자가 채권을 신고함에 있어서 채권의 관련 사항을 설명해야 하며 증명자료를 제공해야 한다. 청산팀은 채권을 등기해야 한다.
채권신고기간에 청산팀은 채권자에게 변제하지 못한다.

청산팀을 구성한 날로부터 10일 이내에 알고 있는 채권자에게 채권을 신고하라고 서면으로 통지한다. 10일이나 할애하는 것은 시간 낭비이므로 청산팀을 만들기 전부터, 즉 해산신청을 할 때 알고 있는 채권자 명단을 만들어 두는 것이 좋다. 채권자 명단이란 청산회사에 대하여 채권을 가지고 있는 고객의 명단을 말한다. 실제로는 해산 추진단계에서 서신의 발송 준비를 해 두었다가 청산팀이 구성되면 청산팀 명의로 바로 서신을 보낸다.

서신의 내용 중에는 채권이 없는 경우에도 답장을 요구하는데 그 이유는 답장이 올 때까지 30일씩 기다리는 것보다 없다는 것을 빨리 알면 그만큼 시간을 줄일 수 있기 때문이다. 보낸 서신이 도착하지 않는 경우도 있으므로 30일이 다가오기 전에 전화로 확인하는 것도 추천한다.

또한 청산팀을 구성하고 난 후 60일 이내에 신문공고를 낸다.[35] 보통은 60일이나 기다리지 않고 청산팀을 구성한 직후에 준비한 내용을 신문에 공고한다. 공고하는 신문은 회사의 규모나 영업지역의 범위에 근거해서 전국 또는 등기지역의 영향이 있는 성급 신문이라는 규정이 있기 때문에 어느 신문이 적절한지는 매번 현장에서 확인하는 것이 좋다. 신문사에서도 자주 하는 일이므로 해산공고를 한다고 전화로 문의하면 샘플을 보내 준다. 따라서 공고할 내용만 준비되어 있다면 며칠 만에도 가능하다.

그런데 2022년 3월 1일부터 시행된 〈시장주체 등기관리조례〉 제32조의 규정에 따라 국가기업신용정보공시시스템을 통하여 무료로 채권자 공고를 낼 수 있게 되었다. 즉, 회사는 채권자공고를 상술한 신문을 통한 공고와 온라인 시스템을 통한 공고 중에서 선택하여 진행할 수 있다.

청산팀이 상술한 통지 및 공고의무를 이행하지 않아 채권자가 적시에 채권을 신고하지 못해 상환을 받지 못하고, 채권자가 청산팀이 이로 인해 야기된 손실에 대한 배상책임을 져야 한다고 주장하는 경우에 법원은 이 주장을 받아들일 수 있다. 따라서 청산팀은 통지 및 공고의무 미이행으로 인한 배상책임을 지지 않도록 주의하여야 한다.

---

35) 중국 최고인민법원의 〈회사법 적용 문제에 관한 규정(2)〉
제11조 회사 청산 시, 청산팀은 회사법 제185조의 규정에 따라, 이미 알고 있는 모든 채권자에게 회사의 해산 및 청산 사항을 서면으로 통지하고, 회사규모와 영업지역 범위에 따라 전국 또는 회사 등기지역의 영향력 있는 성급 신문에 공고한다.
청산팀이 전항 규정에 따라 통지와 공고의무를 이행하지 않아 채권자가 적시에 채권을 신고하지 못하고 채무를 상환하지 못하여 채권자가 청산팀 구성원에게 손해배상을 청구할 경우, 인민법원은 법에 따라 지지해야 한다.

채권자는 채권을 신고할 때에 채권 관련 사항을 설명하고 증명자료를 제공해야 한다. 채권신고기간에 청산팀은 채권자에게 상환할 수 없다. 채권자는 청산팀에서 심사하여 확정한 채권과 관련하여 이의가 있는 경우 청산팀에 다시 심사하여 확정할 것을 요구할 수 있다. 청산팀이 재심사를 거부하거나 재심사하여 확정된 채권에 대하여 여전히 이의가 있는 경우, 채권자는 회사를 피고로 하여 법원에 청구확인 소송을 제기할 수 있다.

한편, 채권자가 정해진 기한 내에 채권을 신고하지 않고 회사 청산절차 종결 이전에 보충 신고하는 경우에도 청산팀은 해당 채권을 등기해야 한다. 보충 신고된 채권은 회사의 미분배 재산에서 상환할 수 있으며, 미분배 재산으로 전액 상환이 불가능한 경우 채권자가 청산 잔여재산 분배 중 이미 취득한 재산으로 상환할 것을 주장할 수 있다. 단, 채권자의 중대한 착오로 인해 정해진 기한 내에 신고하지 못한 채권은 제외된다.

다음 그림은 기업신용정보공시시스템에 채권자 공고를 한 사례를 보여 준다. 이젠 종이신문에 공고를 할 필요 없이 인터넷으로 간편하게 채권자 공고를 진행할 수 있다. 공고 후 45일간 대기는 종이신문 공고와 마찬가지다.

## [7] 청산방안의 제정 및 재산 정리

청산팀은 최고의결기관의 승인을 받은 청산방안에 따라 회사의 재산을 처분하여 채권과 채무를 정리하고 청산과 관련한 회사의 미완료 업무를 처리하며, 회사가 체납하거나 청산 과정에서 발생한 세금을 납부하는 등의 각종 청산활동을 진행한 후에 청산보고서를 작성하고 청산잔여재산을 확정해야 한다.

청산팀은 재산을 정리하고 대차대조표와 재산명세서를 작성한 후 청산방안을 제정하여 주주, 주주회 또는 법원에 보고하여 승인을 받아야 한다. 자체청산을 진행하는 경우 주주 또는 주주회에서 승인을 받고, 강제청산을 진행하는 경우 법원에서 승인을 받게 된다. 청산방안에는 대차대조표와 기타 회계자료(채무정산표, 재산분배표, 청산현황 설명 등), 재산목록 및 재무제표, 채권·채무 명세서, 재산처리 의견, 청산자산 평가기준, 청산잔여재산 분배원칙 및 방법 등의 내용이 포함된다. 청산팀은 최고의결기관이나 법원의 승인을 받지 않고 청산방안을 집행할 수 없다. 만일, 청산팀이 승인을 받지 않은 청산방안을 집행하여 회사 또는 채권자에게 손실을 야기하고 회사, 주주, 동사, 회사의 기타 이해관계자 또는 채권자가 청산팀 구성원이 배상책임을 져야 한다고 주장하는 경우, 법원은 이 주장을 받아들일 수 있다.

청산재산과 관련하여 주의해야 할 점은 중국 최고인민법원의 〈회사법 적용 문제에 관한 규정(2)〉 제22조에 의거하여 회사가 해산하는 시점에서 주주가 납부하지 않은 출자금도 모두 청산재산이라는 점이다. 주주가 납부하지 않은 출자금에는 기한이 도래한 납입의무를 이행하지 않은 출자금액과 분할출자와 관련하여 납입기간이 도래하지 않은 출자금액이 포함된다.

## [8] 청산재산의 채무정산 순서

회사재산은 우선 청산비용과 임금, 미납세금 등을 지급하고 회사채무를 상환한 후 잔여재산을 투자자에 돌려준다는 것이 기본원칙이다. 간혹 "중국에서는 잔여재산을 한국으로 가져갈 수 없다."라고 잘못 알고 있는 사람도 있지만 제대로 절차를 밟으면 한국으로 송금하는 데 전혀 문제가 없다.

〈회사법〉제186조의 규정에 따라 회사재산는 반드시 아래의 순서대로 채무정산해야 한다.

① 청산비용 지급
② 종업원 임금, 사회보험료 및 법정보상금 지급
③ 미납세금 납부
④ 회사채무 상환

이 순서대로 비용을 지급하고 회사채무를 상환한 후의 잔여재산은, 유한회사는 주주의 출자비율에 따라 배분하고 주식회사는 주주가 보유한 주식의 비율에 따라 배분한다. 청산기간 동안 회사는 존속하지만 새로운 경영활동을 할 수 없으며, 회사의 재산은 위에 따라 상환을 완료하기 전에는 주주에게 배분하지 못하도록 되어 있다.

한편, 청산팀이 재산을 처분할 때 어떻게 평가하는지에 대하여 설명하자면, 우선 국영자본이 들어가지 않는 한 매매가격은 자유롭게 결정할 수 있다. 평가방법을 정한 명문규정이 없기 때문이다. 한·중 합자기업에 중국 측이 국영기업이거나 국영기업의 산하인 경우는 국유비율이 얼마든지 상관없이 합자기업의 자산은 국유자산으로 간주되므로 염가로 매각하는 것을 피하기 위해 일정한 자산평가절차가 필요하다. 한편, 이미 폐지되었지만 과거 방법에는 다음과 같은 규정도 있다.

〈외국인투자기업 청산방법(2008년 1월 15일 폐지)〉
제29조 (청산재산의 평가)
청산재산의 평가는 다음 규정에 따라야 한다.
(1) 기업의 계약, 정관에 규정이 있는 것은 기업의 계약, 정관에 따른다.
(2) 기업의 계약, 정관에 규정이 없는 것은 중·외 투자자가 협의하여 결정하고 기업 심사비준기관에 보고하여 비준을 받아야 한다.
(3) 기업의 계약, 정관에 규정이 없고 중·외 투자자가 협의하여 합의를 보지 못할 경우 청산위원회가 국가의 관련 규정 및 자산 평가기구의 의견을 참조하여 확정하고 기업심사비준기관에 보고하여 비준을 받아야 한다.
(4) 법원이 기업의 계약종료로 판결했거나 중재기구가 기업의 계약종지를 재정처분하고 청산재산 평가방법을 규정한 경우 판결 혹은 재정처분 규정에 따라야 한다.

그러나 이 방법은 이미 폐지되었고, 국유자산이 들어가 있지 않는 한 매매가격은 자유롭게 결정할 수 있다. 그런데도 외국계기업의 청산경험이 많지 않은 지방 도시의 공무원은 이 폐지된 규정을 들고 나와 심사허가기관의 인가를 받아 오지 않으면 청산을 받아들이지 않는 사태도 실제로는 일어나고 있다. "당신들의 현지법인은 청산을 개시했으니 모든 행위는 인허가가 필요하다."라고 막무가내인 지방정부 공무원도 있었다. 또 하나, 다른 관점에서 리스크로서 생각할 수 있는 것이 자산을 싸게 매각해 버려서 결과적으로 채권자에 대한 상환이 불가능한 경우 그 매각이 사후적으로 부정되거나 청산팀이 민사소송으로 피소될 위험이 있다. 그리고 매각가격은 임의라고 했지만 세무국은 "얼마에 팔렸는가?"가 아니라 "얼마에 팔렸어야 했는가?"에 기초해서 세금을 부과하므로 주의해야 한다.

## [9] 세무와 세관등기의 말소

회사는 관할 세무국에서 세무등기를 말소하게 된다. 단, 세무등기 말소 신청 이전에 '증치세 일반납세인' 자격말소를 먼저 진행해야 한다. 세무등기 말소 과정에서는 세무국의 회사장부 심사, 세금 및 벌금 추징 등이 진행된다. 그리고 회사는 관할 세관에 세관등기 말소 신청을 진행한다. 이 과정에서는 수입설비 등이 세관의 감독관리 기한 내에 있을 경우 수입관세와 수입증치세의 보충 납부의무가 발생할 수도 있다는 점과 가공무역과 관련하여 가공무역 등기수책의 '핵소(核銷)' 문제가 발생할 수 있다는 점 등의 위험요소가 있을 수 있다.

## [10] 청산회계감사

청산팀은 회사재산으로 청산비용과 채무를 정산한 후 회계사사무소에 위탁하여 청산감사보고서(대차대조표 및 재산명세서 등 포함)를 작성한다.

청산재산을 정리하고 회계사사무소에 위임하여 대차대조표와 재산명세서를 작성한 후, 청산 잔여재산이 남아 있는 경우 출자비율 또는 합작조건(합작경영기업의 경우)에 따라 청산 잔여재산을 분배한다. 그러나, 청산 잔여재산으로 채무를 상환할 수 없는 경우 법원에 파산을 신청한다. 이러한 채무 상환 불능 상태에서 주주가 납입 완료하지 않은 출자금이 있는 경우, 채권자는 출자금을 미납한 주주 및 회사 설립 당시의 기타 주주 또는 발기인에게 미납 출자 범위 내에서 회사 채무에 대한 연대상환책임을 질 것을 요구할 수 있다.

## [11] 청산보고서의 작성

청산보고서는 청산팀이 청산활동에 대한 내용을 청산회사의 최고의결기관에 보고하는 것으로서 그 내용은 회사가 청산을 진행하게 된 원인, 청산기간, 청산팀이 성립된 이후 청산기간 동안 사전해산업무를 진행하였고 여기에는 채권자 통지 및 공고, 청산방안 제정, 재산정리, 채무상환 등이 포함된다. 마지막으로 청산회사의 자산과 부채의 정리 현황을 요약하고, 재산이 얼마 남았고, 그것을 주주에게 배분한다는 내용을 기재한다. 청산팀이 제출한 청산보고서는 최고의결기관의 승인을 거쳐야 한다.

한편, 회사가 해산된 후 주주가 청산을 하지 않거나 위법청산을 하는 경우 채권자, 주주, 동사 또는 기타 이해관계자가 법원에 청산신청을 하여 법원에서 청산팀을 지정하여 진행하는 청산, 즉 강제청산의 경우 청산팀은 청산보고서를 법원에 보고하여 법원의 확인을 받아야 한다.

## [12] FDI등기 말소와 잔여재산의 송금

다음 절차는 외환관리국의 심사를 받아 개설되어 있는 외환계좌와

FDI등기를 말소하고, 청산잔여재산을 해외로 송금한다. 청산 잔여재산, 즉 기업청산 시점에서의 전체 자산 또는 재산에서 납입한 등록자본금, 청산비용, 부채상환금액, 미분배 이윤, 공익금과 공적금 등을 공제하고도 자산이 남는 경우 이를 청산소득으로 간주하여 투자자 또는 외국기업에게 기업소득세가 부과된다. 기업소득세 세율은 10%이며, 이를 중국에서 납부하여야 비로소 청산잔여자산에 대한 해외송금이 가능하다.

## [13] 인민폐 계좌 말소

청산회사의 잔여재산을 한국 모회사로 송금함과 동시에 송금은행이나 다른 은행에 개설되어 있는 인민폐 기본계좌와 일반계좌를 말소한다.

## [14] 등기(영업집조) 말소

청산팀은 청산 완료일로부터 30일 이내에 등기기관(시장감독관리국)에 등기말소를 신청해야 한다. 청산팀은 영업집조 정·부본과 청산보고서, 각 행정기관에서 발급받은 결과문서를 등기기관에 제출하여 등기말소를 진행한다. 등기기관에서 회사의 등기를 말소한 날로부터 회사가 종료되어 없어지게 되며, 등기말소와 함께 영업집조도 같이 폐기된다.

한편, 청산을 진행할 때 지점이 있으면 지점을 먼저 폐쇄해야 한다. 따라서 청산에 앞서 지점의 등기말소를 진행하다 보면 간부직원이 "왜 지점을 폐쇄하지?"라고 눈치채기 시작한다. 중국 내에서 지점을 너무 많이 개설하고 있으면 철수할 때 시간이 많이 걸리므로 이러한 관점에서 보면 지점보다는 독립된 법인을 설립하는 것이 더 좋다고 할 수 있다.

## [15] 한국 해외직접투자사업 청산신고

중국법인의 청산이 완료되면 한국의 외국환거래규정 등 유관 법률에 따라서 투자자가 한국의 지정 외국환은행에서 '해외직접투자사업 청산신고'를 이행해야 한다.

# 제2장

# 해산사유와 청산 방법

## [1] 해산사유

해산청산은 해산에 의한 청산을 말하는 것으로, 해산을 하려면 우선 해산의 사유에 해당되어야 하는데 〈회사법〉 제180조[36)]와 제182조[37)]에 그 사유를 규정하고 있다.

위 2개의 조문은 어떠한 경우 해산을 할 수 있는가를 규정하고 있다.

---

36) 〈회사법〉 제180조 회사에 다음 원인이 있을 경우 해산할 수 있다.
   (1) 회사정관에 규정된 경영기한이 만료되었거나 또는 회사정관에 규정된 기타 해산사유가 발생한 경우
   (2) 주주회 또는 주주총회가 해산을 결의한 경우
   (3) 회사의 합병 또는 분리로 인하여 해산할 필요가 있는 경우
   (4) 법에 따라 영업집조가 직권말소 되거나, 폐쇄 명령을 받거나 또는 취소된 경우
   (5) 이미법워이 본 번 제182조 규정에 따라 해산을 결정한 경우
37) 〈회사법〉 제182조 회사가 경영과정에서 큰 어려움이 발생하여, 계속하여 존속할 경우 주주의 이익에 중대한 손실이 발생하게 될 수 있고 다른 경로로 해결이 불가능한 경우, 회사 전체 주주 의결권의 10% 이상을 보유한 주주는 인민법원에 회사의 해산을 청구하는 소를 제기할 수 있다.

먼저 제180조 제1호는 경영기한의 만료에 대한 것이다. 중국 현지법인의 영업집조나 정관에는 예를 들어 50년이라는 경영기한이 명기되어 있는데 이 기한이 도래하면 출자자가 경영기한의 연장을 신청하지 않으면 자동적으로 해산이 된다. 연장하지 않는 경우는 해산 신청도 별도로 필요 없다. 한국계 기업에서 경영기한 만료를 앞둔 현지법인은 아직 소수이나 1990년대 초반 이후에 설립된 현지법인에는 20년이나 30년의 경영기간인 회사들도 많이 있었으므로 최근에는 경영기한의 만료에 따라 해산하는 현지법인도 속속 나오고 있다. 그리고 과거 해당 법인들의 설립 당시에는 한·중 합작이 활발했던 시절이었기 때문에 20년 또는 30년의 기한이 만료되는 한국계 중국 현지법인은 중외합자기업인 경우가 많다. 그런데 합자의 경우 합자기한(경영기한)이 만료되기 3년 전부터 차츰차츰 중국 측과 이야기를 하지 않으면 순조롭게 합자경영 관계를 종료하기 힘들다. 과거 중외합자경영기업법에 따라 정관에 규정되어 있는 6개월 전부터 협상을 시작하기 시작하면 너무 늦다. 따라서 경영기한이 만료되면 어떻게 할 것인가의 문제에 대해서 최소한 3년 전부터 대응 전략을 수립할 필요가 있다.

제180조 제1호의 후단은 회사정관에서 규정하는 다른 해산사유가 발생하는 경우이다. 정관에 해산사유를 기재하는 것은 자유이므로 적어두면 해산이 수월하다. 예를 들면 "연속 3기 적자가 발생하는 경우 동사회는 해산을 결의할 수 있다."와 같은 조항을 정관에 정하여 두는 것이다. "연속 3기 적자의 경우 즉시해산"은 너무 과격하므로 "동사회가 해산을 결의할 수 있다."라는 표현이 적낭하다. 중국에 여러 개의 현지법인

을 가지고 있는 일본계 대형 상사의 경우 사업 부문별로 명확한 경영책임을 지게 하는 의미로 "3기 연속 적자면 정리한다."라는 내부규정을 마련하고 있다. 물론 적자의 기준이 당기순손실인지 아니면 영업손실인지에 대한 세세한 논의는 여러 가지가 있지만, "3기 연속 적자인 경우 동사회는 해산을 결의할 수 있다."는 식으로 규정해 두면 해산신청을 했을 때도 "정관에 규정한 바와 같이."라고 해서 순조롭게 지나갈 수 있다. 다만, 정리할 가능성이 있는 현지법인에서 해산조항에 대해서만 정관을 갑자기 수정하면 이를 알게 된 중국인 종업원이 놀라는 경우가 있기 때문에 동사의 수를 바꾸는 등의 다른 정관 변경 사항이 있을 때 해산사유도 자연스럽게 추가로 기입할 것을 추천한다.

제180조 제2호에는 "주주회가 해산을 결의했을 때 해산할 수 있다."라고 규정하고 있다. 이 조항을 근거로 해산을 신청하는 것이 한국계 기업의 해산사례 중에서는 가장 많다. 회사법에는 "주주회 또는 주주총회"라고 되어 있는데 주주회는 유한회사에서 주주총회는 주식회사에서 사용하는 용어이므로 동일하다고 보면 된다. 만약, 주주회가 없는 1인 유한회사의 경우 최고의결기관으로서 주주가 그것을 대체한다. 여기서 종종 "주주회와 동사회 모두를 설치한 경우 주주회의 결의만으로 가능한가."에 대한 질문을 많이 받는데 이 경우 두 가지 모두 필요하다. 왜냐하면 실무적으로 행정관청에서 주주회 결의서와 동사회 만장일치 결의서를 가지고 오라고 요구하기 때문이다. 과거 〈중외합자경영기업법 실시조례〉 제33조는 회사의 해산은 동사회의 만장일치 사항으로 규정하였는데 동사회의 만장일치가 필요한 것은 합자기업과 합작기업이고 독자

기업에는 그런 규정은 없었다. 하지만 결국은 독자기업에서도 전체 동사의 서명을 받아 오라고 요구한다. 왜냐하면 해산을 심사하는 행정관청에서 보면 총경리나 현지법인의 간부가 개인적 판단으로 해산신청을 했는데 그것을 접수해 버리면 공무원으로서 위험 부담이 생기기 때문이다. 따라서 실무적으로는 주주회와 동사회 전원의 찬성 서명을 받아서 오라고 요구한다.

제180조 제3호는 합병 또는 분할에 의한 해산이다. 합병에는 흡수합병과 신설합병이 있는데 흡수합병의 경우 흡수되는 회사는 없어지기 때문에 거기서 해산이 일어난다. 또한 신설합병은 2개 이상의 회사를 합병을 위해 해체하고 새로운 회사를 설립하므로 기존의 2개 회사는 모두 해산이 필요하다. 분할은 좋은 사업부와 나쁜 사업부를 분리해서 나쁜 사업부를 해산하는 방식이다. 현재의 현지법인을 다시 태어나게 하고 싶을 때에는 법인을 2개로 나누어 한쪽을 폐쇄하는 방식도 검토해 볼 필요가 있다.

제180조 제4호는 법에 의해 영업집조가 직권말소되거나 폐쇄 명령을 받거나 또는 취소된 경우로서 회사가 불법을 저질러서 행정관청이 강제해산을 요구하는 상황을 말한다.

마지막으로 제182조는 회사의 경영이 어려워지는 상황에서 전체 주주의 의결권의 10% 이상을 보유하는 주주가 법원에 청구하여 법원이 회사를 해산시키는 경우이다. 예를 들어 중외합자기업의 경우 한국 측과 중국 측이 공동으로 회사를 운영하고 있기 때문에 사업 철수에 대한 이야기가 진전 없이 교착 상태에 빠지는 경우가 있다. 그렇다고 해서 해산하겠다고 해도 동사회의 만장일치의 의결을 얻어 낼 수 없는 경우 법원에 해산신청을 하겠다고 상대방을 흔드는 수단으로 사용할 수 있다. 물론 법원에 신청한다고 해서 법원이 바로 해산하라고 판결하는 경우는 없다. 지역에 미치는 영향 또는 고용이나 납세의 상황 등을 종합적으로 고려해서 결정하기 때문에 그렇게 간단하게 판결해 주지는 않는다. 하지만 10% 이상의 의결권을 갖고 있으면 해산소송을 제기할 수 있다는 사실에 대해서는 미리 염두에 두고 있어야 한다.

한편, 해산사유는 〈회사법〉 규정뿐만 아니라 회사의 '자치법규'인 정관의 규정도 따져 봐야 한다. 예를 들어 해산사유를 정관에서 회사법의 요건보다 더 엄격하게 규정하고 있는 경우 정관의 요건에 부합해야 해산사유에 해당하기 때문이다. 대부분의 현지법인의 정관은 설립 당시 표준양식에 따라 작성하여 정관을 개정하지 않고 운영하고 있는 경우가 많으므로 이를 계기로 정관을 재검토하는 것이 필요하다. 정관이 어떤 경위로 만들어졌는지는 각 회사의 사정마다 다르겠지만 경험이 없는 변호사에게 위탁해서 만들었을 경우 해산이 매우 어렵게 되어 있는 경우가 있다. 그래서 해산을 검토하기 전에 회사법 전문 중국변호사의 도움을 받아서 정관을 개정해 두는 것이 필요하다. 〈외상투자법〉이 시행되었고 회사법도 여러 번 개정이 되었으며 외상투자기업 청산방법도 이미 폐지되었기 때문에 해산까지 제대로 염두에 두지 않고 만든 정관이나 과거 〈외자3법〉에 따라 작성된 정관을 제대로 개정해 두는 것이 좋다.

간혹 기존의 정관을 가지고도 문제가 없는데 굳이 비용을 들여서 개정을 하는가라고 생각하는 실무자가 있을 수 있지만, 정관을 보완하지 아니한 채 발생할 수 있는 문제가 더 많다는 점을 볼 때, 미리 정관의 타당성에 대하여 검토할 필요가 있다. 특히 현행법에 비추어 문제가 없는 것인지를 미리 검토해야 한다.

## [2] 해산사유에 따른 청산 방법

외국인투자기업은 법에 의거하여 회사의 해산을 확정하고 청산업무를 진행하게 된다. 해산사유는 외국인투자기업의 유형(외자기업, 중외합자경영기업, 중외합작경영기업)에 따라 다소 상이하며, 구체적인 해산사유는 아래에서 살펴볼 것이다. 회사의 해산이 확정된 이후에는 청산업무를 개시하게 되는데, 이때의 청산방법은 청산업무를 담당하는 청산팀의 구성 방식에 따라 자체청산과 강제청산으로 구분된다.

'자체청산'이란 해산사유가 발생하고 최고의결기관이 회사의 해산을 결의함에 따라 정관 및 주주 간 체결한 계약에 의거하여 스스로 청산팀을 구성하여 청산하는 것을 말한다. 최고의결기관이란 정관에서 약정된 최고의사결정기관을 의미하며 주주, 주주회 또는 동사회가 이에 해당한다. 자체청산을 진행하는 경우 해산사유에 따라 다음과 같은 방식으로 청산을 진행하게 된다.

첫째, 최고의결기관에서 경영기한 만료 전 사전해산에 동의하는 경우 법률 또는 정관에서 규정한 절차대로 회의를 소집하여 서면으로 결의한 후 청산을 진행하게 된다. 구체적인 해산 사유는 다음의 표를 통해 확인한다.

**[회사 유형별 해산 사유]**

| 회사 유형 | 해산사유 |
|---|---|
| 외자기업 | ① 경영 부진에 따른 막대한 결손으로 인하여 투자자가 해산을 결정한 경우<br>② 자연재해, 전쟁 등 불가항력으로 인하여 심각한 손실을 입어 경영을 계속할 수 없는 경우<br>③ 정관에서 정한 기타 해산사유가 발생한 경우 |
| 중외합자 기업 | ① 중대한 결손이 발생하여 경영을 계속할 수 없는 경우<br>② 자연재해, 전쟁 등 불가항력에 의하여 중대한 손실이 발생하고, 이로 인해 경영을 계속할 수 없는 경우<br>③ 투자자 일방이 회사의 협의, 계약, 정관에서 정한 의무를 이행하지 않아 회사가 계속 경영할 수 없는 경우<br>④ 경영목적을 미달성하고, 동시에 발전 전망이 없는 경우<br>⑤ 계약 및 정관에 규정된 기타 해산사유가 발생한 경우 |
| 중외합작 기업 | ① 심각한 결손이 발생하거나 불가항력의 사유로 심각한 손실이 발생하여 경영을 계속할 수 없는 경우<br>② 투자자 일방 또는 다방이 회사 계약, 정관에서 정한 의무를 이행하지 않아 회사를 계속 경영할 수 없는 경우<br>③ 계약, 정관에서 정한 기타 해산사유가 발생한 경우 |

그런데 만일 상술한 표에서 명시한 중외합자기업 해산 세 번째 사유와 중외합작기업 해산 두 번째 사유로 인해 투자자 일방이 해산신청을 제기하는 경우 다른 투자자가 이에 동의하지 아니한다면 반드시 관할권이 있는 인민법원 또는 중재기구에서 발급한 효력 있는 판결서 또는 판정

중국 철수 전략

서를 제출해야 한다.

둘째, 외국인투자기업의 경영기한 만료로 인한 해산, 법원판결에 의한 해산, 영업집조 직권말소, 폐쇄명령 또는 취소로 인해 해산하는 경우 바로 청산업무를 개시해야 한다.

'강제청산'이란 기업이 해산된 후 주주가 청산을 하지 않거나 위법청산을 하는 경우 채권자, 주주, 동사 또는 기타 이해관계자가 법원에 청산신청을 하여 법원에서 청산팀을 지정하여 진행하는 청산을 의미한다. 〈회사법〉 제183조는 회사의 해산사유 발생일로부터 15일 이내에 청산팀을 구성하여 자체 청산을 진행하도록 규정하고 있다. 그러나 중국 최고인민법원의 관련 사법해석 제7조[38]에 의거하여 회사가 청산팀을 구성하지 않거나, 청산팀이 고의적으로 청산을 지연하는 등 상황이 발생하는 경우, 해당 회사의 채권자, 주주, 동사 또는 기타 이해관계자가 법원에 청산신청을 하여 법원이 청산팀을 구성하여 청산을 진행하게 된다.

---

38)  중국 최고인민법원의 〈회사법 적용 문제에 관한 규정(2)〉
    제7조 회사는 회사법 제183조의 규정에 따라 해산사유가 발생한 날로부터 15일 이내에 청산팀을 구성하여 자체적으로 청산업무를 시작해야 한다.
    아래에서 열거한 상황 중 어느 하나에 해당하고 채권자, 회사주주, 동사 또는 기타 이해관계자가 인민법원에 청산팀을 지정하여 청산을 진행할 것을 신청하는 경우 인민법원은 이를 수리해야 한다.
    (1) 회사 해산 후 청산팀 구성을 지연하여 청산을 진행하지 않는 경우
    (2) 청산팀이 구성되었으나 청산을 고의로 지연하는 경우
    (3) 위법청산으로 채권자 또는 주주의 이익을 심각하게 침해하는 경우

## 제3장

# 해산청산 사전 준비 사항

청산은 회사의 모든 경영활동을 마감하고, 법인격을 소멸하는 중요한 행위이다. 이에 따라 회사의 청산은 주주와 근로자는 물론 대외 채권·채무자 및 유관 정부기구 등의 이해와도 매우 직접적이고 중대한 관계를 형성한다. 그러므로 청산은 단순히 법률에 의거 행정절차를 진행하고 마무리되는 일종의 절차상의 프로세스만을 통해 실행될 수 있는 업무가 아니다. 매우 다양한 주체들과의 법적·경제적 관계를 정리해야 하는 복잡하고 난이도 높은 업무이기 때문에 청산실무를 진행하기 앞서 최적의 청산 전략을 수립하고 중요한 이슈들을 사전에 정리하는 것이 바람직하다. 회사의 청산에 앞서 최소한 다음과 같은 10가지 분야에서 주요 내용을 점검하고 실무적인 준비를 해야 한다.

## [1] 청산비용 마련을 위한 자금 조달

실제 청산을 진행하기 앞서 얼마의 비용이 들 것인가를 사전에 시뮬레이선을 통해서 추정해 볼 필요가 있다. 만약 추정된 청산비용이 청산회사가 자체적으로 조달하기에 부족한 경우 자금조달 방법에 대한 검토가 필요하다. 즉, 해산 전에 증자가 필요한 상황도 발생할 수 있다.

해산청산에서 청산을 진행하던 중에 자금이 바닥나면 파산으로 진행된다. 파산청산은 여러 의미에서 피하는 것이 유리하므로 청산을 개시하기 전 증자를 실시하는 일이 종종 발생한다. 필자가 회사 철수 상담을 진행할 때는 먼저 향후 1년간 현금 흐름을 받는다. 월별로 작성된 현금수지계산서이다. 예를 들어 해산신청 전에 종업원을 정리해고해야 하므로 이때 경제보상금을 지불해야 한다. 또한 청산활동에 들어가도 기업소득세나 증치세가 발생하고, 세관에 납부해야 하는 관세, 환경대책비용(예컨대 토양 교체비용) 등이 얼마나 필요한지 예측을 해서 대략 1년 후의 청산이 끝날 때까지 현금이 제대로 돌아가는지를 계산해야 한다. 만약 자금이 부족하다고 판단되면 증자를 해서 자금을 보충해야 한다. 한국 모회사의 입장에서는 정리하는 회사에 또 무슨 자금을 집어넣느냐고 반문할 수도 있다. 그러나 청산비용을 마련할 자금이 없으면 파산이 되어 인민법원의 통제하에 들어가게 되고 채권자에 대해서 채무의 30%를 일률적으로 탕감하는 등과 같은 무자비한 채무조정이 일어난다. 그러한 상황을 피하기 위해서는 청산을 시작하기 전에 증자를 해서 자금을 마련할 필요가 있다.

그리고 종업원의 경제보상금을 한국의 퇴직급여 충당금과 같이 부채로 인식하지 않는 현지법인이 대부분이다. 종업원의 수가 많고 근속기간이 오래된 경우 현지법인의 경제보상금 총액은 상당한 금액이 될 것이다. 그래서 만약 모든 종업원을 회사사정으로 일시에 해고했을 경우 도대체 얼마의 경제보상금이 필요한지를 매년 말에 추산해 볼 필요가 있다. 정확한 금액은 아니더라도 한국 돈으로 1천만 원인가 1억 원인가 하는 정도의 개략적인 금액만 알아 둬도 좋을 것이다. 이 경제보상금은 보통 평소에 적립해 두지 않기 때문에 해산 시에는 어딘가에서 마련해 와야 한다. 그렇다고 은행에 빌리러 가도 정리하는 회사에 돈을 빌려주지 않기 때문에 결국은 모회사가 증자하는 수밖에 없는 것이다. 그래서 해산신청 전이라면 증자하는 것을 추천한다. 한국 모회사가 대출을 해주고 나중에 대출채권을 포기하는 것도 가능하지만 대출해 줄 때의 절차와 채권포기를 하는 절차 모두 까다롭다. 증자의 경우 출자의 절차는 필요하지만 출자금을 포기하는 절차는 없다.

현지법인에 증자는 과거에는 상무부문의 허가가 필요해서 완료할 때까지 시간이 많이 걸렸다. 지금은 비록 상무부문의 허가제도가 등록제도로 변경되어 절차가 간소화되었다고 하더라도 일정한 시간이 필요한 것은 피할 수 없는 사실이다. 이러한 시간적인 문제를 회피하기 위해서 모회사가 현지법인에 일단 자금을 빌려주는 대부투자를 한 후 그 채권을 포기하는 경우도 있다. 대부투자는 모회사와 자회사 간의 대출인데 이 경우 외환관리국에서 외채등기가 필요하고, 소요시간은 증자와 크게 다르지 않다. 만약 청산에 필요한 자금을 대부투자로 조달하는 경우 먼저 외채한도가 있는지 여부를 검토해 봐야 한다. 만약 외채한도가 없으면 대부투자 자체가 불가능하기 때문이다.

한편, 현지법인의 긴급한 사정으로 지금 당장 중국에 자금을 보내야하는 상황이라면 가장 빨리 송금할 수 있는 방법은 무역대금의 선불이다. 선불의 기간이 길면 현지법인 측에서 '화물무역 외환 모니터링시스템'에 등록이 필요하지만 어쨌든 돈은 중국에 빨리 들어갈 수 있다.

한국 모회사가 대부투자로 빌려주든 무역대금을 선지급하든 결국은 중국 현지법인이 갚지 못할 것이므로 한국의 모회사는 채권을 포기하는 각오로 현지법인에 자금을 투입하는 것이다. 한국 모회사가 채권을 포기하게 되면 중국 현지법인은 채무면제이익이 되어 과세소득을 구성하므로 기업소득세를 납부해야 하는 상황이 발생할 수도 있기 때문에 이에 대한 검토도 추가적으로 필요하다.

## [2] 청산 전략의 수립과 TF팀의 구성

회사는 아래에서 안내하는 청산실무를 진행하기 전에 청산플랜을 먼저 수립하는 것이 바람직하다. 즉, 투자손실 최소화, 가용자산 최대화, 위법행위 소멸 등의 기본적인 원칙에 의거하여 청산전략 이행을 위한 마스터플랜을 수립해야 한다는 것이다. 회사가 청산 전략을 합리적으로 수립하기 위해서는 먼저 회사 현황에 대한 진단이 필요하다. 진단 과정에서 중점적으로 확인되어야 할 주요 내용은 다음과 같다.

첫째, 청산 관련 세무회계 위험 요인의 확인(기업소득세, 증치세, 경제보상금 등 이슈)

둘째, 회사 소속 현지 인력 및 주재원의 정리, 재배치 및 노무문제

셋째, 자산부채 명세와 잔존가치 확인, 구체적인 정리 방안(토지사용권 및 부동산 포함)

넷째, 유관 주체의 청산 관련 역할 점검

다섯째, 청산 진행을 위한 회사의 법률과 행정문건 완비 여부 확인

여섯째, 청산에 따른 거래계약 등 법률문건의 해지 및 종료 등으로 인한 위약 패널티 등

또한, 회사는 청산 전략을 실제로 이행할 TF팀을 구성하여, 이들이 청산팀과 함께 원만하게 청산업무를 이행할 수 있도록 해야 할 것이다. 일반적으로 TF팀에는 회사 내부 관계자(주로 총경리, 재무회계담당자, 총무담당자 등)와 청산전문기관이나 전문가가 참여한다.

## [3] 회사 서류의 정리와 보관

회사의 서류는 회사의 주장을 피력하고 부당한 행정처분을 방어할 수 있는 중요한 수단이다. 세관과 세무국의 청산실사에 대비하여 회사의 핵심서류인 무역 관련 서류와 회계 관련 증빙들이 완전하게 보관되어 있고 무역직원과 회계직원이 그 내용을 정확하게 파악하고 있는지 확인해야 한다.

또한, 회사의 법률과 행정문서는 회계장부, 각종 계약서, 관리파일뿐만 아니라 이러한 자료를 보관하는 컴퓨터, 캐비닛 등에 대한 철저한 확

인과 확보가 필요하다. 회사 서류는 부정당한 분쟁이나 행정처분에 대응할 수 있는 수단이 되며, 필요서류가 구비되지 않은 경우 심지어 정상적인 청산절차를 밟을 수 없게 되기도 한다. 예를 들어, 회사가 비준증서나 영업집조 원본을 분실하였다면, 청산실무 이전에 동증서를 재발급받아야 하는 절차부터 먼저 진행해야 한다.

또한, 회사 행정등기 문건상에 명시된 내용이 현재 회사의 상황과 일치하는지 확인해야 한다. 등기 변경절차가 완료되지 않은 사항이 존재하는지를 확인하고 대응해야 한다. 가장 빈번하게 발생하는 사항은 주주 명칭, 법정대표인 명칭이 변경되었음에도 불구하고, 등기변경 작업을 진행하지 않아, 비준증서나 영업집조에 과거 주주나 법정대표인의 명칭이 그대로 기재되어 있는 것이다. 만일, 이러한 상태에 처하는 경우 원칙적으로 주주나 법정대표인의 등기변경 업무를 청산실무 이전에 진행해야 한다.

## [4] 회사재산에 대한 관리 강화

청산과정에서 공장의 어수선한 틈을 타서 기업재산의 관리에 허점이 발생할 수 있다. 기업의 재산을 부실하게 관리되면 법률적 책임이 뒤따르게 되는데, 예를 들어 도난이나 분실로 인하여 주주의 배상책임이나 가압류 중인 자산을 임의로 처분하거나 이전함에 따라 법정대표에게 법률책임이 있을 수 있다. 그리고 세관의 관리감독하에 있는 면세물품을 분실함으로 인하여 법정대표에게 형사 책임이 있을 수도 있다.

또한 회사재산은 청산과정에서 현금화하여 사용할 수 있는 중요한 자금원천이며, 부채를 상환한 후 잔여재산은 주주에게 합법적으로 분배해야 한다. 따라서, 청산 준비 및 진행 과정에서 회사의 재산이 분실되거나 감액되지 않도록 적절한 관리가 필요하다. 회사 내부 인력을 활용한 재산관리에 어려움이 있다면 전문 경비 인력의 채용이나 보안회사 위탁관리 등을 검토해야 한다.

이러한 회사재산의 관리부실로 인하여 발생할 수 있는 법률책임을 회피하기 위해 다음과 같은 실무적인 조치가 필요하다.

첫째, 자체적으로 경비 인원을 채용하거나 보안회사와 계약을 통하여 기업의 재산 및 회계서류에 대한 보호를 철저히 해야 한다.

둘째, 도난사건 발생 시 반드시 경찰에 신고하여 증거를 남긴다.

셋째, 법원에 가압류된 재산은 가능한 한 가압류 신청한 채권자 또는 저당권을 설정한 채권자가 경비 인원을 파견하여 보고하게 한다.

## [5] 회사채무의 사전 확인 및 정리

청산을 진행하는 과정에서 많은 채무자와 상대하는 것은 결코 쉬운 일이 아니다. 또한, 채무관계가 제대로 정리되지 않으면 청산과정도 상대적으로 지연되게 된다. 경우에 따라서는 채무관련 소송이나 중재절차가 진행되면서 많은 비용과 시간이 추가적으로 투입되어야 할 상황에 직면하기도 한다. 따라서 채무는 가급적 신속하게 정리하는 것이 바람직하다. 이를 위해 다음과 같은 처리 원칙을 따르는 것이 좋겠다.

첫째, 부채 목록을 정리해서 반드시 상환해야만 하는 거래처를 확정한다.

둘째, 부채의 규모와 거래처와의 거리를 기준으로 상환 우선순위를 결정한다. 특히 회사 인근에 소재하고 있는 소액 채무자들의 부채는 최우선 정리한다.

셋째, 부채상환 규모가 큰 업체와는 협상을 진행하여 부채상환액을 절감시킨다.

넷째, 회사의 채권자가 청산팀에 신고한 채권에 대하여 심사통보 후 만약 채권자가 이의가 있을 경우 채권자는 법원에 소송을 제기할 수 있으며, 소송이 종결되기 전까지 기업의 청산절차를 완료할 수 없게 된다. 이러한 경우 실무상 청산기간을 단축하기 위하여 이를 해결할 수 있는 방법으로서 이의 있는 채권금액을 공탁하는 방법이 있다.

## [6] 자산처분과 부채상환 방법 검토

청산이란 회사의 자산을 처분하여 채권자에게 분배하는 과정이다. 따라서 청산절차를 단축시키기 위해서는 보유자산의 처분 방향과 채권자에 대한 상환방법을 구체적으로 확정한 뒤 청산을 진행하는 것이 바람직하다. 회사의 자산 중에서 민감한 면세설비 등 자산의 처리 방법은 다음과 같다.

## 1. 면세설비의 처분 방법 확정

면세수입설비는 세관의 관리감독을 받는다. 면세수입설비의 처리에 대해서는 〈세관의 외국인투자기업 수출입화물의 관리와 징수방법〉에서 구체적으로 규정하고 있다. 동 방법에 의하면 외국인투자기업이 청산할 경우 심사비준기관의 청산비준일로부터 15일 내에 면세설비에 대하여 세관에 핵소신청을 해야 하며, 관리감독기간 내에 있는 면세설비에 대한 처리 방법은 다음과 같다.

첫째, 중국 내자기업에게 매각할 경우 사용기간 동안의 감가상각 후 잔액에 대하여 면세혜택을 반환한다.

둘째, 청산기업과 동등의 면세우대혜택을 받을 수 있는 요건이 구비된 외국인투자기업에게 매각할 경우 세관의 감독이전절차를 한 후 계속해서 면세혜택을 유지하므로 반환할 필요가 없다.

셋째, 세관의 승인을 득한 후 국외로 반송할 수 있다.

상기의 면세수입설비에 대한 세관의 절차를 마친 후 세관은 '기업세관수속종결통지'를 발급하므로 반드시 수령하여 보관해야 한다.

## 2. 보세원재료의 처리

가공무역을 위한 보세원재료도 세관의 관리감독을 받는다. 면세수입설비의 처리에 대해서는 세관의 가공무역화물감독방법에서 구체적으로 규정하고 있다. 동방법에 의하면 청산 등의 사유로 가공무역계약이 사전에 종료될 경우 계약종료일로부터 30일 내에 세관에 핵소를 신청해야 한다.

내료가공의 경우 보세원재료의 소유권은 가공위탁자에 있으므로 청산재산을 구성하지 않으나, 진료가공은 청산재산에 해당한다. 진료가공용 보세원재료의 처리 방법은 다음과 같다.

첫째, 중국 내수로 판매하고자 할 경우 대외경제무역국과 세관의 비준을 득한 후 수입 관련 관세와 증치세를 납부해야 한다.
둘째, 세관의 동의를 거친 후 국외로 반송할 수 있다.
셋째, 보세원재료에 대하여 법원에서 가압류를 한 경우 기업은 5일 내에 세관에 통지해야 한다.

상기의 보세원재료에 대한 세관의 수속을 마친 후 세관은 '핵소종료통지서'를 발급하므로 반드시 수령하여 보관해야 한다.

## 3. 무상제공설비의 처리

가공무역을 위하여 무상제공된 설비는 임가공을 위하여 외국투자자로부터 무상으로 수입된 설비로서 수입관세와 증치세를 면제하는 것이다. 무상제공설비는 가공무역계약서상 외국투자자가 무상으로 제공한다는 내용이 명시되어 있어야 하고 가공 공정에서만 사용할 수 있다. 또한 동 설비는 5년간 세관의 관리감독을 받아야 하며 매년 무상제공설비의 사용상황을 상무부문과 세관에 보고해야 한다.

만약 회사가 세관의 관리감독기간 5년을 채우지 못하고 중도에 청산하게 되면 무상제공설비는 세관 관리감독 해제 수속을 한 뒤 투자자에게 재반출할 수 있으며, 중국 내에서 양도하는 경우 감가상각 후 미상각 잔액에 해당하는 수입관세와 증치세를 납부하여야 한다.

## 4. 기타 주요자산의 정리 방안 수립

회사의 주요자산에는 토지사용권, 건물, 기계설비 등이 있다. 특히 토지사용권과 건물 매각에 필요한 시간이 많이 소요되고, 중국에서 적절한 가격으로 매각처를 발굴하는 것조차 매우 힘들다. 따라서 이러한 자산을 보유한 회사는 사전에 해당 부동산을 어떻게 처리할 것인지 고민하고 방법을 마련해야 한다.

만일, 실질적으로 토지사용권과 건물을 보유하고 있으나 중국 당국으로부터 국유토지사용증과 부동산권리증을 발급받지 못한 회사가 있다면, 이러한 회사는 부동산에 대한 완전한 재산권 행사가 불가능하다. 오히려, 건물 철거와 같은 행정명령에 처해 별도의 철거비용이 발생할 가능성도 있다. 따라서, 부동산과 관련한 회사의 재산현황을 정확하게 파악하고 청산 정리 방안을 수립해야 할 것이다.

# [7] 노무문제 해결 방법 모색

청산 진행 전에 이미 대부분의 종업원들은 해고시키는 것이 일반적이다. 종업원의 재배치는 법적인 의무사항은 아니나 퇴직 종업원과 정부부문의 신뢰를 얻음으로써 순조로운 청산 진행의 밑거름이 될 수 있다.

기업청산 시 직원이 청구할 수 있는 것은 급여, 잔업수당, 사회보험료, 장애보상금 및 경제보상금이라고 할 수 있다. 청산시 기업은 영업정지하고 청산기간 동안의 청산비용만 청산소득에서 공제할 수 있으므로 원칙적으로 청산개시와 동시에 기업은 모든 직원과의 노동계약을 해지해야 한다. 청산업무의 필요로 회계직원 및 경비인원을 계속 채용해야 할 경우 기업의 청산팀에서 청산보조인원으로 고용(노무계약 체결)할 수 있으며, 관련비용을 청산비용으로 처리할 수 있다.

노동문제 해결 시 실무적으로 고려할 사항은 다음과 같다.

첫째, 청산개시 이전에 조업단축 및 중단 등을 통해 종업원의 자연감소를 유도하여 상기 소요비용을 감소시키는 전략이 필요하다.

둘째, 자금난으로 직원급여 및 경제보상금을 지불할 능력이 없을 경우 직원들로 하여금 노동중재신청을 하도록 유도하고 노동중재심리에 충분히 협조한다.

셋째, 노동문제를 해결하는 과정에서 노동자들의 집단행동이 있을 수 있으므로 파출소나 노동국의 협조하에 처리한다.

넷째, 노동계약의 해지로 인하여 예상 외의 비용이 발생할 수 있으므로 가능하다면 직원과 개별적으로 협의하여 처리한다.

## 1. 노동채무의 처리 문제

노동채무는 일반적으로 직원의 노동제공에 대한 대가로서 노동계약 및 회사 규칙에 따라, 사업주가 현재와 장래에 걸쳐 지급해야 하는 각종 지급의무를 지칭한다. 중국에서 회사 청산과정에서 자주 문제가 불거지는 것은 미납 사회보험, 부족납부 사회보험(최저 납부기수의 일률적 적용 등 요인), 주택공적금, 잔업비의 미지급 또는 부족지급 문제 등이다.

청산과정에서 회사는 노동국에 의한 노동채무의 처리완료 확인을 취득해야 하는데, 노동국은 노동자로부터 접수되는 온갖 요구와 불만, 집단 진정사항을 근거로 기업에 노동채무의 처리를 압박하는 경우가 비일비재하다. 즉, 이 단계에서 비로소 노동채무의 존재가 확연히 드러나게 된다. 이런 문제들은 정상적인 회사 운영 중에는 수면 아래에서 잠복해 있다가, 노사 간에 결별을 눈앞에 둔 회사 청산단계에 와서는 일거에 수면 위로 노출되고 집단행동이나 노동소송 등으로 이어지게 된다. 심지어는 이미 퇴직한 사람들까지 사회보험 보충납부를 요구해 오는 경우도 있다.

회사 청산과정에서 직원들이 문제를 제기하지 않고 넘어간다면 다행이지만, 일단 문제가 공개적으로 불거지게 되면 회사로서는 청산 일정에

쫓기기 때문에 법적 근거가 있는 요구에 대해서는 성의껏 대응하여 합의를 추진하는 수밖에 없다. 노동계약 존속기간에는 개별 문제를 제외하고 노사 간 문제는 별로 표면화되지 않는다. 따라서, 자칫 자기 회사에 노동문제가 존재하지 않거나 또는 인사노무관리를 적당히 해도 괜찮다는 착각을 일으키기 쉽다. 실제 노동현장에서는 회사 근무를 더 이상 의식할 필요가 없는 청산 시점에서 사회보험, 주택공적금, 잔업비 등 노동채무는 회사 측을 상대로 일거에 분출되어 과거까지 소급해서 납부하는 상황이 자주 발생된다는 점에 유의해야 한다. 따라서 미래의 사업 철수 시점을 대비해서 평상시의 노무관리를 할 때 사회보험, 주택공적금, 잔업비 등 민감한 부분은 노동 관련 법령을 철저하게 준수해야 할 것이다.

## 2. 인원정리의 실시 일정

회사 청산절차 중 인원정리의 이론적인 흐름은 아래와 같다.

① 주주 또는 동사회에서 회사 청산결의와 청산팀의 설립
② 전체 설명회를 개최하여 직원을 대상으로 회사청산 사실과 보상방안을 공표
③ 인원정리의 실시: 퇴직통지서의 발급과 경제보상금의 지불

그러나, 현실적으로 회사 청산 사실이 알려지면 정상적인 인력관리가 어려워지므로, 청산인가를 취득하기 전에 필수 청산작업팀을 제외하고, 합의해제 형태로 계약을 해제하는 게 보편적이다. 이 경우, 집단으로 뭉

처 보다 높은 요구를 해 올 가능성이 있으므로, 청산에 들어가기 훨씬 전부터 미리 잔업축소, 조업단축 또는 유급휴무 조치로 사전에 자연감축을 유도함으로써, 실제 청산 시점에 인력을 최소화하는 것이 바람직하다.

특히, 중국에는 조업중지라는 제도가 있으므로 이 제도를 이용하여 수 개월 동안 최소의 필수 인원을 제외한 나머지 인력에 대해 자택대기를 시킴으로써 인력의 자연 감소를 유도하는 방법을 적극 활용해야 할 것이다. 조업정지 선포 후 두 번째 달부터는 최저임금의 70~80%(지급비율은 지역마다 상이)만 지급하면 되기 때문에 부족한 생활비로 인하여 다른 직장으로 자발적으로 이직하는 사람들이 발생하기 때문이다.

## [8] 조업중단 일정 수립과 점진적 시행

대개의 경우, 특정 시점에서 바로 조업을 중단할 수 없다. 거래처의 주문 대응이나 기존에 확보한 주문량 해결을 위해 공장가동이 일정 기간 지속되어야 하기 때문이다. 따라서, 회사가 청산을 계획한다면 점진적으로 조업중단 일정을 수립하여 시행해야 할 것이다. 이를 통해 거래의 갑작스런 중단으로 인한 위약금을 최소화해야 한다.

## [9] 외환관리국 송금 불가 리스크 제거

해외로부터 차입한 외화차입금이나 무역거래에서 발생한 수입채무 등을 합법적으로 외환관리국이 개설한 전용 시스템에 등기하지 않은 경우, 해당 금액의 경외 송금이 제한을 받게 된다. 따라서 외화채무와 관련된 등기의무 이행 여부를 확인하고, 만일 미등기 사항이 있다면 유관 절차에 의거 등기보완조치를 하거나 송금이 가능하도록 별도의 비준을 받는 절차를 이행해야 할 것이다.

## [10] 파산으로의 이행 저지

회사의 자산으로 부채를 상환하기에 부족한 상황, 즉 채무초과 상태가 되면 파산으로 이행하게 된다. 이 경우 인민법원이 청산을 주도하기 때문에 절차가 까다롭고 파산에 따른 비용도 만만치 않으며 또한 파산이 종료된다는 보장도 없어서 파산으로 가는 것을 막고자 하는 한국계 기업이 많다. 파산으로의 이행을 저지하기 위해서는 채무초과 상황을 해소하면 되는데 이를 위해서 다음과 같은 방법을 생각해 볼 수 있다.

첫 번째는 한국 모회사가 중국 현지법인에 대해서 가지는 채권을 포기하는 방법이 있다. 그러나 이 경우 한국의 법인세법상 특수관계자에 대한 채권의 임의포기가 되어서 모회사의 손금으로 인정받지 못할 가능성이 있다. 따라서 채권포기를 실행하기 위해서는 채권을 포기하는 것에 대한 합리적 이유를 증명해야 하므로 충분한 검토가 필요하다. 한국 법인세법에 의하면 약정에 의한 채권포기는 특수관계라고 하더라도 법인의 청산과정에서 분배 가능한 잔여재산이 전혀 없어 포기한 미수금은 부당행위계산부인 대상이 아닌 경우 손금산입이 가능하다. 그리고 한국 모회사가 채권을 포기하게 되면 중국 현지법인은 채무면제이익이 발생하게 되므로 이것이 기업소득세의 과세소득이 되어 세금을 납부해야 하는지도 검토해야 한다.

두 번째 채무초과 상태를 해소하는 방법으로 증자를 실시하는 방법이 있다. 그러나 이 경우에도 증자 직후에 청산을 하는 경우 한국 모회사의 채권포기와 마찬가지로 합리적 이유가 필요하기 때문에 충분한 검토가 필요하다. 증자밖에 선택할 수 없는 경우, 외국인투자기업은 외화를 차입할 수 있는 한도가 설정되어 있는데 한도액은 투자총액과 등록자본금의 차액(투주차)이며,[39] 장기의 외화차입금의 경우 그것을 갚아도 투주차가 원상 복구되지 않는다. 따라서 한국 모회사가 대여해 주고 이를 포기하고 싶어도 외화차입 한도가 없어 증자에 의해 자금을 투입할 수밖에 없는 경우가 있기 때문에 유의가 필요하다.

---

39) 〈대외채무관리 잠정 시행방법〉
제18조 외국 투자가 투자 기업이 차입 중장기 대외 채무누계발생액 및 단기대외채무잔고의 합에 대해서는 심사비준부문이 허가하는 프로젝트의 총투자와 등록자본과의 차액 이내에 규제해야 한다.

## 제4장

# 해산청산의 세무문제

## [1] 외국인투자기업의 청산 관련 세법

외국인투자기업의 청산과 관련하여 유의하여야 할 세법규정을 예시하면 다음과 같다.

**[청산 관련 세법규정]**

| 법규 명칭 | 조항 | 내용 |
|---|---|---|
| 세수징수관리법<br>실시세칙 | 제50조 | 해산, 영업허가취소, 파산의 상황에 처한 납세자는 청산 전에 주관세무기관에 보고하고, 주관 세무기관이 결정한 세금을 정산해서 납부해야 함 |
| 기업소득세법<br>(新기업소득세법) | 제53조 | 기업이 청산할 경우 그 청산기간을 하나의 사업연도로 함 |
| | 제55조 | 연도 중 경영종료 시 기업소득 및 청산소득에 대한 납세 |
| 기업소득세법 실시조례 | 제11조 | 청산소득의 정의와 투자자의 잔여재산에 대한 소득의 구분 |

| 외국인투자기업과 외국기업소득세법 (舊기업소득세법) | 제8조 | 제조기업 10년 이상 경영 시 조세감면 |
| | 제10조 | 5년 이상 경영 기업에 대한 투자 시 재투자세액감면 |
| 외국인투자기업과 외국기업 국산설비구매투자의 기업소득세감면통지 (재세자[2000]49호) | 제7조 | 구매일로부터 5년 내 임대 또는 양도 시 감면 취소 |
| 외국인투자기업의 국산설비 투자액에 증치세 환급 관리 방법의 통지 (국세발[1999]171호) | 제16조 | 사후관리기간 5년 내 임대 또는 양도 시 증치세 추정 |
| 기업청산단계소득세관리잠행방법 (청국세발[2008]161호) | 전체 | 청산 관련 기업소득세와 개인소득세의 신고 방법 |
| 기업청산에 대한 기업소득세의 처리문제통지 (재세[2009]60호) | 전체 | 청산기업과 관련한 청산소득에 대한 기업소득세의 계산 방법 |
| 기업청산소득세 신고표의 통지 (국세함[2009]388호) | 전체 | 청산소득세의 신고 방법과 신고서의 작성 방법 |
| 기업청산소득세 관련 문제의 통지 (국세함[2009]684호) | 전체 | 청산 종결 후 15일 내 청산소득세 납부, 청산개시 후 청산 사항 세무국에 비안(신고) |

## [2] 경영소득과 청산소득의 구분

〈기업소득세법〉 제55조는 연도 중에 경영을 종료하는 경우 경영종료일까지를 하나의 과세기간으로 하여 경영종료일로부터 60일 내에 기업소득세를 신고하여야 하며, 법인 말소등기 전에 청산소득에 대하여 역시 기업소득세를 납부하도록 규정하고 있다. 즉, 6월 1일을 청산개시일로 하여 청산을 진행한다면, 1월 1일부터 5월 31일까지를 1개의 과세기간으로 하여 경영활동에 의한 기업소득을 계산하여 신고하여야 하며, 이는 경영활동에 의한 기업소득세를 최종 신고하는 것이 될 것이다. 이후 청산을 진행하여 청산종료일이 11월 30일이라면 6월 1일부터 11월 30일까지가 청산기간으로서 역시 1개의 과세기간으로서 청산소득에 대한 기업소득세를 납부하여야 한다.

이와 같이 청산절차에 진입하는 연도에는 경영활동에 의한 기업소득과 청산활동에 의한 청산소득의 두 가지 소득에 대하여 기업소득세를 납부하게 되는데, 이들 두 소득의 계산 시 적용하는 회계 기준과 세법 적용이 달라지게 되므로 유의하여야 한다. 즉, 경영활동의 계속을 전제로 적용하는 유가증권과 재고자산의 평가기준, 고정자산의 감가상각, 무형자산 및 이연자산의 상각, 대손충당금의 설정, 퇴직충당금의 설정 등 평가에 관련된 대부분의 회계기준은 청산소득계산 시에는 적용되지 않는다. 역시 계속기업을 전제로 한 광고비한도초과액, 외국납부세액의 이월공제 등 각종 세법상의 유예 또는 우대조항은 청산이 개시된 이후로는 적용할 여지가 없어진다. 따라서, 경영활동의 계속을 전제로 받을 수 있는 회계 및 세법상의 유예된 조치를 최대한 활용할 수 있도록 청산개시 시점을 결정하는 것이 필요할 것이다.

한편, 청산개시 이전의 정상 경영활동기간 중에 손실이 발생하여 누적되어 있는 이월결손금을 청산소득을 계산할 때 공제할 수 있는지에 대한 의문이 있다. 이에 대해서 국세함[2009]388호 통지에서 제공하는 '청산소득세 신고서' 양식에는 공제항목에 '이전연도 결손금 공제'가 있어서 과거 정상 경영기간의 결손금을 공제할 수 있다는 의미로 해석된다.

## [3] 청산소득의 계산

〈기업소득세법 실시조례〉 제11조에 의하면 '청산소득'이란 기업 전체 자산의 현금변환가치 또는 거래가격에서 순자산 장부가액, 청산비용 및 관련 세금을 차감한 후 잔액이다.

**청산소득= 순자산현금변환가치 - 순자산장부가액 - 청산비용 - 관련 세금**

상기 공식으로는 청산소득을 계산하는 구조가 명확하게 와 닿지 않는다. 따라서 국세함[2009]388호 통지에서 제공하는 청산소득세 신고서를 풀어서 청산소득과 과세표준의 계산 구조를 설명하면 아래와 같다.

| | | |
|---|---|---|
| | 자산처분(손)익 | : 현금변환가치 - 장부가액 |
| + | 부채상환(손)익 | : 장부가액 - 실제상환금액 |
| − | 청산비용 | : 청산팀 인건비 등 |
| − | 청산세금과 부가 | : 부가는 지방세와 공과금 |
| + | 기타(손)익 | : 기타수익과 비용 |
| = | **청산소득** | |
| − | 면제, 부징수 | : 면제나 부징수하는 소득 |
| − | 이전연도결손금 | : 과거 정상경영기간 결손금 |
| = | **청산소득 과세표준** | |

청산소득에 대한 납세의무자는 청산기업이며, 세율은 25%, 납세기한은 기업등기 말소 전이다.

한편, 투자자인 주주는 청산기업으로부터 분배받은 잔여재산 중 청산기업의 분배되지 않은 미분배이윤액과 이익준비금으로부터 분배하는 금액은 배당소득으로 인식하며, 잔여재산에서 상기 배당소득을 차감한 후 남은 금액이 투자원금을 초과하거나 낮다면 투자자산 양도소득 또는 손실로 인식한다. 따라서 청산 후 잔여재산을 분배받은 투자자는 분배받은 잔여재산의 구성 내역에 따라 부담하는 세금의 종류가 달라진다. 즉, 잔여재산 중에서 미분배이윤과 이익준비금에 해당하는 금액은 배당으로 보아 배당소득세를 징수하고 나머지 금액과 투자원금의 차이에 대하여 양도차익이 발생하는 경우 양도차익에 대한 기업소득세를 징수하게 된다.

청산 잔여재산을 분배받는 외국투자자는 중국 현지법인이 배당하는 소득에 대하여 한·중 조세협정에 따른 5% 제한세율을 적용하며, 만약 청산기업에 대한 지분비율이 25% 미만인 경우 10%의 제한세율을 적용한다.

그리고 외국투자자의 양도차익에 대한 중국 기업소득세의 납세의무의 발생 여부는 〈한·중 조세협정〉 제13조에 따라 청산회사의 재산이 주로 중국에 소재하는 부동산으로 직·간접적으로 구성되는 경우 양도로부터 발생하는 소득에 대해서는 중국에서 과세할 수 있으며, 이 경우를 제외하고는 양도인이 거주자인 한국에서만 과세한다.

만약, 양도차익에 대해서 중국에서 납세의무가 발생하는 경우 〈기업소득세법〉과 〈한·중조세협정〉에 따라 10%의 세율을 적용하게 된다.

| 청산<br>잔여재산가액 | 미분배이윤 + 이익준비금 | | 배당소득 | 5%(or 10%) |
|---|---|---|---|---|
| | 기타 | 처분이익 | 지분양도차익 | 0%(or 10%) |
| | | 투자원금 | 취득원가 | n/a |

또한 기업청산의 소득세의 처리에는 다음 내용이 포함된다(청산업무에 관한 기업소득세처리 문제의 통지 재세[2009]60호).

① 모든 자산은 현금변환가치 또는 거래가격에 따라 자산양도에 관한 이익이나 손실을 인식한다.
② 채권정리와 채무상환과 관련된 이익이나 손실을 인식한다.
③ 계속기업가정을 수정해서 미지급비용이나 선급비용을 처리한다.
④ 법에 의한 이월결손금을 공제한 후 청산소득을 확정한다.
⑥ 청산소득세를 계산하고 납부한다.
⑦ 출자자에 분배할 수 있는 잔여재산이나 미지급배당 등을 확정한다.

# [4] 부동산 처분 관련 세금과 기타비용

청산이 개시되면 청산을 위한 활동으로 기업의 자산을 처분하게 되는데 자산 중에는 토지사용권과 공장건물과 같은 부동산이 가장 중요하다. 외국인투자기업이 보유하고 있는 부동산을 매각하면 어떤 세금이나 수수료가 발생할까? 중국의 부동산 양도에 따른 세금부담은 우리나라와 같이 단순한 구조로 되어 있지 않은데, 우선 부동산의 거래당사자 별로 부담해야 하는 세금과 기타비용을 정리하면 다음과 같다.

| 세목 | 납세자 | 과세표준 | 세율 |
|---|---|---|---|
| 증치세 | 양도자 | 양도금액 | 11%, 5% |
| 부가3세 | 양도자 | 증치세액 | 10~12% |
| 토지증치세 | 양도자 | 양도차익<br>(매매가액 - 취득원가 - 기타) | 30~60% |
| 기업소득세 | 양도자 | 양도차익<br>(매매가액 - 취득원가 - 기타) | 25% |
| 인지세 | 양도자, 양수자 | 매매금액 | 5/10,000 |
| 계세 | 양수자 | 매매금액 | 3% |
| 수속비 | 양도자, 양수자 | 매매금액 | 1% |
| 등기이전비 | 양수자 | 면적 | 0.3元/㎡ |

## 1. 증치세

2016년 5월 1일부터 영업세가 증치세로 대체(증치세 개혁)됨에 따라 모든 영업세의 과세항목에 대해서 증치세가 징수된다. 이에 따라 토지사용권과 건축물을 양도하는 경우 적용되는 거래세는 거래가액에 세금이 포함된 영업세의 '가격내세'에서 세금이 별도로 구분되는 증치세의 '가격외세'로 변경되었다. 이 때문에 과세표준을 계산할 때 증치세가 포함된 거래금액에서 증치세가 제외된 거래금액으로 환산해야 한다.

그리고 증치세 개혁 이후 토지사용권과 건축물의 판매에 대한 증치세율은 11%이다. 과거 영업세일 때 영업세는 부동산 증치액에 5%를 곱했는데, 이때 증치액은 부동산 처분가액과 취득원가와의 차이를 말한다. 그러나 증치세는 양도 계약서상의 양도금액에 일률적으로 11%를 적용하여 세금계산서를 발행한다. 물론 이때의 구매자는 증치세를 매입세액으로 공제할 수 있으므로 부동산의 취득원가가 되지는 않는다. 그러나 토지사용권과 건축물의 양도 관련 증치세는 워낙 미치는 영향이 커서 영업세 폐지 이전에 취득한 것에 대해서 '간이과세 방법'을 선택할 수 있도록 하고 있다. 2016년 4월 30일 이전에 취득한 토지사용권을 양도하는 경우 간이과세 방법을 선택할 수 있는데, 이 방법은 수령한 양도가액과 가격 외 비용에서 해당 토지사용권을 취득한 때의 원가를 차감한 후의 잔액이 매출액이 되며, 여기에 5%의 징수율을 곱해서 증치세를 계산하는 방식이다(재세[2016]47호).

**증치세= (양도가액과 가격 외 비용 - 토지사용권 취득원가)**
**÷ (1 + 5%) × 5%**

　그리고 2016년 4월 30일 이후에 취득한 토지사용권은 교통운수, 우편, 기초전신, 건축, 부동산 임대, 부동산 판매와 동일하게 11%의 세율이 적용된다.

**증치세= 전부가격과 가격 외 비용 ÷ (1 + 11%) × 11%**

한편, 토지사용권뿐만 아니라 건축물에 대해서도 유사하게 적용되는데 〈영업세의 증치세 대체 전면추진에 관한 통지〉(재세[2016]36호)의 규정에 따라 일반납세인이 2016년 4월 30일 이전에 취득(자가건축 제외)한 부동산을 판매하는 경우 간이과세방법을 선택할 수 있다. 이 방법은 취득한 전부가격과 가격 외 비용에서 해당 부동산의 취득원가를 차감한 잔액이 매출액이 되고 여기에 5%의 징수율을 곱해서 증치세를 계산한다. 그러나 2016년 4월 30일 이전에 자가 건축한 부동산을 판매하는 경우 똑같이 간이과세 방법을 선택할 수 있으나 이때의 매출액은 전부가격과 가격 외 비용으로 하며 부동산을 건축할 때의 건설원가를 차감하지 않는다. 징수율은 동일하게 5%를 적용한다.

## 2. 성시보호건설세 등 부가3세

부동산 양도에 대하여 증치세를 납부하는 양도자는 증치세액에 부가되는 세금으로서 성시보호건설세(7%), 교육비부가(3%) 및 지방교육비부가(2%)를 추가로 부담하게 되는데 증치세액의 이들 부가3세를 합치면 약 12%가 된다. 부가3세는 모두 지방세이므로 지역의 정책에 따라 조금씩 다른데 성시보호건설세의 경우 7%가 아니라 5%인 곳도 있으며, 이때는 증치세액의 10%가 부가3세가 된다.

## 3. 토지증치세

토지증치세의 과세대상은 토지사용권과 건축물 및 부속설비 등의 양도이며, 여기서 주의할 점은 토지증치세라고해서 과세대상이 토지사용권에만 국한하지 않고 건축물도 포함하는 점이다. 과세표준은 토지 등의 증치액으로서 판매가액에서 공제항목(취득원가와 세금 등 기타비용)을 차감한 금액이다.

토지증치세는 토지증치액(增值额)에 세율을 곱하여 구한다. 납세자는 양도계약을 체결하고 7일 이내에 부동산 소재지 주관세무기관에 납세신고를 하여야 하며, 세무기관이 정한 납기 내에 납부해야 한다. 세율은 증치액의 크기에 따른 초과누진세율인데 세율 구조는 다음 표와 같다.

| 증치액 | 적용 세율 |
|---|---|
| 공제항목금액의 50% 이하분 | 30% |
| 공제항목금액의 50% 초과 100% 이하분 | 40% |
| 공제항목금액의 100% 초과 200% 이하분 | 50% |
| 공제항목금액의 200% 초과분 | 60% |

여기서 토지증치액이란 토지증치세 과세대상 수입금액에서 공제대상항목 금액을 공제한 금액을 말한다. 토지증치세를 이해하기 위해서는 관련 규정에서 정하고 있는 공제 가능한 항목에 대한 이해가 필수적이다. 왜냐하면 토지증치세의 세율 구조를 보면 토지증치액의 계산 과정에서 확정한 공제 가능 금액을 기준으로 마련되었기 때문이다.

토지증치세 관련 규정이 열거하고 있는 부동산 양도수입에서 공제 가능한 항목은 토지사용권을 취득하기 위해 지급한 금액, 토지 개발과 건물 및 부대시설의 신축에 소요된 원가, 토지 개발과 신축건물 및 부대시설에 대한 비용 등 부동산 개발비용과 부동산 양도에 따른 세금과 중국 재정부가 정하는 기타 공제항목을 들 수 있다. 이중에서 토지개발과 건물 및 부대시설의 신축에 소요된 원가에 대해 관련 규정이 정하고 있는 구체적인 내용은 다음과 같다.

① 토지의 수용 및 철거·퇴거보상비: 토지의 수용비, 경지점용세, 노동력 재배치비 및 지상·지하의 정착물의 철거·퇴거보상에 관한 순지출, 주택 이전의 준비비용의 지출 등

② 선급공사비: 기획, 설계, 사업 타당성 연구, 수맥, 지질조사, 측량, 제도, 三通一平(상하수도, 전기, 도로, 정지) 등의 지출

③ 건설공사비: 외부에 공사를 위탁하고 수급업체에 지급한 건설공사비, 자체 공사를 행하여 생긴 건설공사비

④ 기초시설비: 개발지역 내의 도로, 수도, 전기, 가스의 공급, 하수처리, 통신, 조명, 환경위생, 녹화 등 공사에 대한 지출

⑤ 공공관련시설비: 개발지역 내의 유상양도할 수 없는 공공 관련 시설에 대한 지출

⑥ 개발간접비용: 개발사업을 직접 조직·관리하기 위해 발생하는 비용을 가리키며, 인건비, 종업원복리비, 감가상각비, 수리비, 사무비, 수도전기료, 노동보호비, 가설 전용주택의 상각비

토지중치세에서 특이한 점은 평가과세에 대한 규정을 두고 있다는 점이다. 평가과세란 납세자가 매매가액을 은닉 또는 허위신고를 하였거나

공제항목 금액이 사실과 다른 경우 공인된 부동산 평가기구가 산정한 평가가액을 가지고 주관세무기관의 확인을 거쳐 토지증치액을 산정하는 제도이다.

한편, 토지증치세 과세표준의 인식과 관련하여 아직까지 불분명한 부분이 있어 향후의 개정 내용을 주시할 필요가 있다. 일정 조건을 충족하는 부동산 양도는 간이과세방식(차액징수방식)을 적용해서 증치세 납부세액을 계산할 수 있다. 차액징수방식은 부동산 양도가액에서 일정 항목을 공제해서 '증치세 과세대상 매출액'을 계산하는 방법으로서 예를 들면 부동산 개발기업이 아닌 일반납세자는 2016년 4월 30일 이전에 구입한 토지사용권을 판매할 때 간이과세방식을 적용할 경우 해당 토지사용권의 취득원가를 공제할 수 있다. 그런데 이 상황에 대해서 현행 관련 규정은 토지증치세의 과세표준에 포함하지 않는 증치세 매출세액을 제거하는 방법에 대해서 명확한 규정이 없어서 서로 다른 2개의 처리 방법이 생길 수 있는 문제점이 있다.

예를 들면 회사가 2016년 4월 30일 이전에 구입한 부동산을 매각함으로써 양도가액으로 315만을 취득하였고, 해당 부동산의 취득원가는 210만이라고 가정하자. 이 회사가 간이과세방식을 적용할 경우 토지증치세의 과세표준을 계산할 때 아래와 같이 2가지 방법이 생길 수 있다.

[제1안] 토지증치세 과세표준: 315만 ÷ (1 + 5%) = 300만
[제2안] 토지증치세 과세표준: 315만 − 5만 = 310만

위의 제2안에서 증치세 매출세액을 제거하는 방법은 일단 증치세 과세대상 매출액이 105만(315만 − 210만)이고, 이 결과로부터 증치세 납부세액이 105만 ÷ (1 + 5%) × 5%= 5만으로 계산된다.

## 4. 기업소득세

부동산을 양도하는 경우 당해 양도차익에 대해 소득세를 부담하게 되는데, 개인의 경우 재산양도소득에 대한 개인소득세를, 법인의 경우 기업소득세가 해당된다. 기업소득세는 부동산 양도차익을 과세표준으로 하고, 이 과세표준에 25%의 세율을 곱해서 계산하게 된다.

## 5. 인지세

다음으로 부동산 매매와 관련하여 당사자가 부담할 세금은 인지세이다. 부동산 매매계약은 권리증서 또는 재산소유권의 이전증서에 해당하여 거래 쌍방(양도자와 양수자 모두)은 거래가격의 10,000분의 5에 해당하는 금액을 신고 납부해야 한다. 특히 부동산 양도에 따른 인지세에 있어 주의할 점이 있는데

첫째는 부동산의 양수도계약을 매매계약이 아닌 재산권의 이전증서로 처리해야 한다는 것이고, 둘째는 중국의 인지세의 경우 자진납부제도를 채용하고 있으면서 비교적 무거운 벌칙규정을 가지고 있으므로 신고납부에 신경을 써야 한다는 것이다.

## 6. 계세(취득세)

취득세의 납세의무자는 양수자이며, 지방세이므로 지역마다 세율이 다르게 규정하고 있는데 북경시의 경우 취득금액의 3%이다.

## 7. 수속비

부동산 매매 소유권의 이전수속을 마친 후 매매 쌍방은 부동산관리부문에 수속비를 납부하며, 징수기준은 매매금액의 1%로서 매매 쌍방이 각각 50%씩 부담하게 된다.

## 8. 소유권이전 등기비

부동산의 소유권 등기 시 등기비와 권리증 제작비를 납부해야 한다. 등기비는 보통 매 평방미터 당 0.3위안이며, 권리증 제작비는 실비 형태로 매우 미미하다고 할 수 있다. 이처럼 중국에서의 부동산 양도와 관련한 세금 구조가 복잡하고 외국인투자기업이 갖는 한계를 인정한다면 중국 진출 기업이 실무에서 접하게 되는 사례에 대한 명확한 세무 처리를 위해서는 관련 세금의 신고납부 이전에 주관세무기관에 질의회신을 구하거나 전문가의 의견을 구하는 것이 바람직하겠다.

# [5] 청산개시 이후의 세무관리

기업이 청산할 경우 세무당국은 설립 초기부터 관련 세무증빙을 조사하게 되므로 기업은 관련장부와 거래의 적정성을 증명할 수 있는 자료를 먼저 준비해 두어야 한다. 특히 특수관계자와의 이전가격과 비정상적인 비용 발생에 대해서는 철저한 준비가 이루어져야 하겠다. 외국인투자기업이 청산할 경우 청산 진행 단계별로 발생하는 세금은 다음과 같다.

첫째, 사업연도개시일부터 청산개시일까지 발생한 소득의 기업소득세

둘째, 청산개시일부터 청산종료일까지 발생한 소득의 기업소득세

셋째, 청산기간 중 청산재산 매각에 따른 증치세, 영업세 및 소비세

넷째, 청산종료 시 청산소득에 대한 기업소득세

다섯째, 청산개시로 인하여 우대요건을 충족하지 못함에 따라 이미 받은 우대혜택을 반납해야 할 세금

현실적으로 첫째부터 넷째까지는 경영환경의 악화로 한계 상황에 도달한 기업이 정상적인 청산을 하는 데 장애가 되지 않는다. 왜냐하면 소득이 발생하지 않아서 청산을 하기 때문에 청산과정에서 발생하는 사업소득이나 청산소득은 아주 미미할 것이기 때문이다. 문제는 세무조사과정에서 발견되는 특수관계자와의 거래내용에 대한 타당성과 청산으로 인하여 과거에 누렸던 세금우대혜택이 그 적용 요건을 충족하지 못하여 이미 받은 우대혜택을 반납해야 하는 상황이다. 만약 청산을 준비하고

있다면 과거 특수관계자와의 거래가 적정하였다는 증거자료를 준비해야 한다. 또한 청산 시 반납해야 하는 우대혜택의 종류는 무엇이며, 적용 요건을 충족하였는지 여부, 그리고 요건을 충족하려면 어떻게 해야 하는지에 대하여 정확하게 분석한 후 청산 의사결정에 반영하여야 할 것이다.

## [6] 채권포기의 한국 모회사 손금불산입

한국의 모회사가 중국 현지법인에 대출하거나 선불로 지급한 금전을 포기한 경우 한국에서의 과세방법에 대한 국세청의 법인세 질의회신(서이46012-11611, 2003.9.8.)에 따르면, 법인이 경영 정상화를 위하여 채권단과의 약정에 따라 출자관계에 있는 해외 현지법인의 청산 또는 파산절차를 진행함에 있어서 사실상 사업을 폐지한 해외 현지법인에 대한 회수가능채권의 시가상당액을 초과하는 회수불능채권(법인세법 제34조 제3항 각호의 채권을 제외함)을 대손금으로 손금에 계상한 경우 당해 법인의 각 사업연도 소득금액 계산상 이를 손금에 산입할 수 있는 것이나, 〈법인세법〉 제52조의 규정에 의한 부당행위계산부인에 해당되는 경우 그렇지 아니하다.

이 질의회신에 따르면 사업을 폐지한 중국 자회사를 위해서 대신 부담하거나 포기한 만큼은 한국 모회사의 손금에 산입할 수 있다는 것이다. 한편, 부당행위계산부인에 해당하는지 여부에 대하여 살펴보면, 부당행위계산부인은 〈법인세법〉 제52조에서 내국 법인이 특수관계자와의 거래로 인하여 그 법인의 소득에 대한 조세의 부담을 부당히 감소시 킨 거래로 정의하고 있으며 시부인 기준은 통칙(2-16-1…20)에서 "특수 관계에 있는 자와의 거래에 있어서 법인의 부당한 행위 또는 계산은 정 상적인 사인 간의 거래, 건전한 사회 통념 내지 상관행을 기준으로 판정 한다."라고 정하고 있다. 따라서, 만일 중국 현지법인의 재산상태로 보 아 한국의 모회사 채권을 포기하지 않는다 하더라도 청산 종료 후 회수 할 잔여재산이 없을 뿐만 아니라 기타 부득이한 사정이 있다면, 〈법인세 법〉 제52조(부당행위계산부인)의 법인소득에 대하여 조세를 부당히 감 소시킨 것으로 볼 수 없어 부당행위계산부인에 해당되지 않을 여지가 많다.

## [7] 채무면제의 중국 법인 익금산입

만약, 채무면제를 받은 중국 현지법인의 과세는 어떻게 될까? 채무를 면제받은 경우 중국 현지법인은 채무면제이익으로 과세소득에 포함된 다. 그래서, 채무면제의 타이밍이 중요하다. 어떤 연도에 채무면제를 받 는가에 따라 중국에서의 과세 여부가 달라질 수 있다. 예를 들어, 금년 말의 누적 결손금이 4만인 경우에 모회사로부터 5만의 채무면제를 받았 다고 가정해 보자. 채무면제를 올해 받으면 이익이 5만으로 누적결손 4 만보다 1만이 많아서 세금이 발생하게 된다. 그러나 현지법인이 청산절 차에 돌입하게 되면, 회계상의 각종 자산 항목들이 현금화되지 않으면 비용으로 처리될 것이기 때문에 점점 손실이 증가할 것이다. 그 결과 누 적 결손금이 5만을 초과하는 것이 명확하다면 금년이 아니라 내년에 채무면제를 받게 되면 손실이 이익을 초과하여 과세소득이 마이너스, 즉 세금이 제로가 된다. 그래서 채무면제를 올해 실시하는가 내년에 실시하는가에 따라 과세 상황이 바뀌므로 그 시기를 적절히 조정하는 것이 좋다.

## [8] 설비매각에 대한 증치세 부과

청산회사의 설비를 팔 때는 증치세의 문제가 발생한다. 청산 시의 자산처분에 따른 증치세지만 〈증치세잠행조례 실시세칙〉에는 과세가격을 사정할 권한이 세무국에 있다고 규정하고 있다. 예를 들어, 100으로 구입한 설비가 200에 팔리면 문제가 없지만 50에 팔리는 경우 판매한 행위 자체는 유효하지만 세무국이 과세할 때는 반드시 50의 가격으로 세액을 계산하는 것은 아니다. 예를 들어 50으로 판매한 것이 엄연한 사실인데도 세무국의 사정이 120이었다면 120으로 매각한 것으로서 과세하는 것이다.

따라서 이 건에 대해서는 증치세를 관할하는 국가세무국에 거역할 수 없는 룰이 되어 있다. 하지만 국세국도 모든 설비를 사정할 만큼 한가하지는 않다. 구입 시의 가격 100 이하로 매각한 이유를 명확하게 설명하면 인정받을 수 있다. 예를 들어 이 기계는 에너지 절약의 차원에서 유행이 지나 시대에 뒤처진다거나 우리 회사만을 위해서 특수하게 제작된 것으로서 범용성이 없어 매각가치도 그만큼 낮다고 설명한다.

## [9] 재고에 의한 채무변제

이어서 현물에 의한 채무변제이다. 예를 들어 원재료를 100으로 구입하였지만 생산활동을 하지 않으면 그 원재료 재고를 구입처나 제3자가 되가져가게 하는 것이다. 구입처로 반환하는 경우 회계상으로는 매입의 반환으로 처리하면 수익으로는 보지 않는다. 그러나 중국의 세무상으로는 간주매출로 보아 증치세의 과세대상이 된다. 즉, 다시 매도가 되었다고 간주한다는 것이다. 그 매출에 대한 과세가격도 당연히 세무당국이 결정하므로 100으로 산 재료를 더 이상 사용하지 않기 때문에 판매자에게 되돌려 주어도 세무국은 다시 판매가 되었다고 간주해서 판매가격을 결정하고 그렇게 결정된 가격에 따라 증치세가 과세된다.

## [10] 자산포기에 따른 세금문제

청산의 세무문제에서 마지막으로 설명할 부분은 자산포기에 따른 세무문제이다. 청산회사의 자산을 매각하게 되면 여러 가지 세금문제가 복잡하게 발생하기 때문에 아예 버리면 되지 않는가 하는 발상을 가진 사람도 있다. 손해를 보고 파는 것이 아니라 "버렸다. 없어졌다." 또는 "불타 버렸다." 또는 "밖에 방치했는데 누군가 마음대로 가져가 버렸다." 라고 하는 식으로 처리하는 것이다.

이러한 경우 '비정상손실'이라고 해서 증치세법상 매입세액공제를 할 수 없고, 이미 매입세액공제을 받은 자산이라면 비정상손실이 발생한

월에 매입세액 불공제에 포함시켜서 증치세를 납부해야 한다는 점을 주의해야 한다.

예를 들어 재고자산을 폐기할 경우 증치세의 납세의무가 발생하는데, 폐기나 파손 등 비정상손실과 관련한 재고자산의 매입세액을 공제할 수 없다고 규정하고 있기 때문이다. 따라서 구입 당시 이미 매입세액을 공제받았던 재고자산을 폐기하는 경우 과거 공제받은 매입세액을 반환해서 납부해야 한다.

제5장

# 간이등기말소제도에 의한 청산 간소화

앞 장의 해산청산절차에서 살펴본 바와 같이 중국 회사법 등 현행의 법규에 의하면 기업의 등기말소절차는 매우 복잡하고 많은 시간이 필요하기 때문에 사업 철수와 관련된 비용이 높을 수밖에 없다. 이러한 기업의 철수와 관련한 장애물을 제거해서 철수 효율을 높이고 사업 철수와 관련된 비용을 낮추기 위해서 국가공상행정관리총국은 2015년 4월부터 상해 푸동신구 등 일부 지역에서 간이등기말소의 시범업무를 전개하였고 해당 시범업무 경험을 바탕으로 〈기업의 간이등기말소 개혁의 전면적 추진에 관한 지도의견〉을 공포하여 2017년 3월 1일부터 중국 전역에서 기업의 간이등기말소가 실시되었다.

그 후, 중국 국무원(중앙정부)은 〈시장주체 등기관리조례〉를 제정하면서 상술한 간이등기말소와 관련하여 행정법규 차원에서 규정하였으며 2022년 3월 1일부터 시행하였다.

간이등기말소는 기존의 기업 청산과정에서 가장 문제가 되었던 세무국의 세금완납증명을 제출할 필요가 없어 기업의 부담을 획기적으로 감소시키는 조치라고 할 수 있다. 따라서 중국 사업의 철수를 계획하고 있는 기업은 회사가 처한 상황에 따라 철수비용을 낮추고 철수의 효율을 높일 수 있는 간이등기말소를 적용할 수 있는지 확인해 볼 필요가 있다.

## [1] 간이등기말소와 일반등기말소의 차이

간이등기말소가 일반적인 등기말소와 어떤 차이점이 있는지를 비교함으로써 얼마나 간소화되었는지를 확인할 수 있을 것이다. 일반적인 등기말소와 비교해서 간이등기말소는 행정절차의 순서와 제출서류를 대폭 줄임으로써 등기말소와 관련된 소요 시간과 비용이 감소되었다고 할 수 있다.

### 1. 등기말소 행정절차의 차이점

일반등기말소는 세무국, 상무국, 세관, 외환관리국 등 각 정부기관의 말소업무를 완료한 후에 비로소 등기기관(관할 시장감독관리국)에 등기말소를 신청해서 진행할 수 있다. 그러나 간이등기말소의 경우 기업신용정보공시시스템을 통하여 간이등기말소를 신청하려는 기업이 관련 정보를 동급의 상무, 세무, 인력자원사회보장 등의 정부기관에 전송하면 되고 무엇보다도 세금완납증명서를 제출하지 않아도 된다.

이와 함께 세무기관, 상무기관 등의 정부기관에서의 등기말소도 간소화되었는바, 세무기관은 기업신용정보공시시스템을 통하여 간이등기말소의 신청 정보를 전송받은 후 세무시스템에서 해당 기업의 세무상황을 확인하여 세무문제가 없는 경우에는 이의를 제기하지 아니한다. 상무기관은 해당 기업이 외국인투자진입 특별관리조치와 관련이 있는지 여부를 확인하여 관련이 없는 경우에는 이의를 제기하지 아니한다.

## 2. 제출서류의 차이점

일반등기말소는 등기기관(관할 시장감독관리국)에 회사의결기관의 결의서, 청산보고서 또는 채권·채무 정리완료 증명서, 세금완납증명서 등의 많은 서류를 제출해야 한다. 그러나 간이등기말소를 진행하면 등기기관에 전체 투자자의 승낙서와 신청서만 제출하는 것으로 간소화되었다.

## 3. 행정업무의 소요 시간 차이점

일반등기말소는 순조롭게 진행되는 경우라고 하더라도 짧게는 6개월, 길게는 1년 이상의 시간이 소요된다. 그러나 간이등기말소는 순조롭게 진행된다면 가장 짧게는 20여 일밖에 걸리지 않게 된다. 2023년 3월 국가시장감독관리총국의 정례 브리핑에 따르면, 〈시장주체 등기관리조례〉가 실시되기 시작한 2022년 한 해에 전국 246.9만 개의 기업이 간이등기말소를 통하여 시장에서 철수하였으며 이는 전체 등기말소 총량의 69.5%를 차지하는바, 간이등기말소 제도가 활성화되고 있음을 알 수 있다.

## [2] 간이등기말소의 기본 절차와 제출서류

좀 더 구체적으로 살펴보면 간이등기말소를 적용할 것을 선택한 경우 다음과 같은 간소화된 절차에 따라 기업말소를 진행할 수 있다.

### Step 1

기업이 스스로 기업신용정보공시시스템의 '간이말소' 전용코너를 통하여 간이등기말소 신청 사실과 전체 투자자의 승낙서 등의 정보를 일반에 공시하면 되는데 그 공시기간은 20일이다.

참고로 기업등기말소를 위해서 일반등기말소를 진행할 경우 등기기관(시장감독관리국)에 제출해야 하는 서류는 다음과 같다.

① 신청서
② 회사 최고의결기관의 결의서
③ 청산보고서 또는 채권·채무 정리완료 증명서
④ 세무국이 발행한 세금완납증명서
⑤ 세관이 발행한 처리 완료 또는 미이행 절차 없음 확인증명서
⑥ 신문을 통하여 해산공고를 한 경우 그 견본

결과적으로 간이등기말소로 진행하는 경우 청산보고서 또는 채권·채무 정리완료 증명서, 최고의결기관의 결의서, 세금완납증명서, 세관의 확인증명서 등의 자료를 제출할 필요가 없어졌다.

## Step 2

등기기관은 기업이 공시를 실시함과 동시에 기업신용정보공시시스템을 통하여 기업이 간이등기말소를 신청한 관련 정보를 동급의 상무(외국인투자기업의 경우), 세무, 인력자원사회보장 등의 정부기관에 전송한다.

## Step 3

공시기간 중에 채권자 및 기타 이해관계자와 관련 정부기관은 기업신용정보공시시스템의 '간이등기말소 공고' 전용 코너의 이의제기 기능과 정부내부시스템을 통해서 이의를 제기할 수 있다.

## Step 4

공고기간이 만료될 때까지 이의제기가 없으면 기업은 공고기간 만료일부터 20일 이내에 바로 등기기관에 등기말소를 신청할 수 있는바, 영업집조 정·부본과 전체 투자자의 승낙서 원본을 제출하면 된다.

## [3] 간이등기말소를 적용할 수 있는 회사

간이등기말소는 모든 기업이 다 적용할 수 있는 것이 아니라는 점을 주의해야 한다. 간이등기말소를 신청할 수 있는 기업은 〈시장주체 등기 관리조례〉 제33조 제1항에서 열거하고 있는 아래의 요건에 모두 부합하는 기업에만 한정된다. 그리고 요건에 부합하는 기업은 일반등기말소를 적용할지 아니면 간이등기말소를 적용할지를 기업이 자율적으로 선택할 수 있다.

① 간이등기말소를 신청하기 전에 채권·채무가 발생하지 않았거나 채권·채무의 정산이 완료된 기업(상장회사 제외)
② 청산비용, 종업원임금, 사회보험료, 법정보상금, 세금(체납금, 벌칙금 포함)이 발생하지 않았거나 이미 청산된 상황
③ 전체 투자자가 위 상황의 진실성에 대하여 법적 책임을 지기로 승낙한 경우

그러나 간이등기말소는 시장에서 철수하는 효율을 높이기 위하여 철수 관련 비용을 감소시키는 데 기여할 수 있지만, 간이등기말소를 적용할 수 있는 경우에 해당한다고 하더라도 채권자의 이익을 해칠 수 있거나 불법 상황이 존재하거나 또는 국가의 이익을 보호하기 위해서 일반적 말소절차를 실시할 필요가 있는 경우가 있다. 〈시장주체 등기관리조례 실시세칙〉 제48조에서 간이등기말소를 적용할 수 없는 경우에 대하여 구체적으로 아래와 같이 규정하고 있다.

① 경영이상리스트 또는 시장감독관리상 중대한 위법·신용실추 리스트에 등재된 경우

② 지분권(재산지분)이 동결되거나 질권 설정 또는 동산 담보로 제공
　되거나, 또는 다른 시장주체에 대한 투자가 있는 경우
③ 입건되어 조사를 받는 중이거나 또는 행정강제 조치를 받거나, 소
　송 중이거나 또는 중재절차 진행 중인 경우
④ 영업집조가 직권말소되거나, 폐쇄명령 또는 취소명령을 받은 경우
⑤ 과태료 등 행정처분의 집행이 아직 완료되지 않은 경우
⑥ 법률에 따라 등기말소가 반드시 비준을 득해야 하는 경우 등 기타
　의 경우

## [4] 간이등기말소 신청 시 주의점

간이등기말소를 신청할 때 제출해야 하는 서류 중 '전체 투자자 승
낙서'는 정부기관이 감독관리를 실시하는 데 있어서 중요한 근거가 된
다. 이 승낙서에서 투자자는 "당해 기업은 등기말소를 신청하기 전에 채
권·채무가 발생하지 않거나 이미 발생한 채권·채무는 정산을 완료하
였으며, 정산하지 않은 청산비용, 종업원임금, 사회보험료, 법정보상금,
미납세금 및 기타 해결되지 않은 사무는 없고 청산업무는 모두 완료하
였다."라고 서약을 한다. 그리고 간이등기말소를 진행하는 과정에서 사
실을 숨기고 있거나 거짓 보고를 한 경우 등기기관은 등기말소를 취소
하여 기업의 주체 자격을 회복하는 등의 처분을 내릴 수 있다. 또한 이해
관계자는 민사소송을 통한 권리를 주장할 수 있는바, 악의로 간이등기
말소를 이용하여 채무를 회피하거나 타인의 적법한 권리를 침해한 경우
이해관계자는 민사소송으로 투자자에게 민사책임을 추궁할 수 있다. 또

한 투자자가 법률이나 행정법규를 위반하여 범죄를 저지른 경우 형사책임을 추궁받을 수 있는 위험도 있다.

간이등기말소는 그 절차가 간소화되었지만 회사법의 규정에 따른 주주의 청산의무에는 변경된 것이 없다. 그래서 간이등기말소를 신청하기 전에 기업에 아직 처리되지 않은 채권·채무가 없는지 꼼꼼히 살펴야 한다. 여기에는 종업원에게 지급해야 할 경제보상금 등의 노동채무, 세무기관에 납부해야 할 세금, 사회보험기구에 납부해야 하는 사회보험료, 거래처에 지급해야 하는 화물대금과 위약금 등이 포함된다. 따라서 간이등기말소 절차를 신청하기 전에 기업은 전면적인 법률실사와 재무실사를 진행하여 채권·채무가 없는 상황임을 확인한 후에 간이등기말소 절차를 신청하는 것이 바람직하다. 이렇게 하면 투자자는 위의 투자자로서의 여러 가지 법적 리스크를 예방할 수 있을 뿐만 아니라 가능한 한 간이등기말소의 공시기간 중에 채권자 및 기타 이해관계자나 정부기관으로부터 이의가 제기되지 않도록 하여 순조롭게 간이등기말소를 완료할 수 있을 것이다.

## 제6장

# 청산 사례 분석

아래의 중국 법인 청산 사례들은 모두 필자가 직접 청산업무를 수행했던 프로젝트를 간단하게 요약한 것이다. 많은 실무 사례들이 있지만 이 중에서 회사의 규모와는 상관없이 중국 법인의 청산에 있어서 모범이 될 만한 대표적인 사례를 몇 가지 소개한다.

## [1] 세금우대혜택 반환문제 해결

이 사례는 중국으로부터 사업 철수를 계획할 때 사전 준비와 리스크 분석이 얼마나 중요한지를 보여 주는 대표적인 사례라고 할 수 있다

### 1. 중국 진출 현황과 사업 철수 배경

이 중국 회사의 한국 모회사 경영진으로부터 방문 요청을 받은 것은 2010년 12월이있다. 회사는 2003년 3월에 자본금 8,000만 위안(약 150

억 원)의 비교적 대규모 투자로 휴대폰 부품제조를 주된 영업으로 설립되었다. 최초의 자본금은 대부분 설비투자에 이용되었으며, 부동산은 구입하지 않고 임차하여 사용하였다.

설립 초기부터 중국의 휴대폰 완성품 업체로부터 많은 수주물량을 확보하여 매우 우수한 경영성과를 수년간 달성하였다. 그러나 2008년부터 휴대폰이 터치스크린 형태의 스마트폰 시장으로 재편되면서 시장의 변화에 즉시 대응하지 못하여 경영악화가 지속되었으며, 종국적으로 한국 모회사는 중국 현지법인의 철수를 결정하게 되었다.

## 2. 청산과정에서 발생한 주된 문제점과 해결 방법

일단 회사의 덩치가 너무 큰 상황이어서 본격적인 사업 철수 업무를 진행하기 앞서 사전 조사에 착수하였으며, 조사 단계에서 결정한 사항과 추가로 밝혀진 사항은 다음과 같다.

첫째, 중국으로부터의 사업 철수 방법으로서 지분양도가 가능한지에 대해서 경영진과 깊이 있는 회의를 한 결과 지분매수자를 찾을 수 없어서 지분양도는 불가능하다는 결론을 내렸다. 왜냐하면 회사의 핵심자산은 생산설비와 휴대폰 완성품 회사에 납품할 수 있는 자격인데 이미 시장의 환경이 다른 기술로 이전됨으로써 기존에 보유하고 있는 설비는 모두 무용지물이며, 더 이상 이 설비를 이용하여 중국 내에서 생산할 휴대폰 부품이 없어서 매수자를 찾을 수 없기 때문이다. 따라서 청산의 방식으로 사업 철수를 결정하였다.

둘째, 철수의 방법으로 청산이 결정된 후 처음 부딪힌 문제는 "약 6,000만 위안에 달하는 설비를 어떻게 처리할 것인가."였다. 사실 이 설비들은 다른 용도로 전용이 불가능한 상황이고 일부 부품들을 해체하여 중고시장에 내다 팔 수도 있으나 그렇게 하기에는 많은 시간이 필요하고 또한 그것을 중국현지에서 수행할 인력이 필요했다. 이러한 실무적인 어려움 때문에 설비를 개별적으로 판매하는 것이 아니라 모든 설비를 일시에 구매해줄 업체를 찾아서 일괄매도 형식으로 정리하기로 결정하였다. 중고설비의 매매가격 협상이 문제지 이러한 업체를 찾는 것은 그리 어려운 일은 아니었다. 문제는 매매가격이 취득원가의 거의 10% 되는 수준으로 결정된 것에 대해서 세무당국이 인정하려 들지 않았다. 당시 중고설비는 증치세가 2% 징수되는 상황이었기 때문에 세무당국은 증치세를 낮추기 위해서 의도적으로 매매쌍방이 매매금액을 낮추었다고 의심을 하고 있는 상황이었다. 중고설비의 매매가격이 합당하다는 것을 증명하기 위해 제3의 감정평가기관 2곳을 선임해서 평가보고서를 만들어 제출한 후에야 비로소 인정받을 수 있었다.

셋째는 가장 심각한 문제가 발견되었다. 2004년부터 이익이 발생하여 그 후 5년 동안 기업소득세의 우대혜택인 소위 2면3감의 혜택 약 300만 위안을 받은 사실이 있었다. 이 2면3감은 기업소득세를 2년 동안 100% 면제하고 그 후 3년 동안 50%를 감면해 주는 중국 정부의 외자유치 정책의 핵심이나. 그러나 10년 경영을 지속해야 한나는 요건을 중복하시 못하면 이미 받은 우대혜택을 반환해야 하는 것이 원칙이다. 10년 경영기간을 채우기 위해서는 회사가 시생산을 시작한 2003년 6월부터 10년이 되는 날까지이므로 2013년 6월이 되어야 비로소 2면3감 우대혜택을 받기 위한 10년 경영기간 요건을 충족하게 된다. 따라서 지금 당장 청산을 진행하여 300만 위안을 반환할 것인지 아니면 2년 더 회사를 형식적으로 끌고 가서 10년 경영기간을 만족시킬지에 대한 대단히 어려운 의사결정의 순간에 부딪히게 되었다. 이 의사결정을 위해서 그렇다면 2년간 회사를 형식적으로 유지할 경우 300만 위안보다 비용이 더 발생할 것인가를 분석해 보았다. 형식적으로 유지한다는 것은 생산형기업, 즉 제조업의 형태를 갖추어야 한다는 것이므로 임대공장을 그대로 유지하고 일부 생산직 직원을 고용하고 있어야 하므로 그에 따른 비용이 유지비용의 핵심이었다. 분석 결과 2년간 형식적 유지가 유리하다는 결론에 도달하여 일단 2년간 청산업무를 유예하기로 결정하고 그동안 중고설비 매입처, 재고처리, 채권채무의 정리 등 청산과정에서 필요한 실물들의 정리절차를 조금씩 수행하였다. 그 후 드디어 2013년 7월에 청산개시 신청을 하고 청산실무를 진행하여 2014년 8월경 잔여재산을 한국 모회사로 회수하고 영업집조의 말소등기를 할 수 있었다.

## 3. 시사점

처음 경영진과 면담한 날로부터 거의 4년이 경과한 후에야 비로소 업무가 종료될 수 있었다. 비록 시간적으로는 많은 에너지가 소모되었지만 그에 대한 대가는 매우 달콤하였다. 2년간 청산을 유예함으로 인하여

300만 위안을 절감할 수 있었고, 그 기간 동안 청산실무업무를 철저하게 준비할 수 있었기 때문에 실제 청산과정도 매우 순조롭게 진행될 수 있었다.

사업 철수는 매우 치밀한 전략 수립이 필요하다는 것을 다시 한번 이 사례를 통해서 깨닫게 된다. 중요 포인트는 철수의 방법으로서 지분양도를 먼저 고려했다는 점, 만약 적당한 매수자를 찾았더라면 훨씬 빠른 시일 내에 사업 철수를 완료할 수 있었을 것이다. 그리고 2면3감 우대혜택의 요건 불충족 문제를 사전에 파악하지 못하고 청산을 진행했더라면 고스란히 그 우대혜택을 반환했어야 했을 것이다.

## [2] 합법적 청산을 과감히 결정

이 회사는 제조업이 아니라 유통업이고, 경영기간이 짧아서 청산할 경우 예상되는 우발부채가 거의 없는 상황이었다. 따라서 청산과정을 거치지 않고 그냥 영업을 중단하고 방치해도 큰 문제가 없을 것이라 생각하기 쉽다. 그러나 편법이 아니라 시간이 걸리더라도 합법적으로 청산해야 뒤탈이 없다는 것을 보여 주는 사례라고 할 수 있다.

### 1. 중국 진출 현황과 사업 철수 배경

회사의 투자자는 한국의 유명 여성복 브랜드 제조회사다. 회사의 김사장은 한국에서 어느 정도 형성된 자사의 브랜드 인지도를 기반으로 중국에 진출해도 성공할 것이라고 판단하여 강소성 항주시에서 10년간 거주 경험이 있는 한국인 파트너와 함께 중국 백화점 진출을 위해서 중국 현지 유통법인을 설립하였다.

한국인 파트너는 오랜 중국 생활 경험으로 백화점 매장을 개설하거나 매장 직원을 다루는 측면에서는 뛰어난 수완을 발휘하였다. 그러나 회사에 수출입경영권이 부여되지 않아 무역대행회사를 통해서 수입하는 문제가 있었고, 일부 한국 디자인을 모방하여 중국에서 자체 생산한 의류도 유통하는 등 관리적인 측면에서 불신이 계속됨에 따라 불과 2년 만에 철수하는 결정을 내리게 되었다.

청산을 계획하기 시작한 연도 말의 회사 재무상태는 자산이 310만 위안(이 중 은행예금이 200만), 부채가 2만 위안, 자본이 308만 위안이었다. 등록자본금 414만 위안 중 106만 위안이 이미 자본 잠식된 상태였으며, 특히, 등록자본금이 80만 달러였으나 납입자본금은 60만 달러로 아직 20만 달러를 납입하지 않은 상태였다.

## 2. 청산과정에서 발생한 주된 문제점과 해결 방법

가장 먼저 부딪힌 문제는 등록자본금을 모두 납부하지 않았는데 상무국과 공상국에서 청산신청을 받아 줄까였다. 회사를 청산하는 주된 목적은 현금 200만 위안을 한국 모회사로 회수하는 것이었다. 그러나 설립 비준 당시 신청한 등록자본금은 80만 달러였으나 아직 20만 달러를 납입하지 않아 공상국으로부터 독촉통지를 받은 상태에서 청산비준이 날 것인가에 대한 불안함이 있었다. 회사의 수요예측 실패와 금융위기로 인한 한국 모회사의 자금사정으로 추가납입이 불가능하고 조기 청산해야만 하는 불가피성을 정중하게 설명하여 상무국으로부터 자본금 미납 상태에서 청산허가를 받아 낼 수 있었다.

그다음으로 문제가 되는 것은 불용 재고자산의 처리에 따른 증치세가 발생하는 문제였다. 청산실무를 진행하는 과정에서 재고자산 110만 위안의 처리가 뜨거운 이슈로 떠올랐다. 110만 위안은 한국에서 수입할 당시의 취득원가로 기재되어 있지만 유행이 지난 여성복은 원가의 절반 수준으로도 받을 가능성이 낮으며, 더욱이 청산을 결정하고 백화점 매장을 철수하는 과정에서 회수한 것이기 때문에 상태 또한 정상적이지 않았다. 재고자산을 폐기 처분할 경우 증치세법상 '비정상손실'에 해당하므로 구입 당시 공제받았던 증치세를 반환해야 하는 문제점이 있었다. 이 문제를 해결하기 위해 두 가지 처리 방법을 생각해냈다. 하나는 평상복으로 입을 수 있는 옷을 사천성 대지진의 피해 구호물품으로 홍십자회에 기증하였다. 이로서 중국 정부로부터 감사패도 받고 회사의 악성재고도 처리하는 두 마리 토끼를 동시에 잡았다. 또 하나는 남아 있던 나머지 옷은 세금계산서를 발행하여 헌 옷을 수거하는 사업자에게 헐값에 판매하는 형태로 처리하였다.

그리고 옷을 보관하는 공장을 임대해서 사용하다 보니 임대창고의 원상복구 문제와 아직 3년이나 남은 의류보관창고의 임대계약 승도해지

문제였다. 건물주는 임대계약에 따라 창고의 원상복구만을 원했고 임대계약 중도해지에 대한 페널티는 부과하지 않았다. 그러나 여성복을 보관하는 창고로 사용하기 위해 창고시설물을 많이 개조하였기 때문에 원상복구에 상당한 비용이 들어 보증금보다 많은 금액이 지불될 것으로 예상되었다. 그러나 마침 근처에 의류유통을 하고 있는 다른 한국업체가 있어 보증금을 줄 테니 창고의 임대차계약을 그대로 승계해 줄 것을 요청하여 받아들여졌다.

마지막으로 청산을 진행하기 위해서는 대체로 1년 정도의 기간이 소요된다. 그 기간 동안 회사의 상황에 대해서 파악하고 있는 핵심직원(보통 회계직원)의 도움이 필요하다. 청산대행회사는 단순한 대행일 뿐 회사의 내용에 대해서는 회사직원의 도움을 받아야만 한다. 회사의 회계직원에게 다른 한국 회사에 일자리를 소개시켜 주어 1년간 회사의 청산업무도 겸직하는 형태로 계약을 체결했다. 회계직원의 인건비는 회사가 일부 분담함으로써 큰 비용의 부담 없이도 핵심직원을 확보할 수 있었다.

## 3. 시사점

이 회사의 김 사장은 오너경영자이므로 회사의 재산은 곧 본인의 재산이다. 이런 경우 중국 현지법인에 현금이 200만 위안이 있고, 중국 사업을 철수한다고 생각한다면 일반적으로 먼저 불법적인 방법으로 현금을 빼 왔을 것이다. 그러나 만약 그랬다면 김 사장은 현금은 가져올 수 있었겠지만 중국 자회사는 정상적으로 청산할 수 없었을 것이다. 또한 그로

인하여 한국 모회사는 〈외환관리법〉과 세법상의 문제를 영원히 해결할
수 없게 되었을 것이다.

중국 기업 청산에 대한 막연한 불안함이 있는 것은 사실이다. 그것은
청산을 진행하다 보면 예기치 못한 우발부채들이 발생할 가능성 때문일
것이다. 그러나 위 사례에서 보는 것처럼 합법적으로 해결할 수 있는 방
법 또한 있다는 것을 기억해 둘 필요가 있다.

# [3] 세관 리스크를 슬기롭게 대처

중국 진출 초기의 대표적인 임가공 기업의 청산에 대한 사례이다. 임
가공 공장은 주로 수책이라는 세관의 통제시스템을 적용 받기 때문에
이 부분이 청산과정에서 항상 문제가 된다. 이 사례는 이러한 세관의 문
제를 슬기롭게 대처해서 청산에 성공한 사례이다.

## 1. 중국 진출 현황과 사업 철수 배경

회사는 한국에서 기술력을 자랑하는 전자부품(콘덴서) 제조업체였으
나 90년대 이후 국내 대형 전자회사들이 모두 해외로 빠져나가 국내시
장이 급격히 위축되면서 매출이 급감하였다. 이후 중국에 진출한 한국
계 가전회사로의 공급뿐 아니라 중국 내수시장을 공략하기 위하여 중국
진출을 결심하게 되었고, 2001년 산동성에 중국인 개인소유 공장을 임
차하여 제조법인을 설립하여 가공무역과 내수판매를 병행하였다. 그러

나, 진출 초기부터 중국 정부의 가공무역 억제 정책이 강화되고, 생산직 임금 상승, 임대료 인상 등 중국 현지에서의 공장가동 환경이 당초 생각한 것과는 전혀 달랐고, 적자 폭은 점점 확대되었다. 결국 회사는 2010년 말 사업 철수를 결정하고 청산을 시작하게 되었다. 철수를 결정한 시점의 회사 재무상태는 자산 450만 위안, 부채 20만 위안, 자본 430만 위안이었다. 등록자본금 830만 위안이기 때문에 이미 400만 위안이 잠식된 상태였다.

## 2. 청산과정에서 발생한 주된 문제점과 해결 방법

청산을 진행하면서 첫 번째로 부딪히게 된 문제가 철수 전략을 수립할 만한 내부 인력은 물론 청산업무를 장기간 담당해야 할 전문 인력이 없는 상황이었다. 사업 철수 기본 전략에 대하여 외부 전문기구의 자문을 받아 해산청산의 방법으로 진행하기로 결정하였다.

두 번째는 공장임대차 계약 중 잔여기간이 아직도 4년이나 남아 있는 상황으로 임대차계약서에는 위약금 및 손해배상책임 조항이 있었다. 이에 계약서 조항에 따라 중도해지를 EMS로 통보하였고 경영난으로 인한 공장폐쇄이므로 위약금을 요구하는 경우 절충한다는 것을 전제로 하였다. 그리고 생산직 직원 전원 해고에 따른 노동분쟁 발생 가능성이 있고, 경제보상금 지불에 대한 부담이 있었다. 공장 폐쇄일 직전에 정리해고를 실시하고 노동계약에 따라 경제보상금을 지불함으로써 노동분쟁을 방지하였고, 개별통보 전에 관할 노동국에 신고절차를 진행하였다.

세 번째는 면세설비 중 일부가 세관의 사후 관리감독기간이 종료되지 않았으며, 해당 생산설비 중 일부는 한국 모회사에서도 활용 가능한 것이었다. 청산개시 전에 면세설비 중 일부는 한국 모회사로 반환하고 나머지는 세관에 세금을 납부하고 고철로 매각하였다.

마지막으로 회계 장부상으로는 자산이 430만 위안으로 표시되어 있으나 실제로는 자산가치가 없는 중고설비와 재고자산이 대부분이었다. 공장 폐쇄일까지 생산 가능한 부분을 제외한 원부자재는 모두 한국으로 반송(Ship Back) 처리하여 수책의 핵소문제를 해결하였다.

## 3. 시사점

투자 진출과 마찬가지로 청산에도 전략이 필요하며, 그 핵심은 사전에 청산과정에서 발생할 수 있는 잠재적 리스크를 파악하는 것이다. 면세설비의 처리나 가공무역용 면세원재료는 세관과 관련된 문제로서 이러한 문제가 해결되지 않으면 정상적으로 청산을 종료할 수 없으므로 청산개시 전에 이러한 잠재적 리스크에 대한 파악과 해결방안을 수립하는 것이 필요함을 보여 주는 사례이다.

## [4] 청산비용 부족으로 추가자금 조달

중국에서 사업을 하다가 여의치 않으면 그냥 공장을 내버려 두고 귀국해 버리는 사업가도 많은데, 정상적으로 청산하려니 돈이 많이 들기 때문에 야반도주를 택하는 것이다. 그러나 현지법인을 방치해 두면 또 다른 문제점들이 야기되기 때문에 주의가 필요하다. 이 사례는 청산을 진행하기 위한 자금이 현지법인에 없는 경우 한국 모회사가 추가비용을 들여서라도 정상적인 청산절차를 밟아야 하는 이유를 생각하게 하는 사례이다.

## 1. 중국 진출 현황과 사업 철수 배경

이 회사는 전자부품을 생산해서 한국 모회사에 수출하는 사업 구조이다. 진료가공 방식의 가공무역을 했으며, 평균 종업원수가 100명 정도 되었고, 7년간 경영하다가 주요 거래처의 도산과 채산성 악화로 공장 철수를 결정하였다. 그러나 종업원의 재배치문제와 임대공장의 잔여기간 임대료 보상요구가 예상되었다. 종업원에게 조업중단의 불가피한 상황을 설명하자 종업원들이 자진 퇴사를 하였으며, 퇴사하는 직원에게는 경제보상금을 지급하였다. 임대인에게는 1년치의 임대료를 지불하는 것으로 합의하고 청산절차를 개시하였다.

## 2. 청산과정에서 발생한 주된 문제점과 해결 방법

회사는 임가공 회사이므로 청산에서 가장 주의할 부분이 바로 수출용 원부자재의 수책핵소문제이다. 이 문제를 해결하기 위해서 진료가공으로 수입한 수출용 원부자재의 미사용분은 본사로 반송하거나 이관하여 세관의 규정 위배가 없도록 하였다.

그리고 종업원들에게는 회사의 사정을 납득할 만하게 설명하여 계속 잔류하여도 무방하나 조업을 개시하기는 어려우므로 잔류하는 경우 기본급만 지급할 수밖에 없음을 이해시키고 사직하는 경우는 1개월치 경제보상금을 지급하였다. 약 6개월에 걸쳐 종업원들이 새로운 직장을 스스로 찾아 이직하였으며, 그 기간 중에는 조업 중단한 상태에서도 출근 직원에게 기본급을 지급하였다. 경제보상금 등 회사를 떠나는 직원에게 지급할 각종 비용들을 회사가 자체적으로 마련할 방법이 없어서 대표이사가 중국 내에 가지고 있는 자금을 이용하였다.

한편 임대공장의 건물주와 만기 전 임대계약 해지를 위해서 사전에 한국 출장 후 또는 명절 등에 총경리가 임대인을 찾아가 식사를 대접하거나 임대인 부인의 선물을 준비하는 등 6개월 이상 지속적인 좋은 관계를 유지한 후 회사 사정을 설명하여 합의를 이루었다.

## 3. 시사점

회사 역시 종업원과 임대인에게 최선을 다하여 그들의 입장을 이해하고 경제보상금 지급과 1년치의 임대료 보상 등 성실한 자세를 보임으로서 정상적인 청산절차를 진행할 수 있었다. 또한 철수를 위한 사전 준비를 장기간에 걸쳐 진행하되 일방적인 이득만을 꾀한 것이 아니라 상대방 입장에서 공동의 이익, 즉 철수로 인한 쌍방의 손해를 최소화하려는 노력을 기울여 최선의 결과를 얻을 수 있었다.

무엇보다도 이 사례는 청산을 완료한다고 하더라도 회수할 수 있는 자금은 없고 오히려 청산비용을 해결하기 위해 추가자금이 투입된 경우로서 추가비용을 조달하는 방법으로서 대표이사의 중국 내 자금을 이용하였지만, 이것은 오너경영자이고 필요자금이 많지 않을 경우 가능한 것이다. 그러한 상황이 아니라면 한국 모회사가 증자나 대부투자를 통한 정상적인 방법으로 자금조달이 필요하다.

이 회사가 청산하는 데 추가비용이 들더라도 정상적인 청산절차를 밟고자 한 이유는 모회사가 한국의 세법과 〈외환관리법〉의 의무사항을 준수함으로써 한국에서 발생하는 법률적인 리스크를 깨끗이 하기 위해서였다. 그리고 현지법인이 정상적인 방법으로 청산이 종료되었으면 투자주식이나 매출채권이 세법상의 손금산입 요건에 부합하므로 한국 모회사의 법인세 절감효과도 누릴 수 있다.

# 중국 철수 전략
## CHINA EXIT STRATEGY
| 개정판 |

ⓒ 이택곤 · 김 용, 2023

개정판 1쇄 발행 2023년 7월 1일

| | |
|---|---|
| 지은이 | 이택곤 · 김 용 |
| 펴낸이 | 이택곤 |
| 편집 | 좋은땅 편집팀 |
| 펴낸곳 | BKC컨설팅 |
| 주소 | 서울시 강서구 공항대로213, 1112호(마곡동, 보타닉파크타워2) |
| 전화 | 02)780-0998 |
| 팩스 | 02)2138-0998 |
| 이메일 | tgl@bkccon.co.kr |
| 홈페이지 | www.bkccon.co.kr |

ISBN   979-11-953165-3-3 (03320)